CLAUDIA LENZ

Quickfinder
Küchenwissen

Warenkunde – Küchenpraxis – Grundrezepte – Pannenhilfe

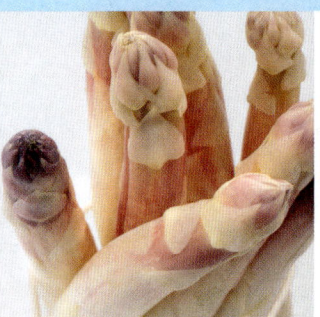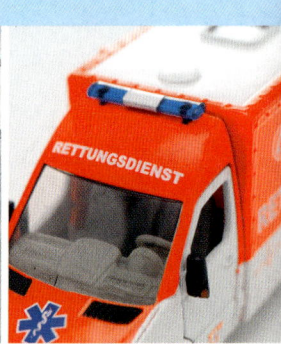

Vorwort

Küchenwissen, das kann viele Bedeutungen haben, beispielsweise: Wissen über die Küche als Raum, in dem das Essen zubereitet wird, und über Küchengeräte oder: Wissen über die Zubereitung von Nahrungsmitteln oder auch: Wissen über besondere Kniffe, die das Kochen vereinfachen …

Aus meiner Sicht gehört zum Küchenwissen zunächst einmal alles, was dazu beiträgt, dass möglichst effizient gutes Essen zubereitet werden kann. Also eine praktikable Küchenausstattung ebenso wie Einkaufs-, Lebensmittel- und Koch-Kunde.

Ich selbst fasse den Begriff Küchenwissen aber noch weiter. Denn Essen hat schließlich auch eine soziale Komponente: Und darum gibt es in diesem Buch auch ein ganzes Kapitel rund um das Essen mit Gästen.

Finden Sie auf den folgenden Seiten also: Kompaktes Küchenwissen in der ganzen Vielfalt seiner Bedeutungen.

Viel Freude beim Lesen und Nachschlagen.

Claudia Lenz

Inhalt

Quickfinder 4

Der Quickfinder bietet für jedes Kapitel einen schnellen Überblick über alle Themenbereiche der Küche. Sie sind in Form von thematisch sortierten Schlagwörtern aufgeführt.

Praxisteil 8

Küche und Einkauf	8
Getreide	46
Obst und Gemüse	64
Fisch und Meeresfrüchte	96
Fleisch, Geflügel und Wild	116
Eier, Milch, Käse und Gewürze	138
Getränke	156
GRUNDREZEPTE	176
PANNENHILFE	202
Menü und Gäste	218

Zum Nachschlagen 238

Glossar 238
Österreichische und Schweizer Küchenbegriffe 243
Register 244
Literatur, Internetadressen, Bezugsquellen 250

Küche und Einkauf   8

Töpfe 11
Pfannen 13
Backformen und -zubehör 14
Messer 16
Kleine Küchenutensilien 18
Küchenherde und Technik 20
Induktion 21
Backöfen; Backpraxis 22
Dampfgarer 24
Mikrowelle 25
Kühl- und Gefriergeräte 26
Kühlen und Einfrieren 27
Nützliche Kleingeräte 28
Kochen am Tisch 29
Hygiene-Grundregeln 30
Hilfe, Schädlinge! 31
Putzmittel 32
Spülmaschine 33
Einkaufsplanung 34
Vorräte anlegen 35
Lebensmittel: Qualität und Haltbarkeit . . . 36
Lagerung im Kühlschrank 37
Bio-Einkauf; Bio-Siegel 38
Sicherheit und Unfallvermeidung 40
Vorsicht, heiß! 40
Achtung, scharf und spitz! 42
Achtung, Strom! 43
Kindersicherheit 44
Verbandkasten 45

Getreide   46

Getreidesorten 48
Reis; Reis garen 50
Pseudogetreide: Amarant, Quinoa, Buchweizen 51
Getreide garen 52
Getreide keimen 53
Mehltypen 55
Gemahlenes: Schrot, Grieß, Dunst, Kleie . . 56
Teigwaren: Nudeln, Nudeln kochen 58
Brotsorten 60
Brot selbst backen: Triebmittel 62
Brot lagern 63

Obst und Gemüse   64

Warenkunde Obst 67
Lagerung von Obst 68
Genussreife von Exoten 69
Obst von A–Z vorbereiten 70
Schalenobst vorbereiten 72
Obst einfrieren, musen und einkochen 73
Saisonkalender Obst 74
Warenkunde Gemüse 77
Gemüse von A–Z vorbereiten 78
Pilze 81
Kartoffeln; Kartoffelsorten 82
Saisonkalender Gemüse 84
Obst und Gemüse konservieren 86
Saisonkalender Salate 88
Sprossen; Sprossen ziehen 89
Kräutersteckbriefe 90
Kräuter ziehen 92

Kräuter konservieren 93
Kräutertipps und Blüten 94
Saisonkalender Kräuter 95

Fisch und Meeresfrüchte 96

Süßwasserfische 98
Salzwasserfische 99
Qualität 100
Fisch lagern 101
Gesunder Fisch 102
Saison und Schonzeiten 103
Miesmuscheln vorbereiten 104
Ökologie; Einkaufsführer Fisch 105
Frischen Fisch vorbereiten 106
Frische Meeresfrüchte vorbereiten 108
Garmethoden auf einen Blick 110
Fisch in Hülle garen 112
Meeresfrüchte auslösen und servieren 113
Gegarten Fisch filetieren 114

Fleisch, Geflügel und Wild 116

Rind- und Kalbfleisch 118
Schweinefleisch 120
Lamm- und Ziegenfleisch 122
Fleisch-Qualität 123
Fleisch zubereiten 124
Schnitzel panieren 125
Steaks richtig braten 126
Garstufen bei Steaks 127

Fleisch im Ofen garen 128
Braten, schmoren, kochen 129
Innereien 130
Wildfleisch 131
Haarwild zubereiten: Garzeiten 132
Haarwild und Wildgeflügel zubereiten 133
Geflügel zubereiten und tranchieren 134
Garmethoden auf einen Blick 136

Eier, Milch, Käse und Gewürze 138

Milch 140
Milcherzeugnisse 142
Sahneprodukte 143
Käsesorten 144
Käse aufbewahren und servieren 145
Was steht auf dem Ei? 146
Eier kochen 147
Sojaprodukte 148
Zum Würzen: Salz und Essig 149
Zum Würzen: Senf und Saucen 150
Gewürze 151
Fette und Öle 152
Kalt gepresste Öle auf einen Blick 153
Zucker und Süßstoff 154
Honig und Geliermittel 155

Getränke 156

Wasser 158
Saft und Nektar 160

Limonaden und Co. 162
Wein 163
Bekannte Weintrauben auf einen Blick 164
Weingenuss: Trinktemperatur 165
Weingenuss: Jahrgang und Lagerung 166
Schaum-, Aperitif- und Dessertweine 167
Spirituosen 168
Bier 169
Tee 171
Besondere Teesorten 172
Tee zubereiten 173
Kaffee 174
Kakao 175

Grundrezepte 176

Quark-Öl-Teig; Biskuitteig 178
Rührteig; Mürbeteig 179
Süßer Hefeteig 180
Pizza-Hefeteig; Hefe-Sauerteig für Brot 181
Milchreis; Risotto 182
Griesbrei; Polenta 183
Pfannkuchenteig 183
Eiernudelteig; Nudeln ausrollen 184
Spätzle 185
Spiegelei; Rührei; Eierstich 186
Bratkartoffeln; Kartoffelbrei 187
Geflügelbrühe 188
Gemüsefond; Rinderfond 189
Salatdressings 190
Vinaigrette; Joghurt-Dressing; Edelpilzkäse-Dressing . . 190
Dips 191
Frischkäse-Dip; Avocado-Dip; Kichererbsen-Dip 191

Grünes und rotes Pesto 192
Mayonnaise; Kräuterbutter 193
Béchamelsauce; Weißweinsauce 194
Tomatensauce 195
Sauce Hollandaise; Sauce Béarnaise 195
Vanillesauce 196
Weinschaumsauce; Schokoladensauce 197
Karamellsauce 197
Saucen binden 198
Umrechnungstabellen: Mengen und Temperaturen . . . 200

Pannenhilfe 202

Tipps und Tricks rund ums Kochen von A–Z 204
Tipps und Tricks rund ums Backen von A–Z 210
Sonstige Küchentipps und Tricks 215

Menü und Gäste 218

Geschirr und Besteck 221
Einladungen 222
Menü am Tisch: Servietten falten 224
Gedeck: 3- und 4-Gänge-Menü 225
Gläser und kleine Helfer 226
Sitzordnung 227
Menüplanung 228
Büfett 229
Getränke zum Menü 230
Wein auswählen und servieren 231
Portionsgrößen von Speisen und Getränken 232
Einkaufen und Vorbereiten 233
Kleiner Tischknigge 234

KÜCHE UND EINKAUF 8

GETREIDE 46

OBST UND GEMÜSE 64

FISCH UND MEERESFRÜCHTE 96

FLEISCH, GEFLÜGEL UND WILD 116

EIER, MILCH, KÄSE UND GEWÜRZE 138

GETRÄNKE 156

GRUNDREZEPTE 176

PANNENHILFE 202

MENÜ UND GÄSTE 218

Populäre Irrtümer

Küchen-Irrtümer und ihre Richtigstellung zu diesen Themen:

Antihaftbeschichtungen können giftig sein 13
Mikrowellen sind schädlich 25
Viel Putzmittel hilft viel 31
Schneidebretter aus Holz sind hygienischer 31
Desinfektionsmittel sind in der Küche unerlässlich 31
Mit dem benutzen Löffel probieren – nur eine Frage des
Anstands? 31
Mehl sollte nur gesiebt verwendet werden 56
Ins Nudelwasser gehört Öl 59
Nudeln immer kalt abschrecken 59
Nudeln machen dick 59
Pilze dürfen nicht mehr aufgewärmt werden 81
Das Reh ist das Weibchen des Hirsches 133
Wildfleisch muss einen »Hautgout« haben 133
Eier sind bei erhöhtem Cholesterinwert tabu 146
Eier lassen sich leichter schälen, wenn man
sie kalt abschreckt 146
»Bauerneier«/»Landeier« sind Bio Eier 146
Zuckeraustauschstoffe haben keine Kalorien 154
Fruchtzucker ist gesünder als normaler 154
Brauner Zucker ist gesünder 154
Vanillezucker und Vanillinzucker ist dasselbe 154
Mit Honig kochen und backen ist gesund 155
Fruchtsaft ersetzt Obst und Gemüse 161
Ein richtiges Pils braucht 7 Minuten 170
Alkoholfreies Bier ist alkoholfrei 170
Spargel darf nicht geschnitten werden 237
Eier dürfen nicht mit dem Messer geköpft werden 237
Es ist fein, die Gabel mit den Zinken nach unten zum Mund
zu führen 237
Alles, was fliegt, darf man mit den Händen essen 237
Kartoffeln und Salat darf man nicht mit dem Messer schneiden 237
Man wünscht sich heute nicht mehr laut »Guten Appetit« 237

Küche und Einkauf

Essenszubereitung beginnt bereits beim Einkaufen. Die Qualität der Zutaten und die Auswahl der nützlichen Helfer und Geräte sorgen für entspanntes Kochvergnügen. In diesem Kapitel finden Sie daher alles rund um die richtige Basis für Ihre Küche.

Küche und Einkauf

11	Töpfe
13	Pfannen
14	Backformen und -zubehör
16	Messer
18	Kleine Küchenutensilien
20	Küchenherde und Technik
21	Induktion
22	Backöfen; Backpraxis
24	Dampfgarer
25	Mikrowelle
26	Kühl- und Gefriergeräte
27	Kühlen und Einfrieren
28	Nützliche Kleingeräte
29	Kochen am Tisch
30	Hygiene-Grundregeln
31	Hilfe, Schädlinge!
32	Putzmittel in der Küche
33	Spülmaschine
34	Einkaufsplanung
35	Vorräte anlegen
36	Qualität und Haltbarkeit
37	Lagerung im Kühlschrank
38	Bio-Einkauf; Bio-Siegel
40	Sicherheit
44	Kindersicherheit
45	Verbandkasten

Grundausstattung Töpfe

Mit vier in Höhe und Durchmesser unterschiedlichen Töpfen haben Sie ziemlich alle Herdsituationen gut im Griff.

Grundausstattung

1 **großer, hoher Topf** (24 cm ⌀, ca. 6 l) zum Garen von Teigwaren und Klößen, für große Mengen Suppe oder Eintopf

2 **mittlerer, hoher Topf** (20 cm ⌀, ca. 4 l) zum Kochen von Kartoffeln, Hülsenfrüchten und Kompott; zum Dünsten von Gemüse; zum Anbraten und Schmoren von Fleisch (Gulasch, Rouladen); zum Kochen von Reis und (kleinen Mengen) Teigwaren

3 **kleiner, niedriger Topf** (16–20 cm ⌀, ca. 2 l) für kleine Mengen Fleisch, Gemüse und Kompott; zum Kochen von kleinen Mengen Reis; zum Aufwärmen von Speisen

4 **kleiner, flacher Stieltopf** (16 cm ⌀, ca. 1,5 l) für Saucen

Das kann man noch haben

5 **Schnellkochtopf** spart nicht nur Zeit und Energie, sondern schont auch die in den Speisen enthaltenen Nährstoffe

6 **Pastatopf mit Einsatz** Wer oft Nudeln kocht, sollte diesen praktischen Topf ins Auge fassen.

7 **Bräter bzw. ofenfester Schmortopf** für große Braten und für viele Schmorgerichte (dafür sind neben Metallwerkstoffen auch sehr gut Keramik und Ton geeignet)

8 **Dämpfeinsatz bzw. Dämpftopf** (oder einen zu einem der Töpfe passenden Einsatz) – für nährstoffschonendes, fettarmes Garen von zartem Gemüse, Fleisch und Fisch

Mittelgroßer, etwas flacherer Topf für auf dem Herd gegarte Schmorgerichte

Kochgeschirr und Herd – wie geht das zusammen?

Berücksichtigen Sie beim Kauf von Topf (und Pfanne), auf welchem Herd Sie kochen.

Herde mit Gusseisen- oder Glaskeramikkochplatten (auch Gas unter Glas) benötigen ebene, wärmeleitende Topfböden (z. B. aus/mit Aluminium, Gusseisen, Kupfer, Silargan).

Für offene Gasherde ist es dagegen nicht von Bedeutung, ob der Topfboden eben ist. Wichtig ist hier vor allem, dass der Topf nicht zu klein ist für die Gasflamme, d. h. dass die Flammen und damit die erhitzte Luft nicht an der Seite vorbeischlagen. Um die besondere Dynamik von Gaskochstellen nutzen zu können (schnell heiß, schnell kalt), sollten die Topfböden eher dünnwandig sein.

Induktionskochstellen funktionieren nur bei Töpfen mit magnetisierbaren Böden. Viele moderne Kochgeschirre sind multifunktional, d. h. für Halogen-/Infrarot- und Induktionskochstellen geeignet. Ob Ihr Topf induktionsgeeignet ist, können Sie einfach mit einem Magnet feststellen: Ziehen sich Magnet und Topfboden an, funktioniert der Topf auf der Induktionsplatte.

Kleine Topfkunde – darauf sollten Sie auch achten!

Wer einen neuen Topf kauft, sollte zunächst darauf achten, dass der Topf leicht zu reinigen und unempfindlich ist. Ideal ist ein Topf mit Schüttrand, denn damit kann man den Inhalt gut und tropfenfrei abgießen oder umschütten. Ein guter Topf sollte stabile Griffe aufweisen, die gut in der Hand liegen, hitzefest und möglichst auch ofenfest sind. Der Deckel sollte passend zur Verwendung gewählt werden: Steckdeckel sind prima zum Dünsten, Dämpfen und Blanchieren; Aufliegedeckel verwendet man zum Kochen, Garziehen, Schmoren und (Fertig-)Braten.

Grundausstattung Pfannen

Es muss keine ganze Pfannensammlung sein, aber mit einer einzigen werden Sie kaum auskommen.

Grundausstattung

1 **hocherhitzbare Pfanne** aus Silargan, Edelstahl oder Gusseisen zum scharfen Anbraten von Fleisch und für Bratkartoffeln.

2 **antihaftbeschichtete Pfanne,** idealerweise mit hohem Rand und mit Deckel. Durch die Antihaftbeschichtung ist die Pfanne universell zum Braten, insbesondere von empfindlichen, leicht ansetzenden Speisen, und zum Schmoren einsetzbar.

Das kann man noch haben

3 **Pfannen in mehreren Größen** Pfanne und Bratgut sollten sich in der Größe stets entsprechen. Die Pfanne sollte also weder halb leer sein noch zu klein für ein großes Schnitzel. Es wäre daher ideal, wenn für jede der oben genannten Arten eine große (ca. 28 cm ⌀) und eine kleine Pfanne (18 cm ⌀) vorhanden ist.

4 **Grillpfannen** haben Rillen am Boden, in die das Fett ablaufen kann. Beim Braten ergeben sich Grillstreifen auf dem Gargut. Sie sehen appetitlich aus und sorgen für grill-typischen, aromatischen Geschmack. In einer mit Fett bepinselten Grillpfanne kann man auch Fisch oder Gemüse braten.

5 **Wok** In der asiatischen Pfanne können Speisen am Boden scharf angebraten und am flach gewölbten Rand sanft weitergegart werden. Mit Siebeinsatz und Deckel ist der Wok auch zum Dämpfen und Dünsten geeignet.

6 **Fischpfanne** Diese Pfanne ist oval und so groß, dass auch ein ganzer Fisch hineinpasst. Wer gerne und oft im Ganzen gebratene Fische zubereitet, für den lohnt sich diese Anschaffung.

7 **Servierpfannen** besitzen keinen Stiel, sondern zwei Henkel, die hitzebeständig und backofenfest sind. So kann der Pfanneninhalt im Ofen fertig gegart (oder warm gehalten) und das Essen in der Pfanne serviert werden.

Spritzschutzdeckel Er lässt Dampf entweichen und garantiert damit eine optimale Bräunung, hält aber gleichzeitig Fettspritzer in der Pfanne zurück.

Material der Pfanne	Eignung zum ...	für Induktion
Stahl-Keramik (Silargan)	scharfen Anbraten	sehr gut
Gusseisen/Stahl	scharfen Anbraten	sehr gut
antihaftbeschichteter Aluguss	schonenden Braten	teilweise
anthaftbeschichteter Edelstahl	schonenden Braten	sehr gut

Populärer Pfannen-Irrtum
Antihaftbeschichtungen können giftig sein.

Wenn sich die Beschichtung einer Pfanne bräunlich verfärbt, ist sie nicht gesundheitsschädlich, sondern hat lediglich ihre Antihaft-Eigenschaften verloren. Und deshalb sollte die Pfanne ausgetauscht werden. Bei den Temperaturen, die auf einer Herdplatte erreicht werden (auch wenn die Pfanne versehentlich leer erhitzt wird), können sich keine Giftstoffe aus der Beschichtung entwickeln. Auch abgekratzte bzw. abgesplitterte Teile der Beschichtung sind absolut ungiftig.

Verkratzte, beschichtete Aluminiumpfannen sollten jedoch ausgetauscht werden. So vermeiden Sie, dass Aluminium ins Essen übergeht. Das Metall kann langfristig gesundheitsschädlich wirken.

Was brauche ich zum Backen?

Auch wenn Sie nicht oft Kuchen backen, ein Sortiment an Backformen gehört in jede Küche. Sie eignen sich auch für pikante Backwaren.

Die Basics

Springform: Diese runde Backform hat einen separat aufsetzbaren, glatten, hohen Rand. Da der Randring zu öffnen ist, kann man den Kuchen gut aus der Form lösen. Idealerweise hat die Springform einen passenden Einsatz für Kranzkuchen, der eine gute Alternative zur Guglhupfform ist. Das Einsteigermodell hat einen Durchmesser von 26 cm.

Kastenkuchenform: Die gängigste Größe ist 30 cm lang und wird meist für Rührkuchen verwendet. Mittlerweile gibt es Formen mit herausnehmbarem (Glas-)Boden, so dass sich der Kuchen gut lösen lässt.

Pieform: Sie sind meist aus Keramik, Porzellan oder Glas, mit gewelltem oder glattem Rand. Bei diesen dickwandigen Formen verlängert sich die Backzeit um ca. 10 Min. Dafür kann der Kuchen direkt in der dekorativen Form zu Tisch gebracht werden.

Die Extras

Guglhupf- oder Napfkuchenform: Sie ist der Kranzkuchenform recht ähnlich, nur schmäler und höher. Da sie keinen herausnehmbaren Boden oder einen lösbaren Rand hat, ist eine gute Antihaftbeschichtung und das Fetten der Form sehr wichtig.

Tarte- oder Obstkuchenformen: Tarteformen mit niedrigem Rand eignen sich für große flache Kuchen. Mit 30 cm ⌀ kommen Sie für die meisten Rezepte gut aus. Obstkuchenformen mit gewelltem Rand sind ebenfalls niedrig, man bekommt sie mit 26–30 cm ⌀. Beide gibt es mit herausnehmbarem Boden.

Motivform: Wer die Abwechslung liebt und Kuchen nicht nur eckig oder rund möchte, kann unter vielen Motiven wählen.

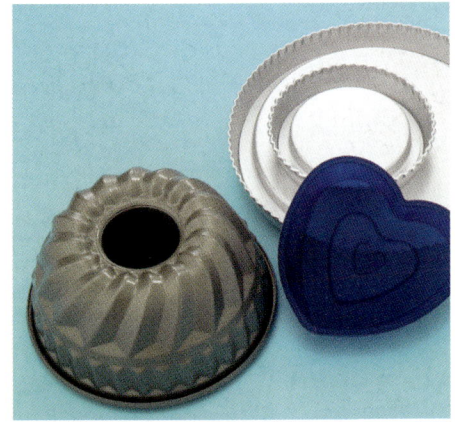

Guglhupfform und Obstkuchenform sind lohnende Anschaffungen, für alle die gerne backen. Motivfomen sind bei Kindern der Hit.

Eine Springform von 26 cm ⌀, eine Kastenform von 30 cm Länge und eine Pieform für pikante Kuchen gehören in jede Küche.

Hier bleibt nichts übrig: Muffins und Mini-Kuchen sehen super aus, sind schnell gebacken und noch schneller aufgegessen.

Die Minis

Muffinblech: Ein normales Muffinblech hat 12 Vertiefungen für die klassischen Muffins.

Mini-Springform: Springformen werden mit 18-32 cm ⌀ angeboten. Wenn Sie gerne die Hälfte eines normalen Kuchens backen wollen, ist eine Mini-Form von 20 cm ⌀ ideal.

Mini-Kastenform: Auch Kastenformen gibt es im Mini-Format von 20 cm Länge.

Tarteletteförmchen: Die kleinen Verwandten der Obstkuchenform haben 8, 10 oder 12 cm ⌀. In der Regel reicht die Teigmenge einer großen Form für 6 Förmchen mit 10 cm ⌀.

Das Zubehör

Kuchengitter: Darauf können gestürzte Kuchen wie auch Kleingebäck luftig auskühlen.

Tortenring bzw. -rahmen: Dieser hauchdünne Ring oder eckige Rahmen aus rostfreiem Stahl ist stufenlos in der Größe verstellbar und eignet sich sowohl zum Backen als auch zum Zusammensetzen und Füllen von Creme- und Obsttorten.

Die verschiedenen Materialien

Weiß- und Schwarzblech ist das preiswerteste Material bei den Backformen. Schwarze Formen leiten die Hitze besser als helle. Für den Gasherd sind Weißblechformen allerdings optimal. Nachteil bei Weißblech: Säure lässt es korrodieren. Daher Vorsicht bei Obstkuchen.

Antihaftversiegelung: Daraus lösen sich die Kuchen besonders leicht. Sie sind außerdem gut wärmeleitend.

Auch Blechformen, die innen und außen emailliert und antihaftbeschichtet sind, erzielen sehr gute Backergebnisse.

Porzellan, Keramik und Glas leiten die Hitze etwas langsamer weiter, was sehr gute und gleichmäßige Backergebnisse gibt. Diese Formen vertragen allerdings keine großen Temperaturschwankungen. Stellen Sie sie nach dem Backen nicht auf eine zu kalte Unterlage.

Silikonformen erzielen gute Backergebnisse, sind lange haltbar, platzsparend zu verstauen. Sie müssen nicht gefettet werden, und trotzdem löst sich der Kuchen leicht aus der Form heraus. Zudem kann das Gebäck in der Form eingefroren und in der Mikrowelle wieder aufgetaut werden.

Backpapier: Wer Plätzchen und Biskuitboden backt, sollte eine Rolle mit Backpapier im Vorrat haben. Auch für das Blindbacken von Mürbeteig ist das Papier unerlässlich. Durch seine spezielle Imprägnierung erspart es das Einfetten von Blechen und Formen. Ist es nicht stark durchs Backen verkrustet, kann es mehrmals verwendet werden.

Papiermuffinförmchen: Mit den kleinen Förmchen geht das Muffinbacken noch schneller, denn das Fetten des Muffinblechs ist damit überflüssig. Die Bandbreite reicht von einfachen weißen Förmchen über farbige Papiere bis hin zu solchen mit Motivaufdruck für verschiedenste Anlässe.

Mit Backpapier, Kuchengitter und Co. gelingen Kuchen, Torten und Muffins ganz leicht.

Wie finde ich ein gutes Messer?

Beim Messerkauf haben Sie die Qual der großen Auswahl. Worauf sollte man bei der Handhabung und der Klingenhärte achten? Wie bewahrt man Messer auf?

Welche Messer brauche ich?

Gemüsemesser (kurz und spitz) zum Schneiden und Putzen von Gemüse; zum Abziehen von Staudensellerie, Fenchel und Rhabarber; zum Kleinschneiden von Zwiebeln, Knoblauch

Kochmesser (lang) zum Schneiden von Fleisch, Fisch und größeren Gemüsestücken (Kohlköpfe, Kürbis, Knollensellerie, Gemüsezwiebeln); zum Hacken von Nüssen

Tomatenmesser mit Sägeschliff, um die zähe Haut von Tomaten einfach durchzuschneiden

Wie hart ist das Material?

Küchenmesser sollten eine harte Klinge aufweisen. Um dies zu prüfen, legen Sie die Klingenspitze flach auf das Brett und drücken vorsichtig (Nicht bei Keramikmessern, sie können brechen!). Biegt sich die Spitze nur wenig und bietet sie Widerstand, ist die Klinge aus hartem Stahl und hält länger ihre Schärfe. Weiches Metall biegt sich leicht durch, bietet wenig Widerstand und eignet sich damit nur für ganz besondere Anwendungen: Schinkenmesser etwa sind aus biegsamem Material, damit man dünne Scheiben auch am Knochen entlang schneiden kann.

Wie lässt sich das Messer handhaben?

Probieren Sie das Messer aus: Liegt der Griff gut in der Hand? Lässt es sich auch mit nassen Händen sicher greifen? Ist der Übergang von Griff zu Klinge so geformt, dass man nicht versehentlich in die Klinge abrutschen kann?

Wo liegt der Schwerpunkt?

Halten Sie das Messer über einem Holzbrett an der Übergangsstelle von Griff zu Klinge mit zwei Fingern, sodass es pendeln kann. Ist die Klinge nicht viel schwerer als der Griff, lässt es sich gut damit arbeiten.

Umgang, Reinigung, Aufbewahrung

Auf einem Holzbrett Schneiden Sie stets auf einem Holzbrett oder noch besser auf einem hygienischen Kunststoffbrett. Marmor- oder Glasplatten sind zu hart und nutzen die Klingen schnell ab.

Von Hand spülen Besonders im Besteckkorb des Geschirrspülers leiden die Klingen, weil sie Schläge durch andere Besteckteile bekommen. Häufig empfehlen die Hersteller den Handabwasch, am besten mit einem weichen Tuch.

In einem Messerblock, an einer Magnetleiste oder in einer separaten Messerschublade (mit einem Fach für jedes Messer) sind die wichtigsten Küchenwerkzeuge perfekt verstaut. So werden die empfindlichen Klingen am besten gegen Schläge geschützt, die die Klinge stumpf werden lassen. Die Besteckschublade ist zum Aufbewahren nicht gut geeignet.

Nur zum Schneiden verwenden

Zum Flaschenöffnen, Aufhebeln von Gläsern, Schneiden von Folie oder Draht und zum Brotbestreichen gibt es wesentlich geeigneteres Werkzeug.

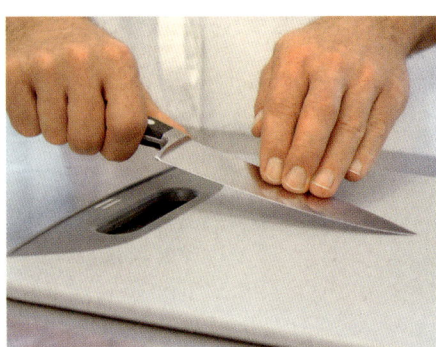

Der Härtetest: Biegt sich die Klinge nur wenig, ist sie aus hartem Stahl und hält ihre Schärfe.

Auspendeln: Ist die Klinge nicht viel schwerer als der Griff, lässt es sich gut damit arbeiten.

Wie schärfe ich mein Messer?

Wenn Sie Ihr Messer jedes Mal nachschärfen, bevor Sie das Messer für längere Schneidearbeiten benutzen, können Sie effizienter und auch sicherer arbeiten.

Vor dem Schneiden nachschärfen

Die bösartigsten Verletzungen an den Fingern passieren mit stumpfen Messern. Möglichst schon bevor ein Kochmesser nicht mehr ordentlich schneidet, sollten Sie es über einen Wetzstahl ziehen, um es nachzuschärfen oder – korrekt ausgedrückt – den Grat wieder aufzurichten.
Achten Sie darauf, dass Ihr Wetzstahl länger ist als die zu schärfende Klinge.

Nachschärfen mit dem Wetzstahl

Legen Sie die Messerklinge an die Spitze des Wetzstahls. Der Winkel zwischen Klinge und Stahl sollte ca. 20° betragen.
Ziehen Sie die Schneide in ihrer gesamten Länge mit leichtem Druck vom Griffansatz bis zur Messerspitze am Wetzstahl entlang (1). Wechseln Sie die Klingenseite und führen Sie dieselbe Bewegung umgekehrt aus (2). Wiederholen Sie diesen Vorgang sechs- bis achtmal. Übrigens: Die Geschwindigkeit Ihrer Bewegung spielt keine Rolle. Viel wichtiger ist, dass Sie den Anstellwinkel von 20° konstant halten. Sie können auch den Wetzstahl mit der Spitze nach unten auf eine rutschfeste Unterlage stellen, um 20° zur Seite kippen. Das Messer wie zum Schneiden halten und unten am Wetzstahl mit dem Klingenende (beim Schaft) senkrecht an den Stahl anlegen. Dann das Messer beinahe

ohne Seitendruck zu sich und nach oben ziehen. Für die andere Klingenseite den Stab zur anderen Seite kippen und das Messer mit der anderen Seite anlegen und dieselbe Bewegung ausführen.

Nachschleifen von Messern

Um den Grundschliff stumpfer Messer wiederherzustellen, wird ein Schleifstein verwendet. Der Umgang damit erfordert allerdings viel Übung – u. a. im Internet finden sich diverse sehr ausführliche Tipps und Anleitungen.
Wenn Sie sich nicht eingehend mit dem Thema Messerschärfen auseinandersetzen möchten, empfiehlt es sich in jedem Fall, Ihre Messer im Fachgeschäft nachschleifen zu lassen.

Wussten Sie, dass ...

die schärfsten Messer aus nicht rostfreiem Stahl (sogenanntem Kohlenstoffstahl) bestehen? Das liegt daran, dass dieses Material eine sehr feine Körnung hat, was besonders geringe Klingenstärken erlaubt.
Säure Messer stumpf werden lässt? Spülen Sie deshalb Ihre Messer immer gleich nach der Benutzung unter fließendem heißem Wasser ab.

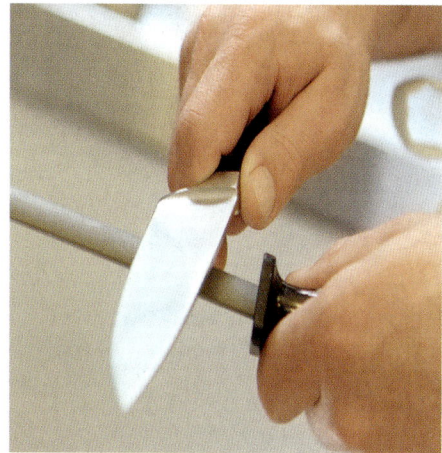

(1) Ziehen Sie die Schneide in ihrer gesamten Länge mit leichtem Druck vom Griffansatz bis zur Messerspitze am Wetzstahl entlang.

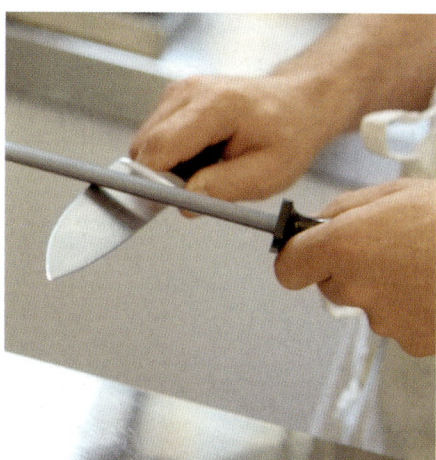

(2) Wechseln Sie die Klingenseite, und führen Sie dieselbe Bewegung umgekehrt aus. Wiederholen Sie den ganzen Vorgang insgesamt sechs- bis achtmal.

Was brauche ich zum Kochen und Backen?

Freude am Kochen und Backen hat viel mit der richtigen Küchenausstattung zu tun. Folgende Werkzeuge und -utensilien sind unverzichtbar, wenn Sie gut und schnell Leckeres zubereiten wollen. Kleingeräte finden Sie auf Seite 28.

Zum Schneiden und Schärfen

Wenn Sie ein paar Messer unterschiedlicher Länge und Klingenform zur Auswahl haben sowie einen Wetzstahl besitzen (s. S. 16/17), so arbeiten Sie beim Schälen und Schneiden schnell, lebensmittelschonend und verletzungsfrei. Sinnvoll ist außerdem ein Sparschäler, mit dem Sie Häute und Schalen rasch und mit nur minimalem Abfall abschneiden können.

Zum sonstigen Zerkleinern

Wenn es ums Zerkleinern von festen Zutaten geht, kommen (Gurken-)Hobel, Reiben und Raspeln zum Einsatz (platzsparend, leicht zu reinigen, erfordert aber Handarbeit: eine Vierkant-Mehrzweck-Küchenreibe mit Hobel). Weich gekochtes Gemüse und Obst püriert ein Kartoffelstampfer.

Zum Wenden, Rühren, Spießen

Zum Arbeiten in Topf und Pfanne benötigen Sie als Grundausstattung zwei, drei Kochlöffel verschiedener Größe und einen mittelgroßen Schneebesen, außerdem einen Mehrzweck-Pfannenwender, am besten aus stabilem Kunststoff und mit Gitter-Laffe, sowie eine Fleischgabel.

Zum Schöpfen

Die Suppe soll portioniert werden, das Apfelmus in Gläser abgefüllt, eine Brühe vom Kochschaum befreit werden? Zwei Schöpfkellen unterschiedlicher Größe und ein Schaumlöffel sind hierfür die richtigen Helfer.

Gefäße und Siebe

Zum Vorbereiten von Teigen und Massen ist eine Rührschüssel unverzichtbar; ideal ist auch ein hoher Rührbecher, in dem man mit dem Mixer arbeiten kann. Standseiher und ein mittelfeines Rundsieb sind Utensilien für die Gemüse- und Salatküche; durch das Sieb kann man außerdem auch passieren.

Zum Backen

Basisausstattung fürs Backen sind Messbecher und/oder Küchenwaage, Teigschaber, Teigroller und Backpinsel. Weitere sehr nützliche Backhelfer sind Kuchengitter, Tortenring(e), Backpapier und Papierbackförmchen (s. S. 15). Auch ein Spritzbeutel mit unterschiedlichen Lochtüllenaufsätzen sollte nicht fehlen. Mit seiner Hilfe lässt sich z. B. weicher Plätzchenteig akkurat auf dem Backblech platzieren oder Baisermasse aufspritzen und Sahnedeko auf Torten aufbringen.

Sonstige Helfer

Als Universal-Handwerkzeug sollte eine Küchenschere nicht fehlen. Mit ihr öffnen Sie nicht nur Verpackungen, sondern schneiden z. B. auch harte Blätter (z. B. Lorbeer) ein oder Fischflossen ab. Auch Alufolie und Klarsichtfolie sind unverzichtbar. Die hitzefeste Alufolie schützt z. B. Kuchen im Backofen davor, zu dunkel zu werden, in ihr ruhen gebratene Fleischstücke bis zum Anschneiden und bleiben dabei warm. Klarsichtfolie ist eine Universal-Abdeckhaube für Zutaten, die im Kühlschrank in deckellosen Gefäßen gelagert werden. Nützlich sind außerdem kleine Holzspieße. Mit ihnen macht man nicht nur die Garprobe bei Kuchen, sondern man benötigt sie auch zum Zustecken, etwa von Rouladen oder gefülltem Geflügel. Und nicht zuletzt dürfen natürlich Dosen-, Flaschenöffner und ein Korkenzieher in der Küche nicht fehlen.

Geschirrtuch – der Alleskönner

Immer zur Hand leistet ein Geschirrtuch neben seinem ursprünglichen Zweck, das Geschirr zu trocknen, in der Küche auch gute Dienste als Topflappen: Einfach zweimal falten! Außerdem kann man ein so gefaltetes Geschirrtuch gut als Unterlage für heiße Töpfe, Pfannen oder Backbleche verwenden, die zum Abkühlen auf die Arbeitsfläche abgestellt werden.

Zusätzliche Helfer

Diese Küchenhelfer sind lohnende Anschaffungen, wenn sie öfter verwendet werden. Sie lassen sich aber für nur gelegentlichen Gebrauch durchaus ersetzen.

1 **Salatschleuder** Gewaschene Salatblätter werden durch die Rotation eines Korbes von überschüssigem Wasser befreit. Die Salatsauce kann besser haften, der Salat wird nicht verwässert. Einfache Salatschleudern mit Kurbel werden aus Kunststoff hergestellt, aufwendigere Modelle sind solche aus Edelstahl mit einer Reißleine als Antrieb.

2 **Zitruspresse** Der Saft von halbierten Zitrusfrüchten wird damit herausgepresst.

3 **Knoblauchpresse** Kleine Handpresse zum Zerdrücken von geschälten Knoblauchzehen zu Mus. Sie ist beispielsweise auch für Ingwer oder Zwiebelstücke geeignet.

4 **Einhand-Wiegemesser** Eignet sich zum Hacken von Kräutern, Gewürzen, Zwiebeln usw.

5 **Fleisch-Thermometer** Ein Metallspieß mit integriertem Thermometer, mit dem sich durch Anstechen des Fleisches oder Geflügels die Kern- bzw. Innentemperatur kontrollieren lässt.

6 **Spätzlereibe, -hobel oder -presse** Damit wird der Spätzleteig z. B. mit einem Schaber direkt in kochendes Wasser gehobelt bzw. gedrückt, sodass je nach Teigkonsistenz tropfen- bzw. streifenförmige Spätzle entstehen.

7 **Kugelausstecher** Damit lassen sich Kugeln aus dem Fruchtfleisch von Obst und Gemüse, wie z. B. Melonen, Äpfeln, Mangos, Avocados schneiden.

Küchenherde und Technik

In der unten stehenden Tabelle werden die charakteristischen Eigenschaften der verschiedenen Heiztechniken für Herde beschrieben.

Der direkte Vergleich von Zeitaufwand sowie Energieaufwand und Preis erfolgt am Beispiel der Standard-Anwendung »1,5 l Wasser aufkochen«. Zusammenfassend lässt sich folgendes Ergebnis formulieren:

Wer sich einen neuen Herd anschaffen möchte, kann sich glücklich schätzen, wenn er einen Gasanschluss im Haus hat. So kocht man nicht nur preiswert, sondern auch energieeffizient und auf Profiart (Gas an: Hitze an; Gas aus: Hitze weg).

Wer Strom als Heizquelle hat, sollte ein Induktionskochfeld in Erwägung ziehen, insbesondere dann, wenn bereits induktionsgeeignete Töpfe im Haushalt vorhanden sind.

Vergleich verschiedener Herd-Heiztechniken			
Technik	**Aufheizdauer, Abkühlzeit**	**Zeit, Energie, Preis, um 1,5 l Wasser aufzukochen**	**Zeit, Energie, Preis, um kalten Eintopf aufzuwärmen**
klassische Kochplatte, Gussplatte mit eingebetteten elektrischen Heizspiralen (Massekochfeld)	Platte braucht Vorheizzeit nach Abschalten 5 Min. nutzbare Nachwärme	10,5 Min., 260 Wh, 5,2 ct	4,0 Min., 100 Wh, 2,0 ct
Infrarot-Heizquelle oder Halogen-Heizquelle unter Glaskeramikfeld	sofort heiß Kochfeld bleibt einige Zeit heiß	8,0 Min., 220 Wh, 4,4 ct	3,0 Min., 80 Wh, 1,6 ct
Induktion unter Glaskeramik	sofort heiß sofort kalt	6,5 Min., 180 Wh, 3,6 ct	2,0 Min., 60 Wh, 1,2 ct
offener Gasbrenner	sofort heiß Brenner bleibt noch eine Weile heiß	10,0 Min., 330 Wh, 2,0 ct	3,5 Min., 110 Wh, 0,7 ct
Gasbrenner unter Glaskeramik	sofort heiß Kochfeld bleibt einige Zeit heiß	10,0 Min., 480 Wh, 2,9 ct	4,0 Min., 190 Wh, 1,1 ct

(Quelle: »Test« 8/2004, Energiepreise neu berechnet auf Basis des Preisniveaus 2007/2008)

Wie funktioniert Induktion?

Wenn der richtige Topf auf der Glaskeramik steht, dann kocht es sich auf einer Induktionskochstelle schnell und sicher.

Modernste Technik: Auf einer Induktionskochstelle wird die Wärme direkt im Topfboden erzeugt. Eine unter der Glaskeramikplatte der Kochstelle befindliche elektrische Spule erzeugt ein elektromagnetisches Feld mit sehr schnell wechselnder Polung (Polwechsel etwa 25.000-mal in der Sekunde). Dieses Magnetfeld ist nach oben, Richtung Topf ausgerichtet, wo die im magnetischen Topfboden befindlichen Elektronen in eine sehr rasche Hin- und Herbewegung gelangen, synchron mit der wechselnden Polung des Magnetfeldes. Diese Hin- und Herbewegung erzeugt im Topfboden Wärme, die sich auf das Gargut überträgt, aber nur zu einem geringen Teil auch auf die Glaskeramik-Platte.

Sparsam und sicher: Dies ist eine sehr energieeffiziente und außerdem sehr sichere Art zu kochen. Denn es gibt praktisch keine Restwärme auf dem Kochfeld. Und wenn kein Topf auf dem Induktionsfeld steht, erwärmt sich dieses auch dann nicht, wenn es (noch) eingeschaltet ist. Ohne magnetisches Metall auf der Kochfläche findet auch keine Wärmeerzeugung statt.

Induktion hat ihren Preis: Einziger Nachteil der Induktionskochfelder ist bisher noch der Preis. Der Kauf eines Induktionskochfeldes kommt immer noch etwa um

Ein Elektroherd mit Guss-Platte braucht Vorheizzeit und hat nutzbare Nachwärme.

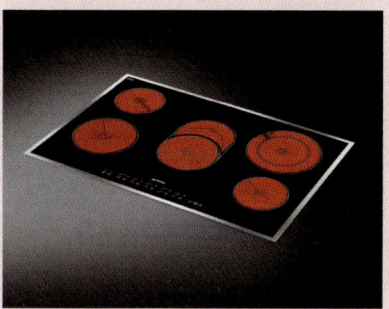

Das Glaskeramik-Kochfeld mit Halogen oder Infrarot-Heizquelle ist schnell heiß.

600 Euro teurer als ein konventionelles Glaskeramikkochfeld. Hinzu kommt möglicherweise die Anschaffung von neuen Töpfen und Pfannen, die für Induktionsherde geeignet sein müssen.

Wussten Sie, dass …

man zum Kochen von 1,5 l Suppe ohne Deckel dreimal so viel Energie benötigt wie mit Deckel?

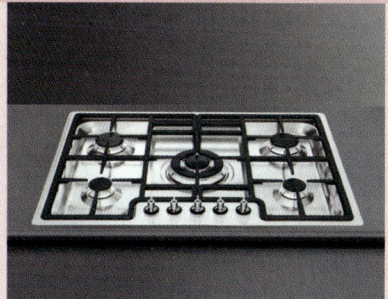

Klassischer Gasherd: Der Herd ist sofort heiß und sofort wieder kalt.

Bei der Induktionstechnik wird die Wärme im Topfboden erzeugt.

Nur der Pfanneninhalt wird erwärmt. Das ist schnelles, sicheres Kochen mit Induktion.

Backöfen

Strom oder Gas? Wer umzieht oder sich eine neue Küche anschafft, muss sich oft auch Gedanken über einen neuen Herd und damit einen neuen Backofen machen. Wenn Sie sich für eine Gaskochstelle entschieden haben, heißt das nicht zwingend, dass Sie auch einen Gasbackofen wählen müssen. Moderne Backöfen können getrennt vom Herd gekauft werden. Backöfen mit Strom haben die konstanteren Temperaturen. Gasöfen müssen dafür nicht vorgeheizt werden. Moderne Gasbacköfen sind sehr komfortabel und eignen sich auch für Gas-Backanfänger: Sie besitzen z. B. Umluft und eine Backraumbeleuchtung.

↓ Der Backwagen ermöglicht das Herausziehen des gesamten Schienen-Blech-Bereichs, ohne die Gefahr, sich zu verbrennen. Bei Schmorbraten ist dies von Vorteil.

← Bei Backöfen mit Teleskopauszug kann man das Blech mit Handschuhen auf seiner Schiene komplett aus dem Ofen ziehen und herausheben. Das ist beim Backen von mehreren Blechen gleichzeitig (z. B. Plätzchen) äußerst praktisch. Diese Backöfen können entfernt vom Herd in Augenhöhe eingebaut werden.

↓ Welcher Elektrobackofen ist sparsam? Nach EU-Recht müssen (Elektro-)Backöfen mit einem Energieverbrauchsetikett ausgezeichnet werden. Es gibt Auskunft über den relativen Energieverbrauch (in kWh) und über die Geräuschentwicklung (des Gebläses). Farbbalken kennzeichnen die Energieeffizienz.

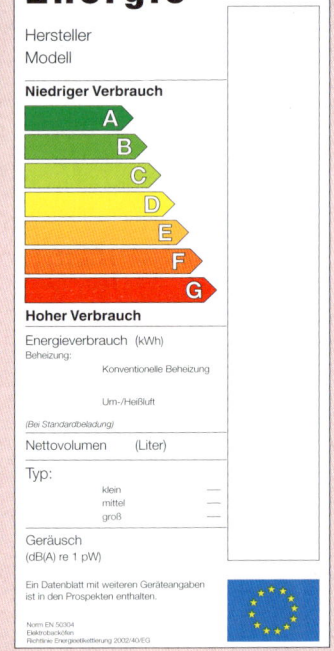

Wie stelle ich den Backofen ein?

Wie rechne ich Ober-/Unterhitze-Temperaturangaben in Umlufttemperaturen um?
Wann wähle ich eigentlich Umluft? Und welche Einschubhöhe ist die richtige wofür?

Temperatureinstellung bei Umluftherden

Bei der Umrechnung von Ober-/Unterhitze für Umluftherde rechnet man etwa 10 % weniger an Temperatur. Hier einige ungefähre Zahlen.

Ober-/Unterhitze	Umluftherd
150 °	140 °
175 °	160 °
200 °	180 °
225 °	200 °
250 °	220 °

Temperatureinstellung bei Gasherden

Die Temperaturstufen bei Gasherden variieren von Hersteller zu Hersteller. Welche Stufe Ihres Herdes der angegebenen Ober-/Unterhitze-Temperatur in Ihrem Rezept entspricht, entnehmen Sie der Gebrauchsanweisung (s. Tabelle S. 200).

Ober-/Unterhitze oder Umluft?

Bei Ober- und Unterhitze wird die jeweilige Zone erhitzt. Besonders Oberhitze führt zu einer schönen Kruste. Bei Umluft wird die Wärme in den Backraum und damit an das Gargut geblasen, sodass eine niedrigere Temperatur benötigt wird. Krusten sind aber schlechter möglich.

Empfindliches wie Soufflé, Biskuit oder Baiser werden besser mit Ober-/Unterhitze gebacken. Auch bei vielen Bratenrezepten wird von Umluft abgeraten (da das Fleisch bei der langen Garzeit sonst austrocknen kann).

Vorheizen oder nicht?

Ober-/Unterhitze: Entgegen den bekannten Regeln älteren Datums muss heute bei Ober-/Unterhitze nicht mehr unbedingt vorgeheizt werden. Denn die Aufheizdauer ist bei modernen Öfen nur noch sehr kurz. Am besten richten Sie sich nach den Angaben der Gebrauchsanweisung Ihres Backofens.

Umluft: Ein Vorheizen ist nie nötig, außer bei sehr kurzen Backzeiten (bis zu 20 Minuten) und bei sehr hohen Temperaturen (von über 200°).

Gasbacköfen müssen grundsätzlich nicht vorgeheizt werden.

Was backe ich auf welcher Schiene?

Umluft: Bei Umluft ist es egal, auf welcher Schiene gebacken wird, man kann auch auf mehreren Schienen gleichzeitig backen. Das ist besonders vorteilhaft bei Plätzchen oder mehreren Blechen Pizza.

Ober- und Unterhitze: Bei Ober- und Unterhitze kann nur auf einer Schiene gebacken werden. Dabei sollte die Schiene der Höhe des Garguts angepasst werden.
Flaches wie Blechkuchen und auch Kuchenböden sollte in der Mitte backen.
Hohes wie Braten und Kuchen in Formen eine Schiene tiefer eingeschoben werden.
Kleingebäck und Gebäckstücke sowie Geflügelteile auf dem Blech oben (oder in der Mitte) garen.

Pyrolyse-Reinigung

Wer seinen Backofen nicht nur zum Kuchenbacken, sondern auch zum Braten nutzt, ist mit einem selbstreinigenden Gerät gut beraten. Bei diesen Backöfen funktioniert die Reinigung durch sehr hohe Temperaturen (bis zu 500°), bei denen Schmutz, Eingebranntes und Fett zu Asche verbrennt und dann mit einem feuchten Tuch leicht aus dem Garraum gewischt werden kann. Diese Art der Reinigung spart Putzmittel, schont die Materialien (vor Feuchtigkeit, Scheuern) und ist sehr zeitsparend. Zwar ist die Hochtemperaturreinigung energieintensiv, doch ist diese nur in großen Intervallen nötig, sodass die Summe der Vorteile dieser Reinigungsart überwiegt.
Tipps und Tricks zur Reinigung konventioneller Backöfen finden Sie auf Seite 32 und 215.

Wie funktionieren Dampfgarer?

Es gibt zwei Formen des Dampfgarens: Mit Druck im Schnellkochtopf und ohne Druck im Dampfgarer. Welche Technik ist wofür geeignet?

Der Schnellkochtopf

Der Schnellkochtopf ist geeignet für robuste Lebensmittel, die normalerweise eine lange Garzeit haben. Im Schnellkochtopf wird diese Zeit verkürzt, ohne dass die Speisen darunter leiden. Es eignen sich Hülsenfrüchte, Getreide, Wurzelgemüse und Kartoffeln, Eintopfgerichte, Gulasch und Rinderrouladen.

Dampfgaren ohne Druck

Beim drucklosen Dampfgaren können die Lebensmittel nicht auslaugen, da sie nicht in Flüssigkeit liegen. Vitamine, Mineralstoffe und das Eigenaroma bleiben weitgehend erhalten. Durch den fehlenden Kontakt zum Topfbo-

den kann nichts anbrennen. Es muss nicht umgerührt werden und die Speisen bleiben in Form. Dampfgaren ohne Druck ist geeignet für zartes Gemüse, das beim konventionellen Garen leicht zerkocht (Zuckerschoten, Blattgemüse), für zartes Fleisch und Fisch, Geflügel- oder Kohlrouladen.

Dampfgaren im Topf

Die einfachste Variante ist ein flaches, rechteckiges Behältnis bzw. ein Topf mit Dämpfeinsatz (s. S. 11). Wenn nur eine Zutat zubereitet werden soll, ist diese Variante sehr gut geeignet. Für mehrere Zutaten bis hin zu ganzen Menüs eignen sich preiswerte Klein-

geräte oder größere Einbaugeräte, die naturgemäß etwas teurer sind.

Dampfgarer als Kleingerät

Die nötige Hitze liefert ein beheizter Wassertank. Darüber stapeln sich die gelochten Garschalen. Der heiße Dampf strömt durch diese Löcher zu den Lebensmitteln. Reis, Suppen und Aufzuwärmendes kommen zuerst in einen ungelochten Einsatz und dieser in eine gelochte Dampfschale. Die Geräte sind ideal für alle, die erste Erfahrungen mit dem Dampfgaren machen möchten, ohne gleich große Summen investieren zu müssen. Leider sind die Kleingeräte oftmals wenig komfortabel was Handhabung und Reinigung angeht.

Dampfgarer als Einbaugerät

Sie sehen aus wie kleine Backöfen bzw. Mikrowellengeräte und haben ähnliche Abmessungen. Funktionsprinzip: Eine Bodenheizung erhitzt Wasser aus dem separaten Tank, die Garschalen kommen auf einen Rost oder werden eingeschoben.
Diese Einbaugeräte sind sehr einfach zu bedienen und leicht zu reinigen. Allerdings sind sie auch sehr teuer (zwischen 800 und 1000 Euro). Lohnenswert ist eine solche Anschaffung daher nur für diejenigen, die das Gerät regelmäßig und für größere Mengen nutzen werden. Wenn Sie viel knackiges Gemüse essen wollen und häufig zartes Fleisch oder Fisch dünsten oder dämpfen, statt es in der Pfanne zu braten, ist ein Dampfgarer eine ideale Ergänzung in der Küche.

Dampfgarer-Kleingerät

Dampfgarer-Einbaugerät

Wie funktioniert das Mikrowellengerät?

Mikrowellengeräte sind sehr praktisch, zum Auftauen und schnellen Erwärmen von Speisen. Welche Vor- und Nachteile haben die schnellen Wellen?

Mikrowellen erwärmen Wasser

In einem Mikrowellengerät bringen elektromagnetische Wellen das in den Lebensmitteln enthaltene Wasser zum Schwingen und damit zur Erwärmung. Speisen mit hohem Wasseranteil werden am intensivsten erwärmt.

Je höher die gewählte Wattleistung am Gerät ist, umso stärker werden die Moleküle zur Schwingung gebracht, und umso heißer wird es an diesen Stellen. Mikrowellen dringen allerdings nur etwa 3 cm tief in das Lebensmittel ein. Aus beiden Gründen ist es wichtig, die zu erwärmenden Speisen ab und zu umzurühren, sodass sie sich gleichmäßig erwärmen können.

Das Gargeschirr wird nur durch den Kontakt mit dem Lebensmittel erwärmt, denn Mikrowellen durchdringen Glas, Porzellan, Kunststoff und Papier. Auch die Luft im Garraum erwärmt sich nicht durch die Wellen. Um eine sogenannte Rückreflexion zu verhindern, bei der das Gerät Schaden nehmen kann, sollte es daher nicht mit leerem Garraum eingeschaltet werden.

Besonderheiten

Keine Kruste: In der Mikrowelle lassen sich keine knusprigen Krusten erzielen, man kann die Lebensmittel nur erhitzen.

Keine trockenen Lebensmittel wie z. B. Brot oder Nüsse in die Mikrowelle geben. Sie lassen sich nur schlecht erhitzen.

Kein Geflügel: Weil die Erhitzung eher ungleichmäßig erfolgt, eignet sich rohes Geflügelfleisch nur bedingt zum Garen in der Mikrowelle; es sollte aus hygienischen Gründen sicher durchgegart sein.

Keine Metalle: Metalle reflektieren die Mikrowellen, was den Mikrowellensender zerstören kann, daher keine Löffel oder Alufolien in das Gerät geben.

Auftauen in der Mikrowelle

Auftauen findet üblicherweise bei sehr niedrigen Leistungen zwischen ca. 180 und 240 Watt statt. Viele Mikrowellengeräte haben eine Auftauautomatik, bei der Sie z. B. Gewicht und Lebensmittelart einstellen und das Gerät selbstständig Zeit und Leistung wählt. Als Faustregeln gelten: Je wasserreicher und je dicker das Lebensmittel, desto länger die Auftauzeit und desto öfter muss gewendet werden. So kann ein Stück Bratenfleisch von 1 kg bis zu 45 Min. benötigen, 1 Brötchen dagegen ist in knapp 1 Min. aufgetaut.

Aufwärmen in der Mikrowelle

Fertig zubereitete Speisen erwärmen Sie am besten bei etwa 400 Watt – alternativ zunächst bei ca. 600 Watt, anschließend ca. 350 Watt. Bei höheren Leistungen wird das Gericht zu stark erhitzt und gart weiter. Das kann sowohl die Konsistenz beeinträchtigen (Fleisch oder Gemüse zerkocht) als auch zu unnötigen Verlusten von Vitaminen führen. Flüssigkeiten und Eintopfgerichte zwischen-

Populärer Mikrowellen-Irrtum

Mikrowellen sind schädlich

Laut Deutscher Gesellschaft für Ernährung gehen von Mikrowellengeräten keine gesundheitlichen Gefahren aus. Aus dem Gehäuse kann keine Strahlung entweichen: Metallwände und das Metall-Lochgitter hinter dem Sichtfenster reflektieren die Mikrowellen und verhindern deren Austritt. Das Lochgitter verfügt dazu über Öffnungen, die eine deutlich geringere Weite als die halbe Wellenlänge der Mikrowellen haben. Die Menge der an den Türfugen austretenden Wellen (sogenannte Leckstrahlung) liegt weit unter dem zulässigen Wert. Wichtig ist allerdings, dass die Tür einwandfrei schließt und die automatische Abschaltung des Geräts beim Öffnen der Tür funktioniert. Mikrowellen schwächen sich mit der Länge des zurückgelegten Weges stark ab, sind also nur unmittelbar an der Austrittsstelle gefährlich. Und: Mikrowellen haben keine zellverändernde Wirkung.

Kühl- und Gefriergeräte

Bei vielen alten Kühlschränken übersteigen die Stromkosten über die gesamte Lebensdauer den Anschaffungspreis um eine beachtliche Summe. Wen wundert's, die Geräte sind Tag und Nacht in Betrieb, 365 Tage im Jahr. Wählen Sie daher, wenn eine Neuanschaffung ansteht, unbedingt ein energieeffizientes Gerät.

Die richtige Größe Ein riesiger Kühlschrank, der nur zu einem Drittel gefüllt ist, verbraucht unnötig viel Strom, ebenso ein nicht genutztes 4-Sterne-Gefrierfach. Deshalb sollte schon beim Kauf eines Kühlschranks überlegt werden, wie groß er dimensioniert sein soll und ob ein integriertes Gefrierfach benötigt wird.

↓ Für Familien: Bei einer vierköpfigen Familie rechnet man mit rund 50 l Lagervolumen pro Person. Der Kühlschrank sollte also etwa 200 l Nutzinhalt haben.

← Kühlschranktür auf und alles an den richtigen Platz: ins Fach ganz unten gehören Obst und Gemüse. Darüber lagern Fleisch, Fisch und Frischwurst. In einem der mittleren Fächer sind am besten Milchprodukte aufgehoben. Ganz oben können Sie gekochtes Essen, Reste aus Konservendosen und Schinken und Salami einordnen. In der Tür ist oben Platz für Butter und Eier. Angebrochene Tuben und Gläser sind hier richtig. Milch und Getränke gehören ins untere Fach.

↓ Stromsparer kaufen: Über den Energieverbrauch gibt das EU-Label Auskunft, mit dem heute die meisten Haushaltsgeräte gekennzeichnet sein müssen. Der Energieverbrauch des Geräts wird pro Jahr ausgewiesen. Die sparsamsten Geräte sind mit A klassifiziert. Speziell bei Kühl- und Gefriergeräten gibt es noch Abstufungen, weil hier die Energieverbrauchswerte besonders große Unterschiede aufweisen. Die sparsamsten sind mit A++ gekennzeichnete Geräte.

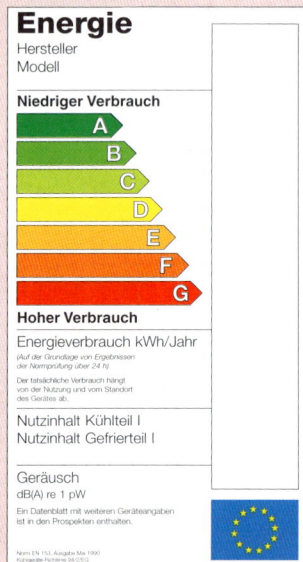

Kühlen und Einfrieren

Die optimale Nutzung des Kühlschranks

Temperatur: Im Allgemeinen ist eine Kühltemperatur zwischen 6 und 8° ausreichend. Lediglich wenn Sie rohes Fleisch und Geflügel oder rohen Fisch dort vor der Zubereitung lagern, sollten Sie die Temperatur kurzfristig auf unter 5° absenken.

Was lagert wo? Grundsätzlich gilt im Kühlschrank: Oben und in der Tür ist es am wärmsten. Je weiter es nach unten geht, desto kälter wird es. Das Gemüsefach ist geschlossen, damit die Lebensmittel nicht austrocknen. Eine Aufstellung über den günstigsten Lagerort innerhalb der einzelnen Kühlschrank-Etagen finden Sie auf S. 26 (s. auch Bild) und S. 37.

Richtig abtauen: Moderne Kühlschränke besitzen eine Abtauautomatik, Gefrierfächer haben diese oft nicht. Die in Kühlschränke integrierten Gefrierfächer sollten abgetaut werden, wenn die Eisschicht dicker als 1 cm ist, da sonst der Energieverbrauch zu hoch wird. Dann wird Tiefgekühltes in Kühltaschen mit Kühlelementen zwischengelagert und das Kühlgerät ausgeschaltet. Lassen Sie das Eis antauen (ggf. mit einem kalten (!) Fön nachhelfen), und entfernen Sie es. Danach wird das Fach ausgewischt und das Kühlgerät wieder angeschaltet. Wenn das Fach eiskalt ist, kann es wieder gefüllt werden.

Sternekennzeichnung für Gefrierfächer

* −6° geeignet zur kurzfristige Lagerung von gefrorenen Lebensmitteln (ca. 1 Woche)

** −12° geeignet zur mittelfristigen Lagerung von gefrorenen Lebensmitteln (ca. 2 Wochen)

*** −18° geeignet zur Lagerung von gefrorenen Lebensmitteln (6–12 Monate)

**** unter −18° geeignet zum Einfrieren und zur langfristigen Lagerung von Lebensmitteln (6–12 Monate)

Lohnt sich ein Gefriergerät?

Ein separates Gefriergerät benötigen Familien und Haushalte mit großer Vorratshaltung, z. B. weil häufig und regelmäßig gekocht wird oder weil ein Nutzgarten vorhanden ist.

Für kleinere Haushalte (ohne Nutzgarten), in denen viel außer Haus gegessen wird, ist eine Gefrier-Kühl-Kombination mit separat zu öffnendem Gefrierschrank empfehlenswert. Singles kommen gut mit einem Gefrierfach im Kühlschrank aus.

Gefriertruhe oder Gefrierschrank?

Gefriertruhen werden von oben befüllt. Sie sind für eine langfristige Lagerung eingefrorener Lebensmittel im Keller oder Abstellraum ideal. Gefriertruhen sind preiswerter als Gefrierschränke und schon durch ihre Bauart gegen allzu große Energieverluste gefeit: Da kalte Luft nach unten sinkt, strömt bei geöffnetem Deckel nur wenig Kaltluft nach außen.

Gefrierschränke lassen sich dagegen besser in die Küche integrieren. Sie sind außerdem praktisch, wenn häufig auf die gefrorenen Lebensmittel zugegriffen wird. Zahlreiche Schubladen erleichtern das übersichtliche Lagern der Tiefkühlkost. Nachteil: Bei geöffneter Tür tritt eine große Menge an kalter Luft aus.

Wie wichtig ist die Klimaklasse?

Die Klimaklasse beschreibt den Temperaturbereich, bei dem Ihr Gerät zuverlässig arbeitet. In der Produktinformation und auf dem Typenschild des Gerätes finden Sie die Klimaklasse. Für den Keller sind Geräte der Klasse SN (10–32°) empfehlenswert. Klimaklasse N (16–32°) ist für eine Aufstellung in der Wohnung gedacht. Generell gilt: Je kühler der Raum, in dem das Gefrier- oder Kühlgerät steht, desto geringer ist der Energiebedarf. Der ideale Standort eines Gefriergerätes ist daher ein kühler Keller.

Nützliche Kleingeräte

Handrührgerät und Küchenmaschine
Für kleinere Haushalte unverzichtbar ist das Handrührgerät mit Schneebesen und Knethaken, ggf. mit Mixstab. Je größer der Haushalt, umso eher lohnt sich eine Kompaktküchenmaschine. Wird dann auch noch oft schwerer Teig verarbeitet, ist das Standgerät sicher die beste Wahl.

Mixer
Ein rotierendes Messer zerkleinert rasch und gründlich die vorbereiteten Zutaten. Der Handel bietet verschiedene Modelle.

Der Stabmixer oder Passierstab ist handlich und klein. Mit ihm lassen sich Suppen, Saucen und gekochtes Obst und Gemüse direkt im Topf oder in der Schüssel pürieren.

Für Hefe- und Brotteig ist eine standsichere Küchenmaschine perfekt.

Der Blitzhacker ist ideal zum Hacken von Nüssen und Kernen und zum Mixen kleiner Mengen (z. B. Pesto). Die Zutaten werden in die Schüssel des Geräts gefüllt.

Standmixer: Für große Mengen ist der Standmixer aufgrund der längeren Betriebsdauer besser geeignet. Auch hier müssen die Zutaten in den Glasbehälter des Mixers gefüllt werden.

Wasserkocher
Das Muss für Teetrinker. Damit lässt sich Wasser schnell und energiesparend erhitzen. Besonders sicher und praktisch: Geräte mit einem Kochgefäß, das sich vom Elektroteil abnehmen lässt.

Küchenwaage
Vor allem beim Backen ist eine digitale Waage (mit Batterie) fast unverzichtbar. Praktisch ist die sog. Zuwiegefunktion, mit der mehrere Zutaten nacheinander in eine Schüssel abgewogen werden können.

Eierkocher
Wer gerne und häufig perfekt gekochte Eier isst, sollte dieses kleine Gerät kaufen.

Waffeleisen
Zwischen den beiden beschichteten Eisenplatten wird Teig zu Waffeln gebacken. Ge-

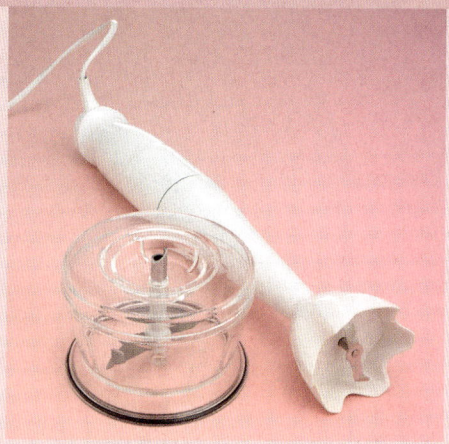

Nüsse und Schokolade lassen sich ganz schnell im Blitzhacker zerkleinern.

räte mit stufenlosem Temperaturregler ermöglichen das Variieren der Hitze.

Nudelmaschine
Mit ihr kann man Nudelteig (s. S. 184) dünn ausrollen. Für die unterschiedlichen Nudelformen gibt es verschiedene Aufsätze, z. B. für Spaghetti, breite Bandnudeln oder Ravioli.

Elektrischer Allesschneider
Wer oft Großportionen kauft, für den lohnt sich die Anschaffung eines Allesschneiders. Hier können Brot, Wurst, Käse, Fleisch o. Ä. in frei wählbarer Scheibendicke geschnitten werden.

Getreidemühle
Müslifans und Brotbäcker können ihr Getreide entweder schroten oder in unterschiedlicher Feinheit mahlen.

Fondue und Raclette

Was wären Weihnachten oder Silvester ohne Fondue oder Raclette? In einer kleinen Runde verbringen Gäste und Gastgeber einen entspannten Abend ohne stressiges Vorbereiten und Kochen.

↓ **Beim Fondue** werden die vorbereiteten Zutaten (Fleisch, Fisch, Gemüse) in eine heiße Flüssigkeit (Fett, Brühe) getaucht und darin gegart. Beim klassischen Fondue wird das Fett bzw. die Brühe auf offener Flamme heiß gehalten. Es gibt aber auch elektrische Varianten. Dabei wird der Fondue-Topf auf eine beheizte Platte gestellt. Die Temperatur kann mit einem Drehknopf reguliert werden.

↓ **Beim Schweizer Käsefondue** werden Brotstückchen in flüssigen Käse getaucht. Der Käse wird auf offener Flamme oder einer Heizplatte warm gehalten. Wählen Sie dafür einen speziellen Fonduetopf aus Keramik, Silargan oder Steingut, sonst brennt der Käse leicht an.

Heißer Stein (ohne Bild) Darauf kann man alles, was sich braten lässt, wunderbar aromatisch zubereiten: Fleisch, Fisch, Wurst, Eier, Gemüse, Pilze oder auch Obst – und das ganz ohne Zugabe von Fett. Heiße Steine werden elektrisch beheizt, vorher wird der Stein aber im Backofen vorgeheizt. Dank der Heizschlangen im Gerät bleibt die Hitze des Steins dann bei Tisch konstant.

↓ **Beim Raclette** garen die Zutaten in kleinen Pfännchen unter den Heizschlangen des Gerätes. Am häufigsten sind Geräte, die über den Heizspiralen einen heißen Stein oder eine Grillplatte haben. So kann man oben Fleisch, Fisch und Gemüse braten.

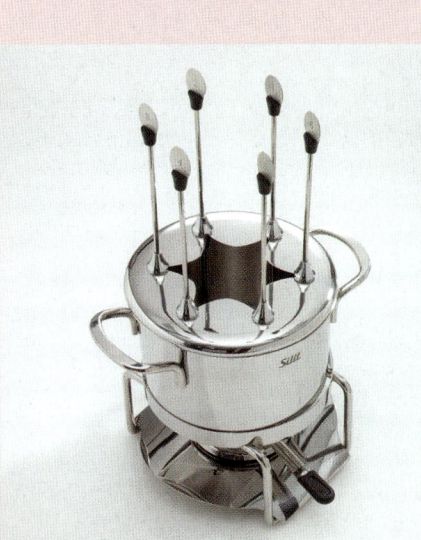

Schokoladenbrunnen (ohne Bild): Das Gerät transportiert flüssige Schokolade aus einem geheizten Becken durch einen Zylinder nach oben. Von dort fließt die Schokolade über verschieden große Aufsätze in Kaskaden herunter zurück in das Becken. Aufgespießt werden Fruchtstücke und Beeren. Eingetaucht wird in weiße oder dunkle Schokolade.

Hygiene-Grundregeln

Kaum ein Raum in der Wohnung wird so stark genutzt wie die Küche. Hier wird Essen vorbereitet, zubereitet und gelagert. Und nicht zuletzt ist die Küche oft auch ein Platz zum Leben. Hygiene ist hier oberstes Gebot.

Sauberkeit statt Chemie

Sauberes Arbeiten und Mitdenken ist grundlegend für die Hygiene in der Küche. Das regelmäßige Reinigen der Arbeitsflächen, Schränke und Schubladen ist ebenso wichtig wie das häufige Wechseln der Tücher und Lappen und deren richtige Zuordnung.

Hygienische Neuanschaffungen

Falls Sie Ihre Küche neu einrichten oder renovieren, denken Sie daran, alte Bodenbeläge zu ersetzen. Geschlossene Schränke, abwischbare Oberflächen (z. B. für Gasherde) und schmutzabweisende Beschichtungen von Arbeitsflächen sind leichter sauber zu halten.

Selbstverständlich: Hände waschen!

Händewaschen vor dem Kochen und Essen: Das ist die Hygieneregel Nr. 1 beim Umgang mit Lebensmitteln und Speisen. Waschen Sie Ihre Hände nicht nur, bevor Sie die Küchenarbeiten beginnen, sondern auch zwischen einzelnen Arbeitsgängen. So vermeiden Sie vor allem, dass Keime von rohem Fleisch auf Gemüse übergehen.

Geplant arbeiten!

Planen Sie die Arbeitsschritte. So kommen Ihre Hände nicht mit unnötig vielen Lebensmitteln und Geräten nacheinander in Berührung. Auch das hält Keime in Schach.

Augen und Nase benutzen!

Sehen Sie die Lebensmittel, die Sie verarbeiten genau an, und prüfen Sie auch deren Geruch. Falls irgendetwas ungewöhnlich ist (z. B. Geruch, Schimmel und Gärung), das Lebensmittel lieber nicht verwenden.

Schneidbretter gut säubern

Die Bretter nach jeder Benutzung mit sehr heißem Wasser und mit Spülmittel reinigen. Und möglichst Schneidbretter aus Kunststoff verwenden (s. auch »Populäre Irrtümer«, Seite 31).

Abfalleimer regelmäßig leeren

Und nicht vergessen: Auch die Abfallbehälter ab und zu reinigen!

Küchentücher wechseln

Die Küchenwäsche bei mindestens 60° waschen. Die Tücher nach Gebrauch möglichst gut trocknen lassen, denn feuchte Tücher sind ideale Brutstätte für Bakterien. Verwenden Sie getrennte Tücher für Hände und Geschirr! Die Spülbürste (so sie spülmaschinenfest ist) häufig in der Maschine mitwaschen, ansonsten häufig ersetzen.

Die Küche regelmäßig reinigen

Aber nie während der Zubereitung von Speisen, denn dabei könnten leicht Keime aufs Essen übertragen werden.

Geräte sauber halten

Backofen, Kühlschrank und elektrischen Allesschneider regelmäßig reinigen.

Waschen Sie Ihre Hände vor Beginn jedes einzelnen Arbeitsschrittes.

Waschen Sie Obst und Gemüse immer und ohne Ausnahme.

Hilfe, Schädlinge!

Besonders beliebt bei Ungeziefer sind Getreide und Mehle, Flocken, Nüsse und Samen, Trockenobst und Gewürze.

Befallene Lebensmittel sollten nicht mehr verzehrt werden, da sie mit den Tieren selbst (deren Haut und Haaren) sowie deren Kot verschmutzt sind. Diese Verunreinigungen können eine Vielzahl von Allergien auslösen. Außerdem übertragen Vorratsschädlinge häufig Krankheitserreger.

Wie beugt man Schädlingen vor?

Die meisten Schädlinge, z. B. Brot- und Getreideplattkäfer oder die gefürchteten Dörrobstmotten werden über neu gekaufte Lebensmittel ins Haus eingeschleppt. Dem können Sie vorbeugen: Kaufen Sie nur unversehrte Packungen, sehen sie sich die Ware in durchsichtigen Verpackungen von außen an, füllen Sie den Inhalt der Packungen in dicht verschließbare Gefäße um, und sehen Sie Ihre Vorräte regelmäßig durch. Wenn Sie Käfer oder Motten in der Küche finden, suchen Sie sofort die befallenen Lebensmittel und entsorgen Sie diese (aus dem Haus bringen!). Alle Tiere, die Sie sehen können, töten und entsorgen. Außerdem alle Lebensmittel, die sich in nicht dichten Verpackungen befinden, wegwerfen. Dann die Schränke gut aussaugen und mit Essigwasser auswischen, anschließend gut trocknen. Ritzen können zusätzlich mit heißer Fönluft behandelt werden, das tötet verbliebene Larven sicher ab.

Populäre Hygiene-Irrtümer

Viele Irrtümer stammen aus Zeiten, in denen es keinen Kühlschrank, keine Spülmaschine und keine Waschmaschine gab.

Viel hilft viel!

Nein, das ist übertrieben. Auf unsere heutige Zeit übertragen heißt die Regel jetzt eher: **Häufig hilft viel!**
Putzen: Küchenablage/Abtropffläche vor und nach jeder Lebensmittelzubereitung; Küchenboden ein- bis zweimal pro Woche; Waschbecken täglich; Herd nach jedem Gebrauch
Händewaschen vor dem Kochen; zwischen einzelnen Arbeitsgängen bzw. bevor mit einem anderen Lebensmittel begonnen wird; wenn man die Küche zwischenzeitlich verlassen hat, um etwas anderes zu tun
Tücher waschen: Spültuch zweimal die Woche austauschen; nach größeren Kochaktionen alle Tücher in die Wäsche geben
Spülbürste waschen bei jedem Spülmaschinengang
Lebensmittel kontrollieren im Kühlschrank zweimal pro Woche; im Vorratsschrank einmal im Monat

Schneidbretter aus Holz sind hygienischer

... weil sich im Holz antibakterielle Wirkstoffe befinden. Nur trockene, unverletzte Holzbrettchen sind hygienisch. Aber schon nach einigen Wochen weisen Holzbrettchen die typischen Gebrauchsspuren auf. Besser sind Kunststoffbrettchen, denn diese können sogar in der Spülmaschine gereinigt werden.

Desinfektionsmittel sind unerlässlich

Gegen Bakterien wirkende Mittel sind im Haushalt allgemein und damit auch in der Küche überflüssig. Speziell für ihre antibakterielle Wirkung angepriesene Allzweckreiniger, Seifen oder Spülmittel sind eher gefährlich als nützlich: Sie enthalten oftmals gesundheitsschädliche und/oder allergieauslösende Wirkstoffe. Sie können dazu führen, dass Bakterien resistent werden gegen die Chemie. Und nicht zuletzt lassen diese Mittel den Anwender leicht mit den übrigen Hygieneregeln (s. S. 30) schlampig werden. Nach dem Motto: »Wozu so oft Händewaschen, ich habe doch antibakterielle Seife genommen.«

Mit dem benutzten Löffel probieren ist nur eine Frage des Anstands

Bedenken Sie, dass ein benutzter Löffel Keime ins Essen befördern kann, die dazu führen, dass es sauer wird bzw. gärt. Im schlimmsten Fall bringen Sie Krankheitserreger ins Essen, die sich durch die Wärme des Gerichts vermehren.

Putzmittel in der Küche

Was braucht man?	Wie ist die Wirkung?	Wofür ist es geeignet?	Wie wird es angewendet?	Nicht anwenden auf
Neutralreiniger	Allzweckreiniger mit neutralem pH-Wert, sanft, umweltverträglich, ohne Duftstoff	Alle Oberflächen inklusive Textilien	Nach Gebrauchsanweisung des Herstellers	
(Wasch-)Soda	Ergibt mit Wasser eine Lauge (wie Seife/Spülmittel, nur stärker), die Schmutz und Fett aufquellen lässt, sodass sie sich lösen. Säuren werden also unwirksam gemacht.	Zum Spülen von Mehrwegflaschen, inklusive Milchflaschen, Thermosgefäßen, Blumenvasen; zum Reinigen von Fritteusen, fettigen Backblechen/Backofenwänden und Pfannen.	2–3 EL Soda auf 5 l heißes Wasser; die Lauge einige Zeit einwirken lassen; bei starken Verschmutzungen bis zu 1 EL Soda auf 1/2 l Wasser	Aluminium
Essigsäure (25 % Säure)	Natürliche Säure, die vollständig biologisch abbaubar ist; mit kalklösender, desinfizierender und geruchsbindender Wirkung; wirkt außerdem gegen Bakterien und Pilze Achtung! Essigsäure allein hat keine schmutzlösende Wirkung!	Arbeitsflächen, Waschbecken, Kacheln/Fliesen Küchenschränke, Brotkästen, Kühlschrank. Gegen Gerüche in Thermosgefäßen, Trinkflaschen, Vorratsschränken, im Kühlschrank. Spülmaschine	Essigsäure : Wasser 1:3 Essigsäure : Wasser 1:2 Essigsäure : Wasser 1:3, länger einwirken lassen 2 Tassen Essigsäure nach 15 Min. einfüllen	Emaille, Aluminium, Marmor, säureempfindlichen Fliesen und beschichteten Pfannen, Kupfer und kupferhaltigen Legierungen wie Bronze und Messing, Dichtungsringen (z. B. in Kühlschränken, Thermoskannen)
Zitronensäure	Natürliche Säure mit kalklösender Wirkung	Alle Oberflächen und Geräte, die mit Kalk verschmutzt sind, insbesondere empfindliche bzw. mit Essigsäure unverträgliche (s. o.).	Nach Gebrauchsanweisung des Herstellers	Bei Kaffeeautomaten je nach Herstellerangabe: Das mit Kalk gebildete Salz Kalzium-Zitrat kann Düsen verstopfen.
(milde) Scheuermilch	Scheuern durch feinste körnige Bestandteile.	Küchenarbeitsplatten, Edelstahl, Fliesen, Grillroste	Nach Gebrauchsanweisung des Herstellers	Weichen Kunststoffen, z. B. an Kaffeemaschinen

Reinigung in der Spülmaschine

Der Abwasch in der Spülmaschine ist hygienisch, zeit- und wassersparend und mit der richtigen Menge an Reiniger auch umweltverträglich.

Was bedeutet spülmaschinenfest?

Ob Besteck oder Geschirr als »spülmaschinenfest« oder »spülmaschinengeeignet« bezeichnet wird, entscheiden die Hersteller. Es gibt keine Institution, die das nach unabhängigen Kriterien festlegt. Doch können Sie bei der Bezeichnung »spülmaschinenfest« davon ausgehen, dass Tellern, Gläsern, Plastikbehältnissen oder Besteckteilen ein regelmäßiges Maschinenspülen nichts anhaben kann. Je mehr Teile Ihres Geschirrs spülmaschinenfest sind, desto weniger Handabwasch fällt an. Anders bei nur »spülmaschinengeeignetem« Geschirr. Dieses ist lediglich dafür geeignet, ab und zu maschinell gereinigt zu werden. Spülmaschinenaufenthalte verändern die Oberflächen. Glasschliffe verlieren die Konturen, Glas- und Porzellandekore verblassen. Beschichtungen verlieren ihre Antihaft-Eigenschaften. Wertvolles Geschirr, das lediglich »spülmaschinengeeignet« ist, sollte von Hand gespült werden.

Uneingeschränkt spülmaschinenfest

- Porzellangeschirre ohne Dekor
- ofenfestes Glas (Jenaer Glas)
- Pressglas
- modernes, besonders gehärtetes Glas (z. B. mit Titan oder Zirkon)
- Edelstahlbesteck, Edelstahl-Kochgeschirr
- modernes Silberbesteck (nicht mit Edelstahlbesteck in einen Besteckkorb geben)

Schutz vor Glaskorrosion

Für die Reinigung von spülmaschinengeeigneten Gläsern in der Spülmaschine gibt es von verschiedenen Reinigungsmittelherstellern spezielle Zusätze, die Schutz vor Glaskorrosion bieten. Spülmaschine bei reinen Glasspülgängen sofort nach Ende des Waschgangs öffnen (die feuchte Hitze beim Trockenprogramm fördert die Korrosion).

Eingeschränkt eignen sich

- Gebrauchsgläser (häufiges Maschinenspülen kann nicht mehr rückgängig zu machende Glaskorrosion verursachen: Schlieren, Trübungen)
- Kochgeschirr aus Aluminium (je nach Hersteller)
- Kochgeschirr aus Gusseisen (je nach Hersteller)

Nicht in die Spülmaschine gehören

- Kristall- und Bleikristallglas
- Besteck und Kochgeschirr aus Holz bzw. mit Holzgriffen
- Holzbrettchen
- Plastikgeschirr ohne Kennzeichnung
- altes/antikes Silberbesteck

Der Geschirrspüler sollte immer optimal ausgelastet und einmal pro Monat ohne Geschirr gereinigt werden.

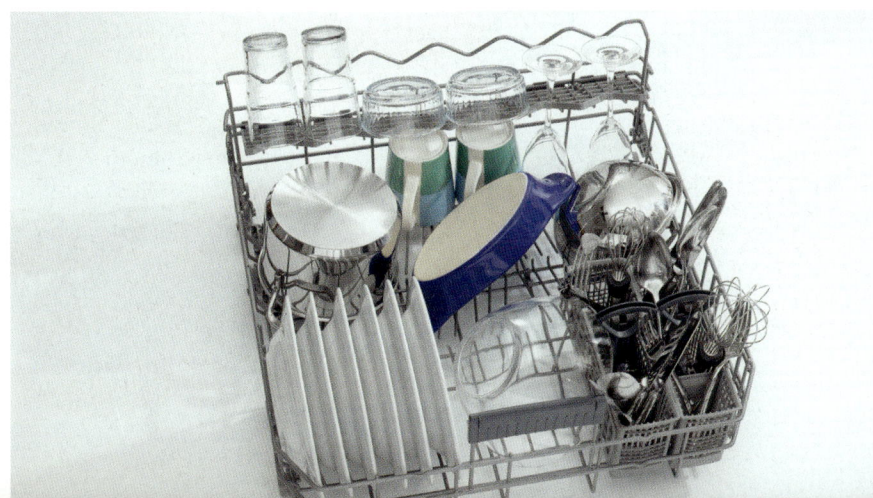

Lebensmitteleinkauf planen

Mit ein bisschen Planung wird der Lebensmitteleinkauf zur Routine, die sich in den Alltag einpasst, ganz ohne zum Zeitfresser und Nervenräuber zu werden.

Der Wochen-Essensplan
Stellen Sie – zumindest grob – zusammen, was Sie in der kommenden Woche kochen wollen. Wo täglich für viele Personen warmes Essen auf den Tisch kommt, lohnt sich auch eine grobe Monatsplanung.

Wenn Sie dann auch noch überlegen und notieren, was tatsächlich aus Ihren Plänen geworden ist, d. h. was Sie tatsächlich gekocht und auf den Tisch gebracht haben, bekommen Sie mit der Zeit auch fast schon eine Dauer-Einkaufsliste mit Produkten, die in Ihrem Haushalt häufig oder bevorzugt gegessen werden.

Vielleicht darf ja Camembert nie fehlen oder Fruchtjoghurt. Mettwurst ist ein Dauerbrenner, und Möhren werden fast täglich gegessen, mal roh geknabbert, mal zur Rohkost geraspelt oder mitgekocht. Sehen Sie selbst ...

Der Wochen-Einkaufsplan
Frisches Obst und Gemüse, Frischmilch sowie Frischfleisch, Wurst und frischen Fisch sollten Sie alle zwei bis drei Tage einkaufen. Dabei werden einmal auch zur Neige gehende sonstige Vorräte aufgefüllt. Den Vorratsschrank können Sie alle paar Wochen bei einem Großeinkauf wieder bestücken.

Sonderangebote clever nutzen
Jedes Lebensmittelgeschäft annonciert heute regelmäßig Sonderangebote bzw. lässt eigene Prospekte verteilen. Aber was tun mit der ganzen Angebotsvielfalt? Lassen Sie sich nicht verführen, sondern behalten Sie klaren Kopf: Überlegen Sie, ob es sich lohnt, für ein Sonderangebot extra ein Geschäft anzufahren, das sonst eher teuer ist. Angebote sind dann tatsächlich günstig, wenn Sie wirklich nennenswert sparen (also z. B. viel davon kaufen, weil es ein Vorratsartikel ist) und wenn Sie idealerweise gleichzeitig auch den übrigen

Biokiste: Frisches Obst und Gemüse aus der Region wird an die Haustür geliefert.

gewohnten Einkauf zu einem gewohnten Preis tätigen können.

Besondere Einkaufsformen
Im Vergleich zum individuellen Einkauf können andere Einkaufsformen ihre jeweils ganz eigenen Vorteile haben.

Einkaufsgemeinschaften: Damit kann man Mengenrabatte nutzen und sich zeitlich entlasten, weil immer einer für eine ganze Gruppe einkauft.

Lieferservices sparen ebenfalls viel Zeit und zumeist auch Tragearbeit, denn Sie werden oft für Getränke oder Gemüsevorräte genutzt. Hier liefert ein regionaler Händler selbst; bestellen können Sie telefonisch und oft auch über das Internet. Verschiedene große Supermarktketten bieten inzwischen einen Lieferservice für ihr Sortiment an. Beliefert werden allerdings meist nur Kunden in Ballungsräumen, und teils wird nur einmal die Woche zugestellt.

Internetversandhäuser/Online-Shops sparen (nach einer Einarbeitungsphase) Zeit und ermöglichen den Kauf von Produkten, die man vor Ort nicht bekommt. Das können beispielsweise exotische Zutaten sein wie asiatische Nudeln, Seetangprodukte, frisches asiatisches Gemüse oder auch Lebensmittel aus europäischen Landesküchen, etwa italienische Würste oder französische Käse. Die Ware wird von Paketdiensten innerhalb von 1 bis 2 Tagen zugestellt.

Der Vorratsschrank

Für alle, die regelmäßig kochen, egal ob kleine oder große Haushalte, ist es sinnvoll, einen gewissen Grundvorrat anzulegen. So kann man einmal einen richtigen Vorrats-Großeinkauf machen und spart dann gleichzeitig Geld, Zeit und weiteres Schleppen beim wöchentlichen Einkauf von frischen Lebensmitteln. Mit dieser Basis können Sie Gerichte spontan variieren, z. B. mit Kapern oder Sardellen eine besondere Würze geben. Haben Sie noch frische Reste vom Vortag übrig, klassisch sind die halben Single-Gemüsestücke, so kochen Sie doch einfach mal nur aus dem Vorratsschrank und kombinieren die halben Paprika und Zwiebeln

zusammen mit Oliven aus dem Glas und TK-Kartoffeln zu einer feinen Gemüsepfanne. Wenn Sie abends unerwartet Besuch bekommen, können Sie als kleinen Snack Parmesan oder anderen Reibekäse mit Schinken und Salamis zum Wein reichen. Als schnelles Dessert oder sommerliche Nachmittags-Erfrischung ist ein Eis aus der Tiefkühltruhe ideal. Und der sonntägliche Brunch wird zum Genuss, wenn niemand aus dem Haus muss und Sie tiefgefrorenes Brot oder Brötchen vorrätig haben. Unten folgen die absoluten Basis-Vorräte. Geschickt kombiniert können diese, ganz ohne frische Zutaten, ein Essen zum Fest machen.

Basislebensmittel
Kartoffeln (für 2–3 Mahlzeiten); Nudeln; Reis; getrocknete Hülsenfrüchte nach Geschmack (Bohnenkerne, Linsen, Kichererbsen); Mehl; Zucker; Semmelbrösel/Paniermehl; Grieß; Haferflocken

Konserven und Tiefkühlkost
Tomaten (ganz oder stückig) und Tomatenmark; Würstchen; Obst nach Wahl; Gewürzgurken; Sauerkraut, Hackfleisch; Schweinefilet; Hähnchenflügel oder -schenkel; Fischfilets; Gemüse nach Wahl; Beeren; TK-Kräuter

Würzmittel
Essig; Öl (eine kalt gepresste und eine hocherhitzbare Sorte); Senf; Meerrettich; eventuell Sojasauce; Instant-Brühe; Gewürze nach Geschmack; Ketchup; einige Samen oder Kerne (Sesam, Sonnenblumenkerne)

Was bedeutet das Haltbarkeitsdatum?

Nach welchen Kriterien werden Handelsklassen eingeteilt? Was bedeutet Mindesthaltbarkeit und Verbrauchsdatum?

Was sind Handelsklassen?

Hier stehen eher technische Indikatoren im Vordergrund wie Größe, Farbe und Form.
Bei Obst und Gemüse sind gemeinsame Merkmale aller Handelsklassen (Extra, I und II): fest, gesund, sauber, Rückstände an Pflanzenschutzmitteln auf ein unbedenkliches Maß begrenzt, frei von fremdem Geruch und Geschmack, frei von Schädlingen und Schäden durch Schädlinge und reif.
Bei Eiern kommen solche der Handelsklasse B erst gar nicht in den Handel, obwohl sie zugelassen sind und z. B. nur etwas mehr verschmutzt sind bzw. eine etwas größere Luftkammer haben als Eier der Klasse A.
Bei Fleisch wird für die Einteilung in die gesetzlichen Handelsklassen unter anderem nach Alter und Geschlecht sowie Fleischigkeit und Fleischfülle beurteilt. Nicht berücksichtigt wird aber z. B. die Wässrigkeit des Gewebes oder eine ökologische Viehzucht.

Mindesthaltbarkeitsdatum

Das Mindesthaltbarkeitsdatum bezeichnet den Tag, bis zu dem das Produkt garantiert seine typischen Eigenschaften behält – vorausgesetzt, es bleibt verschlossen und wird richtig gelagert. Wenn zur Lagerung etwas Besonderes zu beachten ist (dunkel, trocken, kühl, bei Temperaturen bei 4°), muss das auf der Verpackung stehen.

Nach Ablauf des Mindesthaltbarkeitsdatums ist das Lebensmittel aber keinesfalls verdorben und ungenießbar, der Hersteller übernimmt nur jetzt keine Garantie mehr für die ganz typischen Eigenschaften wie Konsistenz, Geschmack, Geruch, Farbe oder auch Vitamingehalt. Das Produkt darf aber weiter ganz normal verkauft werden. Allerdings hat der Händler nun eine besondere Sorgfaltspflicht gegenüber dem Kunden, d. h. er muss durch stete Kontrollen gewährleisten, dass das Produkt noch vollkommen einwandfrei ist.

Verbrauchsdatum

Anders das Verbrauchsdatum. Es muss auf »in mikrobiologischer Hinsicht sehr leicht verderblichen Lebensmitteln« angebracht werden, also auf leicht verderblichen Waren, die zum echten Gesundheitsrisiko werden können, wenn man sie über einen bestimmten Zeitraum hinaus noch verzehrt. Typische Beispiele: rohes Hackfleisch, Geschnetzeltes, Geflügelfleisch, Fisch, Vorzugsmilch. »Zu verbrauchen bis …« muss hier deutlich draufstehen, und das genannte Datum bezeichnet den definitiv letzten Tag, an dem man dieses Produkt noch bedenkenlos essen kann. Für das Lebensmittelgeschäft bedeutet das: Lebensmittel, die ein Verbrauchsdatum aufgedruckt haben, müssen nach dessen Ablauf aus dem Regal.

Milchprodukte haben ein Mindesthaltbarkeitsdatum, Fleisch und Geflügel ein Verbrauchsdatum.

Was kommt wohin im Kühlschrank?

Eigentlich beginnt die Lagerung der Lebensmittel bereits beim Einkauf: Sorgen Sie dafür, dass gekühlte Lebensmittel auch bis zu Hause kühl bleiben.

Die richtige Temperatur

Tiefkühlware darf keinesfalls antauen. Daheim die Einkäufe sofort in Kühl- und Gefrierschrank verstauen. So halten Sie die sogenannte Kühlkette perfekt ein und geben Keimen keine Chance.

Gemüsefach/-fächer Wegen der Abtrennung vom übrigen Kühlraum durch eine Platte ist das Gemüsefach nicht sehr kalt. Besonders durch die hohe Luftfeuchtigkeit (Fächer mit Deckel) ist es gut geeignet zur Lagerung von Obst und Gemüse – allerdings getrennt voneinander, denn manches Obst gibt ein Reifegas ab, das Gemüse schimmeln lässt (s. S. 68, 77).

Unten (auf der Glasplatte über dem Gemüsefach) ist die kälteste Zone. Hier sollten leicht verderbliche Lebensmittel, z. B. rohes Fleisch, roher Fisch und (Frisch-)Wurst gelagert werden.

Mitte Für Milchprodukte, z. B . Joghurt, Sahne, geöffnete Gläser mit Obst und Gemüse ist hier der richtige Ort. Dosenware vor dem Kühlen besser umfüllen.

Oben ist es am wärmsten. Hier ist die Lagerung von gekochten Speisen, Käse, Geräuchertem und getrockneter Rohwurst perfekt.

Türfächer Auch hier ist es nicht besonders kalt. Lagern Sie hier Butter, Eier, Getränke, Tuben, Fertigsaucen und Konfitüre. Vergleichen Sie dazu auch das Bild S. 26.

Gut verpackt ist lange haltbar

Alles im Kühlschrank sollte weitgehend luftdicht verpackt sein (z. B. in Vorratsdosen oder in Butterbrotpapier gewickelt und in Gefrierbeutel gesteckt). So kann nichts austrocknen, außerdem werden Gerüche und Aromen nicht übertragen. Salat hält sich am besten locker in eine Plastiktüte gepackt. Frische Kräuter umwickeln Sie mit angefeuchtetem Küchenpapier und stecken sie in einen Gefrierbeutel.

Wer nicht immer frisch einkaufen kann, ist mit unter Schutzatmosphäre eingeschweißter Ware gut bedient (nach dem Öffnen zügig verbrauchen!).

Eine Kühltasche mit Kühlelementen sorgt dafür, dass Eier, Milch, Butter und Tiefkühlkost kühl zu Hause ankommen.

Kühlschrank bzw. Gefrierfach schnell abtauen

Seit mehr als 20 Jahren ist eine Abtauautomatik in Kühlgeräten Standard. Das heißt, die Geräte können durchgehend laufen, es bildet sich keine Eisschicht mehr an den Kühlflächen. Sie müssen einzig noch darauf achten, dass das Ablaufloch für das Kondenswasser frei bleibt.

In Kühlschränke integrierte Gefrierfächer können natürlich keine Abtauautomatik haben. Hier müssen Sie selbst die Reifschicht immer wieder entfernen: Und zwar keinesfalls durch Abkratzen mit spitzen oder scharfen Gegenständen, denn das könnte die Kältemittel-Rohre beschädigen. Sie müssen das Gerät (je nach Modell den gesamten Kühlschrank oder nur das Gefrierteil) ausstecken bzw. abschalten – das Gefriergut an einem kühlen Ort zwischenlagern. Dafür eignen sich Kühlboxen mit Kühlelementen oder Kühltaschen. Wenn Sie zu wenig Platz haben, fragen Sie bei Nachbarn, ob diese Ihre Tiefkühlware für einige Stunden aufnehmen können. Nun das Eis bei geöffneter Tür abtauen lassen, Tauwasser mit einem Tuch auffangen. Vor dem Wiedereinschalten das Fach gut trockenreiben. Arbeiten Sie nicht mit Abtausprays, denn diese können explosive Gase bilden oder Bestandteile enthalten, die den Kunststoff des Kühlgeräts schädigen und gesundheitsschädigend sein.

Woran erkenne ich Bio?

Bio-Lebensmittel liegen im Trend. Auf den Boom regionaler Biomärkte folgen mehr und mehr Neueröffnungen von Bio-Supermärkten. Und auch in den normalen Supermärkten wächst das Angebot von Bio-Ware ständig.

Das staatliche Bio-Siegel für Produkte aus ökologischer Landwirtschaft.

Bio erkennen

Bereits seit 2001 können Lebensmittel aus ökologischer Landwirtschaft mit dem staatlichen Bio-Siegel gekennzeichnet werden (siehe Abbildung).
Ausschließlich Erzeuger und Hersteller, die die Bestimmungen der EG-Öko-Verordnung einhalten und sich den vorgeschriebenen Kontrollen unterziehen, dürfen ihre Produkte mit diesem Bio-Siegel kennzeichnen.
Die EG-Öko-Verordnung schreibt u. a. Folgendes fest:
• Verbot der Bestrahlung von Öko-Lebensmitteln zur Konservierung
• Verbot gentechnisch veränderter Organismen
• Verzicht auf Pflanzenschutz mit chemisch-synthetischen Mitteln
• Verzicht auf leicht lösliche, mineralische Dünger
• abwechslungsreiche Fruchtfolgen
• artgerechte Tierhaltung
• Fütterung mit ökologisch produzierten Futtermitteln ohne Zusatz von Antibiotika und Leistungsförderern

Da die Verwendung des staatlichen Siegels freiwillig ist, tragen nicht alle Bio-Produkte das Logo. Ein Muss für Bio-Produkte ist aber

die EWG-Kontrollstellen-Nummer, z. B. »DE-001-Öko-Kontrollstelle«. Die Nummer steht entweder in Kombination mit einem Bio-Label oder solo auf der Packung. Fehlt diese Nummer, ist es kein zertifiziertes Bio-Produkt.

Alles Bio oder was?

Die EG-Öko-Verordnung schützt Bezeichnungen für nach ihrem Standard produzierte und kontrollierte Bio-Lebensmittel:
• »Bio-.../Öko-...«, »biologisch/ökologisch« bzw. »kontrolliert biologisch/ökologisch«
• »biologischer/ökologischer Landbau«
• »biologisch-dynamisch«, »biologisch-organisch«
Keine Garantie, dass es sich um Bio-Produkte handelt, geben Aussagen wie:
• »aus kontrolliertem Anbau«/»aus Vertragsanbau«/»kontrolliert«
• »von staatlich anerkannten Bauernhöfen«
• »unter unabhängiger Kontrolle«
• »ungespritzt«/»ohne Spritzmittel«/»unbehandelt«
• »aus integrierter Landwirtschaft«
• »aus alternativer Haltung«
• »naturrein«, »natürlich«

Bio-Marken im konventionellen Lebensmittelhandel

Viele Handelsketten haben eigene Bio-Produkte etabliert oder Bioprodukte anderer Hersteller ins Sortiment aufgenommen. Diese Produkte genügen der EG-Öko-Verordnung:
• BioBio: Plus
• enerBIO: Rossmann
• Bioness: Lidl
• Prima Bio bzw. bio: Aldi Nord bzw. Süd
• BioSonne: Norma
• Naturgut: Penny
• Naturkind: Tengelmann, Kaiser's
• Naturkost Grünes Land: Metro
• BioGreno Naturkost: Famila
• Bio Wertkost: Edeka
• Rewe Bio: Rewe
• Alnatura: dm, Budni, Tegut
• Gut&Gerne: Spar, Schlecker

Deutsche Bio-Siegel

Auf Bio-Produkten können zusätzlich die Warenzeichen eines der acht deutschen Öko-Anbauverbände aufgedruckt sein. Viele Bio-Bauern und -Verarbeiter sind einem dieser Verbände angeschlossen. Tragen Bio-Lebensmittel das Warenzeichen eines dieser Verbände, erfüllen sie den höchsten Standard, der derzeit an ein Bio-Produkt in Deutschland gestellt wird.

Bio-Kreis: Der ursprünglich vor allem in Ostbayern tätige Verband mit Sitz in Passau ist mittlerweile bundesweit vertreten.

Bioland: Der nach Fläche und Mitgliederzahl größte ökologische Anbauverband in Deutschland hat seinen Hauptsitz in Mainz und acht Regionalvertretungen.

Biopark: Der in Mecklenburg-Vorpommern gegründete Verband (Sitz in Güstrow) ist inzwischen bundesweit vertreten.

Demeter: Der einzige Anbauverband der biologisch-dynamischen Landwirtschaft; Grundlage ist die Lehre des Anthroposophen Rudolf Steiner. Der Verband mit Sitz in Darmstadt ist weltweit tätig und in Deutschland in allen Bundesländern regional vertreten.

Ecoland: Der regional tätige Verband mit Sitz in Wolpertshausen (Baden-Württemberg) betreut insbesondere Fleisch- und Getreideerzeuger bzw. -verarbeiter.

Ecovin: Gegründet als Bundesverband Ökologischer Weinbau ist Ecovin (Sitz in Oppenheim) mit seinen Regionalverbänden heute Organisation all der Winzer, die keinem anderen ökologischen Anbauverband angeschlossen sind.

Gäa: Entstanden aus der kirchlichen Umweltbewegung der ehemaligen DDR widmet sich der Verband mit Hauptsitz in Dresden vor allem der Umstellung von Agrarbetrieben in den neuen Bundesländern.

Naturland: Der Verband mit Sitz in Gräfelfing bei München ist weltweit tätig, regional gegliedert und gehört international zu den großen Zertifizierungsorganisationen für Ökoprodukte.

Sicher arbeiten in der Küche

Achtung Brandgefahr!

Ursache der meisten Brände im Haushalt ist Unachtsamkeit und leichtsinniges Handeln in der Küche. Hier wird Wasser und Fett erhitzt, werden heiße Bleche aus dem Backofen geholt sowie Kaffeemaschine und Toaster bedient. Genügend Gründe, bewusst sorgsam zu handeln. Eine Checkliste, mit der Sie das Risiko eines Küchenbrandes minimieren, folgt hier.

Ofen aus? Immer prüfen, ob Kochstellen auch wirklich abgestellt sind. Gewöhnen Sie sich an, Backofen und Kochstellen sofort nach Gebrauch abzustellen. Versenkbare Knöpfe nie im Betriebszustand versenken, sonst übersehen Sie, dass die Schalter noch nicht zurückgedreht sind!

Der Herd ist nur zum Kochen da! Auf den

Herd nichts anderes als Töpfe und Pfannen stellen. Wenn die Herdzone grundsätzlich für alle anderen Dinge tabu ist, besteht kaum Gefahr, dass einmal brennbare Dinge wie z. B. Tücher oder Plastikfolien darauf liegen.

Laufende Geräte nicht alleine lassen!

Elektrische Geräte, ob Kaffeemaschine, Toaster oder Herd, nie unbeaufsichtigt lassen und sofort nach Gebrauch abschalten.

Dunstabzugsfilter regelmäßig warten!

Fettverschmutzte Filter von Dunstabzugshauben sollten regelmäßig ausgewechselt werden, denn Altfett kann sich erhitzen und selbst entzünden.

Heißes Fett nicht aus den Augen lassen!

Beim Braten und Frittieren nie die Küche verlassen und Fett nie zu stark erhitzen. Beim Frittieren sind maximal 180° Fetttemperatur in jedem Fall ausreichend. Viele Lebensmittel kommen mit noch geringeren Temperaturen aus. Elektro-Haushaltsfritteusen besitzen heute alle ein integriertes Thermometer und einen Thermostat bzw. Überhitzungsschutz. Sie sollten in Haushalten, in denen regelmäßig frittiert wird, unbedingt Omas Fetttopf mit Siebeinsatz ablösen.

Brennendes Fett?

Falsch: Löschen Sie brennendes Fett nie mit Wasser. Bei einer Temperatur von 100° wird aus Wasser Wasserdampf. Wird also ein Wasserstrahl in siedendes oder brennendes Fett gerichtet, kommt es zu einer schlagartigen Verdampfung des Wassers. Der Wasserdampf treibt das brennende Fett auseinander, vergrößert dessen Oberfläche und kann zur Explosion führen.

Richtig: Die Hitzequelle abschalten und dem Feuer die Sauerstoffzufuhr entziehen, indem ein Deckel auf das Gefäß mit dem brennenden Fett gesetzt wird.

Rauchmelder in der Küche?

Wasserdampf und Kochdünste lösen bei normalen Rauchmeldern, die in der Küche installiert sind, häufig Fehlalarm aus. Für Küchen gibt es daher Spezial-Rauchmelder. Ausreichend ist aber auch ein Standard-Rauchmelder, der im angrenzenden Flur angebracht ist. Sechs Bundesländer haben bereits per Gesetz festgelegt, dass in Neubauten und bei Renovierungen Rauchmelder anzubringen sind. Eine Nachrüstpflicht für bestehende Wohnungen gibt es in Deutschland allerdings nicht. Empfohlene Mindestausstattung: 1 Rauchmelder pro Etage im Flur, plus 1 Rauchmelder in jedem Schlafzimmer und jedem Kinderzimmer.

Vorsicht, heiß!

↓ **Fett und Wasser ergeben gefährliche Spritzer.** Gießen Sie beim Ablöschen von Angebratenem niemals einen großen Schwall Flüssigkeit zu heißem Fett in einer Pfanne. Nehmen Sie die Pfanne zunächst von der Hitzequelle, gießen Sie dann die Flüssigkeit langsam und unter Rühren zu.

Vor dem Frittieren oder Anbraten in heißem Fett sollten alle Zutaten (besonders mariniertes Fleisch oder Gemüse) trocken getupft werden, bevor sie ins heiße Fett kommen.

Verwenden Sie beim Pfannenbraten einen Spritzschutz aus Plastik oder Metall – das schützt nicht nur Ihre Haut, sondern auch Kleidung und Küche.

↓ **Hand und Arme schützen!** Nehmen Sie heiße Bleche und Formen mit Topflappen aus dem Backofen. Noch besser: Kochhandschuhe, die auch die Unterarme schützen.

Was tun bei Verbrennungen? Das verbrannte Körperteil sofort und 15–30 Minuten lang unter fließend kaltes Wasser halten. Verwenden Sie jedoch auf keinen Fall Eis oder Eiswasser. Kleidung, die mit der verbrannten Haut verklebt ist, nicht entfernen. Keinesfalls Puder oder Salbe auftragen, die Stelle lediglich mit einem sauberen Tuch abdecken. Arzt aufsuchen oder Notarzt rufen.

Ungetrübtes Grillvergnügen

Der richtige Ort für den Grill ist windgeschützt, eben und nicht entflammbar.

↓ **Trockene Grillanzünder** (DIN 66358 mit Registriernummer) und sichere **Grillholzkohle** (DIN 51749 mit Registriernummer) verwenden.

Keine flüssigen Brennstoffe zum Anzünden verwenden! Benzin, Brennspiritus, Terpentin, Petroleum oder Brenngels verdunsten. Beim Anzünden kann es zu schwersten Brandverletzungen kommen.

Wie vermeide ich Unfälle?

Kein Raum in der Wohnung ist so voller elektrischer Geräte wie die Küche. Hier wird mit Hitze gearbeitet, mit scharfen und spitzen Werkzeugen, mit Strom und Wasser.

Achtung, scharf und spitz!

Die wichtigste Regel für den Umgang mit scharfen und spitzen Küchengeräten wie Messern, aber auch Reiben lautet: »Konzentriert arbeiten und bei Ablenkung das Schneiden unterbrechen!« Unachtsamkeit ist die häufigste Ursache für Unfälle im Haushalt. Weitere Tipps:

Scharfe Messer verwenden: Stumpfe Messer oder solche, die nicht zum Schneidgut passen rutschen leicht ab; Verletzungen sind vorprogrammiert. Und die sind bei stumpfen Messern umso schlimmer, weil hier mit höherer Kraft gearbeitet werden muss, als mit scharfen Messern.

Sorgfalt beim Anreichen von Messern

Dass Messer und Scheren nicht geworfen werden, ist selbstverständlich, sie sollten darüber hinaus immer mit der Griffseite voran angereicht werden – ohne dass man an die Schneide greift! Scheren werden grundsätzlich geschlossen weitergereicht.

Messer werden grundsätzlich mit der Griffseite voran gereicht. Die Schneide sollte dabei nicht berührt werden.

Mit einer kleinen Haushaltsleiter kommt man bequem an alle höher gelegenen Bereiche von Schränken und Regalen.

Sorgfalt beim Abwasch von Messern und Ähnlichem Scharfe Gegenstände nicht im Handabwaschwasser »versenken«, sondern festhalten, mit einer Bürste reinigen, und sofort wieder aus dem Wasser nehmen.

Scharfe und spitze Dinge aufräumen

Messer und Scheren gehören in den Messerblock oder an eine Magnetleiste (sofern keine kleinen Kinder im Haushalt sind, s. S. 44) oder – am besten – in eine Schublade. Wenn Sie damit arbeiten, die Geräte nie am Rand der Arbeitsfläche ablegen, von wo sie leicht herunterfallen können (oder von Kindern erreicht werden können).

Elektrische Schneidgeräte ausschalten und ausstecken

Auch wenn elektrische Allesschneider heute meist einen Zweipunkt-Schalter haben, sollten sie immer auch vom Stromkreis getrennt werden, bevor man am rotierenden Messer hantiert (etwa um Blockaden zu entfernen). Dasselbe gilt für Stabmixer oder Elektromesser.

Vorsicht, hoch!

Dank Hochschränken und vieler großer Hängeschränke haben Sie jede Menge Stauraum in der Küche? Prima! Und nun soll das Raclettegerät mal schnell aus der hintersten oberen Ecke geholt werden …

Keine riskanten Klettermanöver! Verstauen Sie in den obersten Etagen Ihrer Schränke nur Dinge, die Sie ganz selten brauchen. Und halten Sie eine Trittleiter in der Nähe bereit, auf die Sie leicht zugreifen können. Stühle oder gar Tische sind kein Leiterersatz! Und an der Kücheneinrichtung wird nicht geklettert.

Achtung, Strom!

Achten Sie bereits beim Kauf von Elektrogeräten darauf, dass diese das »GS-Zeichen« für »geprüfte Sicherheit« haben (siehe Kasten). Haben Sie außerdem ein Auge darauf, dass alle Steckdosen in einem tadellosen Zustand sind. Und beachten Sie auch Folgendes:

Gehen Sie sorgfältig mit Kabeln und Steckern um. Einen Stecker nie am Kabel aus der Steckdose ziehen. Geräte nicht am Kabel hochheben. Kabel nicht knicken oder zu stramm aufrollen.

Defekte Geräte sind tabu! Defekte oder auch nur beschädigte Geräte bzw. Geräte mit defekten Schaltern, Steckern und Kabeln sofort abschalten, nicht mehr benutzen und nur durch einen Fachmann reparieren lassen. Insbesondere, wenn Sie Schmorgeruch bemerken, das Gerät sofort vom Stromnetz trennen und überprüfen lassen.

Strom und Wasser sind eine tödliche Kombination! Nur vom Stromnetz getrennte Küchengeräte (z. B. Stabmixer, Schneidemaschinen) mithilfe von Wasser reinigen. Niemals Feuchtigkeit in die Elektrogeräte eindringen lassen, das kann Kurzschlüsse provozieren!

Vorsicht Stolper- und Rempelfallen

Schranktüren schließen! Türen von Küchenunter- und Hängeschränken immer sofort wieder schließen, in der Eile der Küchenarbeit stößt man sich sonst allzu leicht den Kopf an bzw. rempelt mit dem Bein an offene Schranktüren. Und auch offen gelassene Schubladen können mindestens sehr schmerzhafte blaue Flecken verursachen. Schieben Sie diese daher am besten immer wieder sofort nach der Benutzung zu.

Kabel am Boden vermeiden! Falls Sie zu wenige Steckdosen in der Küche haben und dauerhaft mit Verlängerungskabeln arbeiten müssen, versuchen Sie diese möglichst kurz zu halten. Verlegen Sie am Boden verlaufende Kabel am besten hinter den Schrankblenden bzw. unter den Küchenmöbeln. Ist das nicht möglich, fixieren Sie sie außerhalb von Stand- und Gehflächen (z. B. entlang der Kanten von Boden und Küchenmöbel) mit stabilem Klebeband.

Geprüfte Sicherheit

»TÜV-geprüft« ist umgangssprachlich ein Qualitätssiegel für technische Prüfungen durch eine TÜV-Gesellschaft. Die Bezeichnung »TÜV-geprüft« darf nur von einem Technischen Überwachungs-Verein oder einer Tochtergesellschaft verwendet werden. Alles andere wäre Irreführung der Verbraucher oder unlauterer Wettbewerb. Sicherheit und Qualität von Produkten, Anlagen und Dienstleistungen: in fast jeder Branche sind die TÜV durch ihr Engagement aktiv. Die **Prüfplakette** ist das äußerlich erkennbare Zeichen dafür, dass eine Überwachungsorganisation die Ordnungsmäßigkeit eines überwachten Gegenstandes oder seines Verhaltens im Hinblick auf einschlägige gesetzliche oder sonstige Bestimmungen am Prüfungstag festgestellt hat und zugleich – im Regelfall – der Hinweis auf den Zeitpunkt der nächsten fälligen Untersuchung.

Id-Zeichen GS geprüfte Sicherheit

Was sagt das GS-Zeichen aus?

Mit dem inzwischen weltweit anerkannten GS-Zeichen (»Geprüfte Sicherheit«) dürfen technische Produkte versehen werden, wenn

• eine unabhängige Prüf- und Zertifizierungsstelle bestätigt, dass das Baumuster den sicherheitstechnischen Anforderungen des Geräte- und Produktsicherheitsgesetzes entspricht und

• die vertriebenen Serienprodukte immer mit dem geprüften Baumuster übereinstimmen.

Bei Produkten, die dieses Zeichen tragen, können Sie sich darauf verlassen, dass sie dem Geräte- und Produktsicherheitsgesetz entsprechen.

Wie mache ich die Küche kindersicher?

Kinder dürfen und sollen in der Küche mithelfen und altersgemäße Aufgaben übernehmen. Dabei lernen sie auch den Umgang mit küchentypischen Gefahren.

Kindersicherungen gibt es für Steckdosen, Schubladen und Schranktüren.

Erklären und Hinsehen

Warnen Sie Kinder immer wieder und erklären Sie ihnen, wo die Gefahren lauern. Lassen Sie kleine Kinder niemals unbeaufsichtigt in der Küche.

Verbrennungen und Verbrühungen

Wer kleine Kinder hat, sollte bestimmte »heiße Dinge« in der Küche sichern – nicht zuletzt zur eigenen Entlastung.

Schutz an Herd und Backofen: Bringen Sie ein Herdgitter an. Diese gibt es in verschiedenen Ausführungen. Sehr praktisch: Modelle mit gleichzeitigem Schutz für die Schaltknöpfe, sodass diese nicht von Kinderhänden verstellt werden können. Für Kinderhände sind so heiße Platten und heiße Töpfe mit kochendem Inhalt unerreichbar. Kochen Sie möglichst auf den hinteren Kochstellen, und drehen Sie Pfannenstiele nach hinten. Bringen Sie einen Schutzriegel für die Backofentür an. Für die heiße Backofentür an sich – die in den meisten Haushalten in »bester« Kinderhöhe ist – gibt es ein (transparentes) Hitzeschutzgitter, das sich ohne Aufwand vor dem Glas-Sichtfenster anbringen lässt.

Schutz vor heißem Wasser: Wenn Sie neue Spülbeckenarmaturen anschaffen, wählen Sie solche mit Temperaturbegrenzung.

Verletzungen

Scharfes und Spitzes wegräumen! Messer auf keinen Fall im Messerblock offen auf die Arbeitsfläche stellen oder an einem Magnetband an der Wand befestigen. Sie gehören in Schubladen mit einem Kindersicherungs-Verschluss.

Kindgerechten Arbeitsplatz schaffen: Damit Kinder mitarbeiten können, geben Sie ihnen einen Arbeitsplatz an einem niedrigen Kindertisch – so vermeiden Sie gefährliche Konstruktionen mit Schemeln und Hockern.

Den Entdeckertrieb nicht noch fördern: Bewahren Sie Süßigkeiten nicht in hoch gelegenen Regalen und Schränken auf. So kommen Kinder gar nicht auf die Idee zu klettern, um die Süßigkeiten zu erreichen.

Vergiftungen

Reinigungsmittel in den Schrank! Lassen Sie Reinigungsmittel nie offen herumstehen. Nach Gebrauch verschließen und wegräumen. Verschließen Sie die Tür zum Putzmittelschrank mit einem Sicherheitsriegel.

Achten Sie auf sichere Behältnisse! Möglichst wenige aggressive Putz- und Reinigungsmittel anschaffen. Manches lässt sich nicht vermeiden, etwa Geschirrreiniger und Spülmaschinensalz. Kaufen Sie bevorzugt Putzmittel mit kindersicheren Schraubverschlüssen. Und füllen Sie diese Mittel niemals aus ihren Originalverpackungen um.

Kindersicherungen gibt es in verschiedenen Ausführungen für Schubladen und Türen. Steckdosen und Schränke, hinter denen sich Gefährliches verbirgt, sollten in jedem Fall gesichert werden.

Gefahren durch elektrische Geräte

Strom und Elektrogeräte müssen für kleine Kinder unerreichbar sein.

Sicherheitssteckdosen installieren! Ungesicherte Steckdosen sind eines der größten Risiken für Kinder. Es gibt Sicherungssysteme zum Eindrücken oder Eindrehen.

Geräte ausschalten und ausstecken, am besten räumen oder schließen Sie sie weg.

Der Verbandkasten

Für Erste-Hilfe-Leistungen sind Medikamente nicht nötig. Bewahren Sie diese separat auf. So können Sie den Verbandkasten an einem Ort platzieren, der auch für ältere Kinder gut zugänglich ist.

Immer griffbereit

Gut geeignet als Aufbewahrungsort für den Verbandkasten sind Badezimmer oder Küche. Die Küche ist meist gut erreichbar in der Wohnung gelegen, und hier können Wunden gut versorgt werden, da genügend Platz und Wasser vorhanden ist. Im Kühlschrank oder im Gefrierfach sollte zusätzlich ein Kühlkissen mit Gelfüllung bereitliegen.

Regelmäßig kontrollieren

• Überprüfen Sie regelmäßig das Verfallsdatum.

• Sie sollten die Erste-Hilfe-Maßnahmen kennen. (Auffrischungs-)Kurse in Ihrer Nähe finden Sie u. a. unter www.erste-hilfe.net.

1 Haut- und Schleimhautdesinfektionsmittel

2 Heftpflaster

3 Wundschnellverband (Heftpflaster mit Mullkissen als Wundauflage für kleine, nicht stark blutende Wunden)

4 Verbandpäckchen (Mullbinde mit größerer, saugfähiger Wundauflage für größere, stärker blutende Wunden)

5 Mullbinden

6 elastische Binden

7 Verbandschere

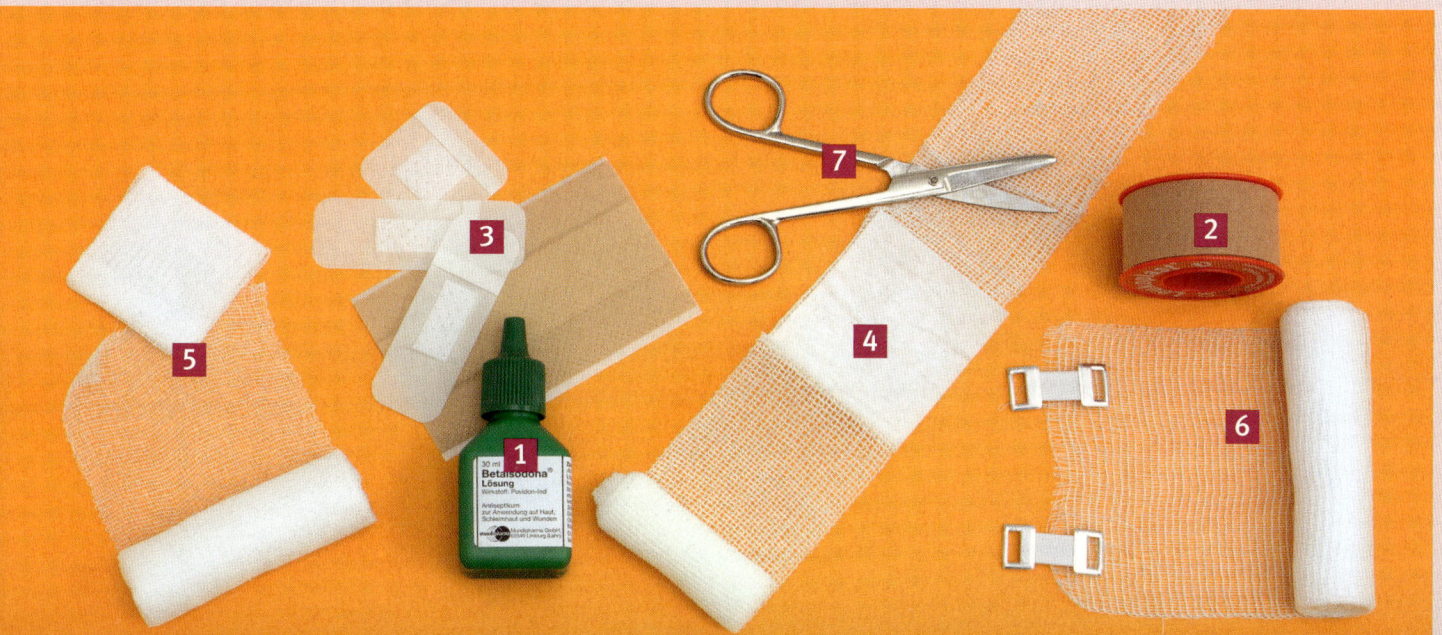

Getreide

Nudeln, Brot, Reis und ihre Verwandten machen uns nicht nur satt, sondern auch glücklich. Natürlich haben alle Typen und Sorten ihre Eigenheiten. Auf den nächsten Seiten steht, wie Sie den Überblick behalten und diese Lebensmittel gut behandeln.

Getreide

48 Getreidesorten
50 Reis; Reis garen
51 Getreideähnliche Samen
52 Getreide garen
53 Getreide keimen
55 Mehltypen
56 Gemahlenes: Schrot, Grieß, Dunst, Kleie
58 Teigwaren: Nudeln; Nudeln kochen
60 Brotsorten
62 Brot selbst backen: Triebmittel
63 Brot lagern

Getreidesorten

↓ Der Aufbau des Getreidekorns

Alle Getreidearten gehören, auch wenn sie teilweise sehr unterschiedlich aussehen, zur selben Pflanzenfamilie. Verzehrt werden die Samen, die in Ähren, Kolben oder an Rispen reifen. Der Aufbau der Samenkörner ist bei allen Getreidearten gleich (siehe Abbildung).

Während der Mehlkörper, der 70–80 % des Korns ausmacht, hauptsächlich aus Stärke und auch Eiweiß besteht, enthalten die ihn umgebende Aleuronschicht und der Keimling hochwertiges Eiweiß und Fett sowie Vitamine und Mineralstoffe. Die Randschichten des Getreidekorns sind besonders ballaststoffreich und enthalten ebenfalls Mineralstoffe.

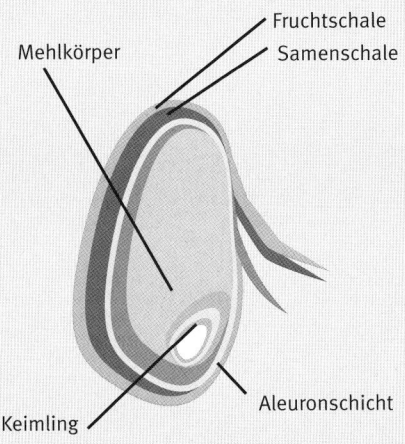

Mehlkörper
Fruchtschale
Samenschale
Aleuronschicht
Keimling

Weizen

Es gibt drei wichtige Weizen-Unterarten: Weichweizen, Hartweizen und Dinkel.

Weichweizen ist das wichtigste Brotgetreide auf der Welt. Das liegt daran, dass diese Getreideart einen besonders hohen Anteil an Klebereiweiß hat, das für seine hervorragenden Backeigenschaften verantwortlich ist. Gemahlen und als ganze Körner kann Weizen aber vielfältig in der Küche verwendet werden: etwa für Suppen, Salate, Aufläufe, Bratlinge.

Hartweizen enthält noch mehr Kleber als Weichweizen, daraus hergestellte Teige haben aber eine sehr feste Konsistenz. Das Getreide gedeiht nur in warmen Regionen mit trockenen Sommern. Hartweizen wird vor allem in Form von Grieß zu Lebensmitteln verarbeitet, insbesondere zu Teigwaren (s. S. 58), er kann aber auch für Grießbrei, Grießpuddings oder Klößchen verwendet werden.

Für den aus dem Vorderen Orient stammenden Bulgur (1) werden Hartweizenkörner gekocht, geschält, wieder getrocknet, dann mehr oder weniger fein zerkleinert.

Für den nordafrikanischen Couscous (1) wird Hartweizengrieß (aber auch Grieß aus Hirse oder Gerste), angefeuchtet und zu Kügelchen gerieben. Es gibt auch Instant-Couscous; er ist bereits vorgegart: Den Grieß dann einfach mit der doppelten Menge kochendem, leicht gesalzenem Wasser oder mit kochender Brühe übergießen, 5 Minuten ziehen lassen.

Dinkel (2) wird wie Weichweizen verwendet. Heute schätzt man ihn vor allem wegen seines mildnussigen Geschmacks. In der heimischen Küche wird Dinkel allerdings am häufigsten in Form von Grünkern (2) verarbeitet: Dafür werden die noch nicht ganz ausgereiften, noch weichen Dinkelkörner geerntet, mehrere Stunden gedarrt und leicht geräuchert. Grünkern bekommt dadurch einen besonders würzigen Nussgeschmack und ist sehr gut bekömmlich. Er wird ganz, als Graupen, als Grieß, Mehl und Flocken, z. B. für herzhafte Aufläufe, Bratlinge und Klöße, zum Backen von Pfannkuchen und Waffeln sowie für Brotaufstriche verwendet.

Zum Brotbacken eignet sich Grünkern als Einzelgetreide allerdings nicht, denn das enthaltene Eiweiß kann kein Teiggerüst bilden. So wird Grünkern oft als Beimischung im Brot verwendet.

Roggen

Roggen wird in den kühleren Zonen der gemäßigten Breiten Europas angebaut. Der Anteil von Roggen an der Weltgetreideerzeugung liegt bei nur 1 %. Er ist ein klassisches Brotgetreide, denn einen porigen Teig bildet Roggen nur unter Einwirkung von Säure (Sauerteig) aus. Daher eignet sich dieses Getreide nicht für süßes Gebäck. In Form ganzer oder grob zerkleinerter Körner kann Roggen auch für verschiedenste warme Gerichte verwendet werden, als Getreidebeilage, für Aufläufe, für Pfannkuchen und Klöße.

Gerste

Gerste wächst und reift von allen Getreidearten am schnellsten, ist daher in vielen Gegenden mit extremem Klima traditionelles Grundnahrungsmittel. Bei uns wird Gerste vor allem als Braugerste eingesetzt. In der Küche kann Gerste in Form von Graupen, Grütze, Mehl und Flocken für Suppen, Breie und im Müsli verwendet werden. Zum Backen eignet sich Gerstenmehl nur als Beimischung.

Mais

Mais hat bei uns vor allem in Form von Cornflakes Bedeutung. In der warmen Küche wird Maisgrieß (Polenta) und Maisstärke verwendet. Darüber hinaus verzehren wir Mais in Form von Chips, Flips und Popcorn.

Hirse (3)

Hirse ist in den trockenen Gebieten Afrikas und Nordasiens Grundnahrungsmittel. Bei uns ist sie erst durch die Vollwertküche und wegen ihrer guten Verträglichkeit bei Allergien wieder populär geworden. In Form von ganzen (geschälten) Körnern, Flocken und Mehl kann sie für süße und pikante Gerichte wie andere Getreide verwendet werden. Zum Backen eignet sich das Mehl allerdings nur als Beimischung.

Hafer

Hafer ist traditionelles Nahrungsmittel in feucht-kühlen Regionen. Im Haushalt wird er in Form von Flocken verwendet. Für grobe Haferflocken werden die ganzen (gedämpften) Körner ausgewalzt. Feine Haferflocken werden aus zerkleinerten Körnern hergestellt. Instant-Flocken werden aus Hafervollkornmehl hergestellt. Sie sind leicht in Flüssigkeit löslich. Hafer(mehl) ist Zutat für süße Kekse, Pops und Flakes. Haferkleie, die wertvollen ballaststoffreichen Randschichten des Haferkorns, wird zur Verdauungsförderung und zur Senkung des Cholesterinspiegels verwendet.

Was ist Gluten? Was ist glutenfrei?

Manche Menschen vertragen bestimmte Eiweißbestandteile im Getreide nicht. Diese sog. »Gluten« kommen vor in Weizen (sowie Dinkel und Grünkern), Roggen, Gerste, Hafer und in allen daraus hergestellten Produkten. Der Fachbegriff für Glutenunverträglichkeit ist Zöliakie. Typisch dafür sind Magen-Darm-Beschwerden und als Spätfolge Darmkrebs. Um frei von Beschwerden zu sein, müssen Betroffene ein Leben lang eine streng glutenfreie Diät einhalten. Es gibt inzwischen eine Vielzahl glutenfreier Produkte auf dem Markt. Glutenfrei und damit uneingeschränkt empfehlenswert für Zöliakiepatienten sind Amaranth, Buchweizen, Hirse, Mais, Quinoa und Reis (s. S. 50/51).

(1) Bulgur und Couscous

(2) Grünkern und Dinkel

(3) Hirse und Hirseflocken

Reis

Für weit über die Hälfte der Weltbevölkerung ist Reis tägliches Hauptnahrungsmittel. Traditionell wird er als **weißer Reis** in der Küche verwendet, also von den Schalenschichten, der Aleuronschicht und dem Keim befreit (poliert). Diesen Reiskörnern fehlt der größte Teil ihrer wertgebenden Inhaltsstoffe wie Vitamine, Mineralstoffe und Ballaststoffe. Dafür sind sie besonders lange haltbar.

Vollkornreis, also lediglich von den Spelzen, d. h. den äußeren Hüllblättern befreiter Reis, enthält noch alle Randschichten und auch den Keim. Dadurch ist er nicht lange haltbar (Fettverderb im Keim), aber reich an gesunden Inhaltsstoffen. Er hat einen würzig-aromatischen Geschmack.

Für Pilav-Reis und Risotto wird der Reis zunächst in Butter oder Öl angeschwitzt.

Parboiled Reis: Die positiven Eigenschaften von Weißreis (Lagerfähigkeit, relativ kurze Gardauer) und Vollkornreis (gesundheitlicher Wert) vereint Parboiled Reis. Bei dessen Herstellung wird vor dem Entfernen der Randschichten ein großer Teil der darin enthaltenen Vitamine und Mineralstoffe durch Dampfdruck ins Korninnere gepresst.

Schnellkochreis: Bei ihm handelt es sich um vorgegarte und wieder getrocknete Reiskörner, die nur kurz in heißem Wasser gar ziehen müssen. Reis wurde so zum Minutengericht.

Je nach Kornform unterscheidet man drei verschiedene Reistypen, die außerdem unterschiedliche Gareigenschaften haben:

Rundkornreiskörner garen außen breiartig weich und haben einen bissfesten Kern. Zu diesem Reistyp gehören die Risottosorten (Arborio, Vialone Nano und Carnaroli) und Milchreis. **Langkornreis** bleibt beim Garen körnig. Er ist hierzulande der Standard-Beilagenreis. Eine der feinsten Sorten ist Basmati- bzw. Duftreis. **Mittelkornreis** liegt von der Form und seinen Kocheigenschaften zwischen Rund- und Langkornreis. Er eignet sich beispielsweise für Paella.

Wasserreis: Der Reis gart von reichlich Wasser bedeckt. Am Ende wird es abgegossen.

Reis garen

Es gibt verschiedene Möglichkeiten Reis zu garen.

Wasserreis: So gart man Reis lose oder im Kochbeutel. Der Reis muss von reichlich Wasser bedeckt sein, damit er gleichmäßig gart. Überschüssiges Wasser wird nach dem Garen durch ein Sieb gegossen.

Quellreis: Langkornreis wird klassisch mit etwa der doppelten Menge Wasser zum Kochen gebracht, köchelt bei kleiner Hitze zugedeckt gar, wobei das gesamte Wasser aufgesogen wird. Vor dem Servieren auflockern und kurz ausdampfen lassen.

Pilav-Reis: Den Reis in Butter anschwitzen, in der doppelten Menge Wasser zugedeckt bissfest garen, 10 Minuten den Deckel einen kleinen Spalt öffnen und den Reis ausdampfen lassen.

Risotto-Reis: Der Reis wird zunächst glasig angeschwitzt, dann heiße Flüssigkeit nach und nach zugegeben (s. S. 182).

Pseudogetreide: Amarant, Quinoa, Buchweizen

Körnerfrüchte von Pflanzen, die nicht zur Familie der Gräser gehören, nennt man Pseudogetreide. Die Früchte sind meist sehr reich an Stärke, Eiweiß, Mineralstoffen und Fett. Sie besitzen zwar keine Eigenbackfähigkeit, werden aber ansonsten ähnlich wie Getreidearten verwendet.

↓ **Amarant und Quinoa:** Beide Samen stammen aus Mittel- und Südamerika. Beide sind winzig und rundlich bzw. scheibchenförmig.

Amarant findet man inzwischen in vielen Produkten als Zutat, z. B. in Müsli und Müsliriegeln oder auch in Teigwaren. Amarant kann man als ganzes Korn, als Flocken und Mehl weiterverarbeiten für körnige Beilagen, für Gemüsepfannen, Bratlinge oder auch für Süßspeisen.

Quinoa wird vor allem als ganzes Korn angeboten, mit Wasser gegart und wie Reis und andere Getreidekörner verwendet.

Da Amarant- und Quinoamehl allein nicht backfähig sind, können sie Weizen-, Dinkel- oder Roggenmehl beigemischt werden.

↓ **Buchweizen:** Die dreikantigen Samenkerne eines Knöterichgewächses sind aus der traditionellen Küche Russlands, der Ukraine und Chinas nicht wegzudenken. Man bekommt sie im Ganzen (geschält), als Grütze, Flocken oder Mehl. In der Küche kann man den leicht nussig schmeckenden Buchweizen für herzhafte Pfannkuchen (Blinis), Fladen, Aufläufe und Bratlinge verwenden. Buchweizenkörner sondern beim Kochen viel Schleim ab, daher die Körner vor und nach dem Garen heiß spülen. Geröstet können die Körner auch roh verzehrt werden, z. B. in Müsli.

↑ **Wildreis** ist eigentlich kein Reis, sondern der Samen einer nordamerikanischen Wassergrasart. Er ist schwarz, ähnelt in der Form Tannennadeln und hat einen kräftig nussigen Geschmack. Wildreis ist sehr teuer und wird daher oft als Beimischung von weißem Reis angeboten. Wildreis sollte als Quellreis gegart werden. Er braucht dann etwa 35–40 Min.

Getreide garen

Getreideart	Verhältnis Flüssigkeit zu Getreidemenge	Kochzeit	Nachquellzeit
Schrot			
Bulgur	3 : 1	10 Min.	5 Min.
Couscous	2 : 1	2 Min.	10 Min.
Maisgrieß	3–4 : 1	5–10 Min.	10–20 Min.
Graupen			
Dinkelgraupen	2,5 : 1	15 Min.	5 Min.
Gerstengraupen	2,5 : 1	30 Min.	15 Min.
Weizengraupen	2,5 : 1	15 Min.	5 Min.
ganze Körner			
Amarant	2–2,5 : 1	30 Min.	15 Min.
Buchweizen	1,5–2 : 1	15 Min.	5 Min.
Dinkel	2 : 1	45 Min.	15 Min.
Gerste	2–2,5 : 1	45 Min.	15 Min.
Grünkern	2–2,5 : 1	30 Min.	15 Min.
Hafer	1,5–2 : 1	30 Min.	15 Min.
Hirse	2–2,5 : 1	20 Min.	15 Min.
Quinoa	2–2,5 : 1	15 Min.	10 Min.
Reis (Vollkorn)	2–2,5 : 1	30 Min.	10 Min.
Reis (weiß)	1,5–2 : 1	20 Min.	–
Roggen	2–2,5 : 1	60 Min.	30 Min.
Weizen	2 : 1	45 Min.	15 Min.
Wildreis	2–2,5 : 1	45 Min.	15 Min.

Tipps fürs Getreidegaren

• Schrot während des Kochens öfter umrühren, damit er nicht zusammenklumpt, vor dem Servieren mit der Gabel auflockern.
• Ganze Körner vor dem Kochen heiß abspülen.
• Kochen im Dampfdrucktopf verkürzt die Garzeit um die Hälfte.
• Bei den lang garenden Körnern am besten kein Salz ins Kochwasser geben, sonst bleiben die Körner (noch länger) hart. Bei Hirse und Rundkornreis kann das dagegen ein erwünschter Effekt sein: Sie bleiben mit Salz im Wasser körnig.

Getreide vorkochen für die schnelle Küche

Getreidekörner können Sie gut auf Vorrat kochen, denn die gegarten Körner lassen sich einige Tage im Kühlschrank aufbewahren. So kann etwa von einer großen Portion Hirse oder Reis am ersten Tag etwas als Beilage gereicht werden, am zweiten Tag ein Teil zu Gemüse-Reis/Hirse-Burgern verarbeitet werden, am dritten Tag können Sie damit eine Suppe ergänzen oder – angebraten – eine Gemüsepfanne ergänzen. Oder Sie verarbeiten das gegarte Getreide zu einem süßen Auflauf mit Obst und Trockenfrüchten und Nüssen.

Getreide einfrieren

Sie können gegartes Getreide auch portionsweise einfrieren. So sind beispielsweise Aufläufe oder Gemüsesalate mit Getreidekörnern dann im Nu zubereitet oder eine fertige Beilage muss nur aufgetaut und aufgewärmt werden.

Wie lasse ich Getreide keimen?

Keimlinge versorgen unseren Körper mit vielen wichtigen Nährstoffen. Sie haben – im Gegensatz zu normalem Getreide – eine bessere Eiweiß-Qualität, einen höheren Gehalt an ungesättigten Fettsäuren sowie einen höheren Vitamin- und Mineralstoffgehalt.

Getreide als Rohkost?

Getreide und getreideähnliche Körner müssen – mit Ausnahme von Hafer – in ihrer Vollkornversion immer vorbearbeitet werden, damit der Körper sie auch gut verdauen und die Inhaltsstoffe verwerten kann. Denn insbesondere in den Randschichten des Korns befinden sich pflanzeneigene Schutzstoffe, die das menschliche Verdauungssystem hemmen oder unverträglich sind. Deswegen bestehen traditionelle Weizenbrote immer aus dem geschälten Korn, also aus Weißmehl. Und deswegen wird Roggenvollkornteig vor dem Backen gesäuert und muss eine Zeit lang ruhen. Auch das Einweichen von Vollkorngetreide für Frischkornbrei vermindert den Gehalt an unverträglichen Stoffen. Lässt man Getreide keimen, werden unverträgliche Stoffe um- bzw. abgebaut, und die Körner können roh gegessen werden. Während des Keimens werden die im Getreidekorn enthaltenen Fette, Kohlenhydrate, besonders Stärke und Eiweiße teilweise in wertvolle, aber kalorienärmere oder kalorienfreie Stoffe umgewandelt (z. B. in Ballaststoffe und Vitamine). So enthalten Getreidesprossen mehr Ballaststoffe und mehr Vitamine als das Ausgangsgetreidekorn, aber weniger Kalorien. Durch den Keimvorgang verbessert sich außerdem die Qualität der Eiweiße und Fette. Gekeimtes Getreide macht also schön satt und ist dabei urgesund.

Gekeimtes Getreide

Getreidekeime können roh verzehrt werden, sie sind aber bekömmlicher und bleiben länger haltbar, wenn man sie blanchiert. Aufbewahrt werden fertig gekeimte Getreidesprossen im Kühlschrank.

Getreidekeime passen zu pikanten (Gemüse-)Brotaufstrichen und Kräuterquark ebenso wie zu Müsli. Insbesondere Gersten-, Hafer- und Hirsekeime harmonieren bestens mit den übrigen Müslizutaten. In Salaten, Gemüsepfannen, Suppen und Eintöpfen sind Sprossen nicht nur eine kalorienarme Alternative zu gegarten Körnern, sondern auch farbiger Augenschmaus.

Welche Getreidearten sich zum Keimen eignen und wie sie genau gekeimt werden, ist in der Tabelle auf Seite 89 aufgelistet.

Bio? Logisch!

Getreide zum Keimen sollte unbehandelt und ausdrücklich zum Keimen vorgesehen sein. Nur dann ist es optimal keimfähig und garantiert nicht mit chemischen Mitteln behandelt (z. B. gebleicht). Sie bekommen solches Getreide in Naturkostläden, Reformhäusern und über den Bio-Versandhandel, teils auch in Supermärkten mit großem Bio-Sortiment.

Gekeimtes Getreide ist nicht nur eine Vitaminbombe, sondern auch sehr schmackhaft und dekorativ.

Mehltypen: Dinkel, Roggen, Weizen

Die Mehltype macht eine Aussage über den Mineralstoffanteil des Mehls. Weizenmehl der Type 405 enthält in 100 g Mehl 405 mg Mineralstoffe. Beim Weizenmehl der Type 550 sind es dagegen schon 550 mg Mineralstoffe.

Diese unterschiedlichen Gehalte an Mineralstoffen erzielt man in der Mühle beim Vermahlen, indem man eine mehr oder weniger große Menge an Randschichten (Schalen, Aleuronschicht, s. Abb. S. 48), die bei den ersten Mahlgängen abgesondert werden, bei nachgelagerten Mahlgängen wieder zugibt und fein mitvermahlt. Denn gerade diese Randschichten sind sehr mineralstoffreich. Die höheren Typenzahlen beim Roggen liegen an seinem im Vergleich zu Weizen und Dinkel grundsätzlich höheren Anteil an Randschichten. Vollkornmehl hat keine Typenzahl. Bei ihm handelt es sich um die fein vermahlenen kompletten Bestandteile des Korns, also Mehlkörper mit Keimling und Randschichten.

1 Weizen

Weizenmehl Type 405 ist das klassische Haushaltsmehl mit guten Backeigenschaften. Type 550 ist das klassische Bäcker-Feinmehl mit sehr guten Backeigenschaften. Weizenmehl der Type 812 und 1050 wird für herzhaftes Gebäck und Mischbrote verwendet. Backschrot der Typen 1600 und 1700 wird groben Broten beigemischt. Es enthält keinen Keimling.

2 Dinkel

Das Dinkelmehl der Type 630 entspricht dem universellen Weizenmehl der Type 405 mit sehr guten Backeigenschaften. Für herzhaftes (Brot-)Gebäck werden die Typen 812 und 1050 verbacken. Weizenallergiker vertragen Dinkelprodukte in vielen Fällen problemlos.

3 Roggen

Aus Roggenmehl der Type 815 entstehen helle Roggenbrote und -brötchen. Roggen- und Weizenmischbrote werden mit Type 997 und 1150 gebacken. Type 1370 wird für herzhafte Roggen- und Roggenmischbrote, Type 1740 für dunkle Mischbrote verwendet. Backschrot Type 1800 findet in Vollkornbroten Verwendung.

Was sind Schrot, Grieß, Dunst und Kleie?

Die Begriffe auf den Mehlpackungen sind für Laien oft verwirrend oder unverständlich. Welches Mehl wofür geeignet ist, erfahren Sie hier.

Schrot ist das grob zerkleinerte Getreidekorn mit allen Schalenanteilen. Bei Vollkornschrot ist auch der Getreidekeim mit enthalten. Schrot wird zum Brotbacken verwendet.
Kleie sind die Schalenteile, die bei der Mehlherstellung ausgesiebt werden. Sie werden je nach Mehltype bei weiteren Mahlgängen wieder teilweise zugefügt. Kleie kommt aber auch separat in den Handel, als ballaststoffhaltige Nahrungsergänzung.
Grieß entsteht nach dem Absieben von Kleie vom Schrot und dessen nochmaliger Zerkleinerung. Er ist sowohl roh als auch nach dem Kochen noch körnig und kann für Pudding

Mehl mit Keimlingen

oder Brei, für Aufläufe, Klöße oder Knödel verwendet werden.
Dunst liegt im Feinheitsgrad zwischen glattem Mehl und Grieß. Er ist griffig und fühlt sich körnig an. Dunst wird vor allem zur Zubereitung von Teigwaren verwendet.
Glattes Mehl hat den höchsten Zerkleinerungsgrad. Die Teilchen sind kleiner als 0,32 mm. Je nach Mehltype hat es eine mehr oder weniger weiße Farbe bzw. einen mehr oder weniger hohen Gehalt an Mineralstoffen.

Was ist glatt, griffig, doppelgriffig?

Diese Begriffe machen eine Aussage darüber, wie fein helles Weizenmehl ist. Sehr fein gemahlenes Mehl (Korngröße kleiner 0,1 mm) wird als glatt bezeichnet. Mehl, das aus gröberen Teilchen besteht, ist griffig oder sehr griffig (Korngröße 0,15–0,3 mm). Griffiges Mehl wird oft als Spätzlemehl verkauft, sehr griffiges (oder doppelgriffiges) Mehl wird als Dunst bezeichnet.

Was ist Instant-Mehl?

Dabei handelt es sich um Dunst bzw. doppelgriffiges Mehl, also um Mehl, das relativ grob gemahlen ist. Die Körnchen haften, wenn sie in Flüssigkeit kommen, nicht zusammen, wie das bei sehr feinem Mehl geschehen würde. Sie quellen einzeln gleich-

mäßig auf. Weil es nicht klumpt, eignet sich Instant-Mehl sehr gut zum Binden von Suppen und Saucen.

Helles Mehl mit Keim?

Nicht nur Vollkornmehle enthalten den Getreidekeimling. Es gibt auch Mehle der Type 405 mit Keimling. Zu deren Herstellung wird das Mehl ganz konventionell ohne Schalen und Keimling vermahlen. Die abgetrennten und zerkleinerten Keimlinge werden dann wieder zugefügt. Damit ist das Mehl reicher an wertvollen pflanzlichen Fetten.

Populärer Mehl-Irrtum

Mehl sollte nur gesiebt verwendet werden!
Früher hat man durch das Sieben Verunreinigungen aus dem Mehl entfernt und Klümpchen verschwinden lassen. Das kann auch heute noch bei selbst gemahlenem Mehl sinnvoll sein. Bei den im Handel erhältlichen Mehlen ist Sieben nicht mehr nötig. Insbesondere die etwas grober vermahlenen Mehle (griffige, doppelgriffige Mehle bzw. Dunst, Spätzlemehl, Instant-Mehl) können einfach so aus der Tüte verarbeitet werden.
Bei sehr fein gemahlenem Mehl, das für schaumige Teige oder luftiges Gebäck wie etwa Biskuit verwendet wird, ist das Sieben von Vorteil. Dadurch wird reichlich Luft unter das Mehl gearbeitet, die wiederum für die starke, aber feine Porung des Teigs sorgt.

Haltbarkeit von Getreide und Mehl

Mehle sind umso länger haltbar, je weniger Randschichten und Keimlinge mitvermahlen sind. Vor allem das im Keimling enthaltene hochwertige Fett verdirbt relativ rasch, und das Mehl bliebe nur wenige Wochen haltbar. Für die im Handel erhältlichen Standardmehle, auch die höherer Typenzahl, wird daher der Keim vor dem Vermahlen entfernt. In der unangebrochenen Verkaufsverpackung behalten damit Weizenmehl Type 405 und 550 sowie Dinkel Type 630 und Roggen Type 815/997 ihre Backfähigkeit für etwa 1–1½ Jahre. Dunklere Mehle können maximal 15 Monate gelagert werden. Einmal geöffnet sollten die Packungen allerdings bald aufgebraucht werden.

Im ganzen, unversehrten Korn ist der Keim so gut geschützt, dass ganze Getreidekörner bis zu 2 Jahre haltbar sind. Offene, frisch gemahlene Vollkornmehle und -schrote halten sich dagegen nur 4–8 Wochen. Jedoch sind handelsübliche verpackte Vollkornmehle ganze 6–12 Monate haltbar. Wie kann das sein? Es liegt daran, dass dafür der vor dem Mahlen abgetrennte Keimling zunächst hitzebehandelt und erst dann mitvermahlen wird. Die Hitze inaktiviert Enzyme, die den Fettverderb normalerweise vorantreiben würden.

Ist Speisestärke auch Mehl?

Speisestärke (auch Puder genannt) ist das aus dem Mehlkörper von Getreidekörnern (z. B. Weizen, Mais, Reis) isolierte Kohlenhydrat Stärke. Es ist weiß und feinpulverig und wird durch Einweichen oder Auswaschen des zerkleinerten Getreides gewonnen. Ersetzt man beim Backen einen Teil des Mehls durch Speisestärke werden Kuchen- und Plätzchenteige besonders feinporig und zart, allerdings auch etwas trockener. Beim Kochen wird Speisestärke als Bindemittel (s. S. 198) verwendet und macht Suppen, Saucen und Kaltschalen sämig. In der asiatischen Küche wird Stärke zum Bemehlen von klein geschnittenem Fleisch vor dem Braten im Wok verwendet, das hält das Fleisch saftig. Speisestärke kann nicht nur aus Getreide, sondern auch aus Kartoffeln und anderen stärkehaltigen Knollen (Maniok/Tapioka) gewonnen werden. Ein Blick auf die Packung verrät den Ursprung.

Was sind Graupen, was ist Grütze?

Graupen entstehen durch das sogenannte Polieren von Getreidekörnern. So nennt man den Vorgang, bei dem die Randschichten der Körner abgeschliffen werden. Ergebnis ist ein rundliches oder ovales Korn, das im Vergleich zu Vollkorn schneller gart (s. Tabelle S. 52) und leichter verdaulich ist. Das Polieren bedingt allerdings auch Nährstoffverluste, insbesondere an Ballaststoffen und Mineralstoffen. Sie werden aus Gerste (Rollgerste), Weizen und Dinkel, aus dem ganzen oder dem grob gebrochenen Korn hergestellt. Graupen wurden früher vor allem als sättigende preiswerte Suppeneinlage verwendet. Eine moderne Verwendung ist die Zubereitung auf Risottoart (s. auch S. 182).

Polierte Getreidekörner nennt man Graupen (rechts), geschrotete Körner nennt man Grütze.

Grütze nennt man mehr oder weniger fein zerhackte, d. h. sehr grob geschrotete Getreidekörner. Am häufigsten wird Grütze aus Hafer und Gerste verarbeitet; es gibt auch Weizen-, Dinkel-, Roggen-, Mais- und Buchweizengrütze. Sie wird für Suppen und Breie verwendet und kann als Getreidebeilage gereicht werden. Auch die norddeutsche Wurstspezialität Grützwurst enthält Getreidegrütze.

Testen Sie Ihr Mehl , ob es noch gut ist!

Nicht mehr verwenden sollten Sie es, wenn etwas Mehl in heißes Wasser eingerührt muffig riecht bzw. mit kaltem Wasser verrührt ranzig schmeckt.

Welche Teigwaren gibt es?

Teigwaren ist der Oberbegriff für Erzeugnisse aus Getreideteigen, die nicht gebacken, sondern lediglich getrocknet oder direkt in Wasser gegart werden. Das sind Nudeln mit und ohne Ei, geformt oder geschnitten, gefüllt und ungefüllt, frisch und getrocknet.

Teigwaren mit und ohne Ei

Eierteigwaren enthalten mindestens 100 g Ei auf 1 kg Mehl. Nudelteige lassen sich jedoch auch völlig ohne Ei zubereiten, denn der für die Teigbereitung verwendete Hartweizen hat hervorragende bindende Eigenschaften.

Weichweizen oder Hartweizen?

Fast alle Nudeln werden aus Hartweizengrieß hergestellt. Mit ihm lassen sich besonders formstabile Teige herstellen, und nur Hartweizennudeln bekommt man beim Kochen schön bissfest. Weichweizennudeln gehen beim Garen vom rohen recht schnell in einen sehr weichen Zustand über. Außerdem sind Weichweizen-Nudelteige nicht für die industrielle Verarbeitung geeignet: Sie lassen sich nicht gut formen und bekommen beim Trocknen eine unansehnliche Farbe. Frische Nudeln zum Sofortverzehr zuhause können dagegen problemlos aus Weichweizen (s. Rezept S. 184) zubereitet werden.

Klassiker und Spezialitäten

Es gibt bei den getrockneten Nudeln eine schier unüberschaubare Formenvielfalt, von Bandnudeln bis Spiralnudeln, von winzigen Suppennudeln bis zu den großen Teigplatten für Lasagne sowie gefüllte Teigwaren, wie

Spätzle: gekocht und wieder getrocknet

Getrocknete Spätzle werden bereits bei der Herstellung zum ersten Mal gegart: Der Eiernudelteig wird in kochendes Wasser geschabt, die Nudeln im Wasser kurz gegart, dann getrocknet; so kommen sie in den Handel.

z. B. Tortellini oder Ravioli. Sie alle sind schnell und einfach zubereitet und ideal für die Alltagsküche.

Auch in asiatischen Ländern kennt man Weizennudeln (z. B. Mie-Nudeln, siehe rechts, oder auch die dicken japanischen Udon-Nudeln) sowie aus Reismehl hergestellte Nudeln, die man in Thailand als Suppeneinlage und gebraten isst.

Nudeln mit Geschmack: Teigwaren mit besonderen Zutaten wie Kräutern oder Gemüse kommen dann auf den Tisch, wenn aufwendiger gekocht wird. So gibt es z. B. Bärlauchnudeln, Safrannudeln, Pilznudeln, Tomatennudeln, Spinatnudeln, Rote-Bete-Nudeln, schwarze und dreifarbige Nudeln (s. S. 185).

Vollkornteigwaren müssen mit reinem Vollkornmehl zubereitet sein. Wird die Ge-

treideart genannt – z. B. Dinkelnudeln, Hartweizennudeln, Kamutnudeln (siehe Kasten unten) –, ist ausschließlich diese enthalten.

Die besonders schnellen Nudeln

Frischteigwaren aus Kühlregal und Gefriertruhe sind in den letzten Jahren zunehmend beliebter geworden – als gesundes, preiswertes und gleichzeitig stilvolles Fastfood.

Asia-Nudeln: Für die schnelle asiatische Küche sind neben den aus Sojabohnenstärke hergestellten **Glasnudeln** sowie den klassischen chinesischen Mie- und japanischen Soba-Nudeln heute auch europäische Wok-Nudeln (aus Weizen) sehr gefragt. Alle sind in Minutenschnelle gar.

Was ist Kamut®?

Seit einigen Jahren findet sich das Getreide Kamut® bei uns im Handel – als Korn im Brot oder als Mehl zu Teigwaren verarbeitet. Bei Kamut® handelt es sich um eine alte, ursprünglich in Ägypten kultivierte Weizensorte, mit der unser heutiger Hartweizen verwandt ist. Der Name ist keine botanische Bezeichnung, sondern ein geschütztes Markenzeichen. Die Pflanze bringt auch ohne Einsatz von Kunstdünger und Pestiziden hohe Erträge und ist damit hervorragend für den Bioanbau geeignet. Kamutkörner sind etwa doppelt so große wie normale Weizenkörner, reich an Eiweiß, Betakarotin, Vitamin E und Selen.

(1) Pro 100 g trockene Nudeln rechnet man ca. 1 l Wasser und 1 schwach gehäuften TL Salz. Das Wasser sprudelnd aufkochen, erst dann die Nudeln hineingeben.

(2) Umrühren, damit die Nudeln nicht zusammenkleben, dann den Deckel so auflegen, dass der Dampf noch abziehen kann. Das Wasser soll leicht wallen.

(3) Vor Ablauf der angegebenen Garzeit die Garprobe machen und, sobald die Nudeln bissfest bzw. durchgegart sind, diese abgießen und abtropfen lassen.

Teigwaren lagern

• Getrocknete Teigwaren sollten verschlossen, trocken und dunkel gelagert werden. So halten Eierteigwaren bis zu 1 Jahr, Nudeln ohne Ei sogar noch länger. Glasbehälter außerhalb der Schränke sind nur zur kurzfristigen Aufbewahrung geeignet, denn wenn Nudeln länger dem Licht ausgesetzt sind, leiden Geschmack, Farbe und Vitamingehalt.
• Gegarte Teigwaren können im Kühlschrank 1–2 Tage aufbewahrt werden.

Teigwaren zubereiten

Getrocknete Teigwaren nehmen beim Kochen stark an Volumen zu. Als Faustregel können Sie rechnen: 30–35 g getrocknete (ungefüllte) Teigwaren ergeben etwa 100 g gekochte Teigwaren bzw. 100 g rohe Nudeln entsprechen 325–350 g gegarten Nudeln. Welche Menge Sie als Beilage oder Hauptgericht pro Person benötigen, finden Sie auf Seite 232.

Populäre Nudel-Irrtümer

Ins Nudelwasser gehört Öl! Nur bei großen Teigplatten (z. B. für Lasagne) und bei frischen Nudeln ist ein Schuss Öl nötig. Es verhindert, dass sie zusammenkleben. Bei allen anderen Nudeln reicht es, sie anfangs gut umzurühren: Sie bewegen sich ständig im kochenden Wasser, und das verhindert, dass sie zusammenkleben.
Nudeln immer abschrecken! Kalt abschrecken muss man gekochte Teigwaren nur, wenn man sie ohne Sauce als Beilage serviert.
Nudeln machen dick. Nahezu bei jeder Diät sind Nudeln verpönt. Sie werden entweder vollkommen verbannt oder nur in geringen Mengen zugelassen. Tatsache ist: Zu viele Kalorien, aus welchem Lebensmittel auch immer, machen dick. Auch wenn in den letzten Jahren kohlenhydratreiche Nahrungsmittel, zu denen Nudeln und andere Getreideprodukte gehören, zunehmend in den Ruf kamen, Übergewicht zu fördern bzw. das Abnehmen zu erschweren, wissenschaftliche Untersuchungen können das bisher nicht belegen. Man stellte inzwischen aber fest, dass ein Jahr nach einer Reduktionsdiät alle Teilnehmer etwa denselben Gewichtsverlust erreichten – egal ob sie sich kohlenhydratreduziert (und eiweißbetont) ernährten oder eine normale, kalorienreduzierte Mischkost zu sich nahmen.

Brotsorten

Brotart	Zusammensetzung	Wissenswertes
Roggenbrot	mindestens 90 % Roggenmehl, höchstens 10 % Weizenmehl	Die meisten sogenannten Land- oder Bauernbrote sind Roggen- oder Roggenmischbrote (siehe unten).
Roggenbrötchen	mindestens 50 % Roggenmehl	
Roggenmischbrot	aus Roggen- und Weizenmehl, der Roggenanteil liegt zwischen 50 und 90 %	Der Geschmack hängt von der Mehlmischung und dem Backtriebmittel ab: Je mehr Roggen und damit Sauerteig, desto kräftiger und würziger das Brot, je mehr Weizen und Hefe, desto milder.
Roggenvollkornbrot	mindestens 90 % Roggen	
Weizenbrote und -brötchen	mindestens 90 % Weizenmehl, höchstens 10% Roggenmehl	Zu den Weizenbroten und -brötchen zählt auch das Weißbrot. Frisch schmeckt das milde Brot am besten, da es rasch austrocknet.
Weizenmischbrote und -brötchen	werden aus Weizen- und Roggenmehlen hergestellt. Der Anteil an Weizenmehl liegt zwischen 50 % und 89 %.	Der Geschmack hängt von der Mehlmischung und dem Backtriebmittel ab: Je mehr Roggen und Sauerteig, desto kräftiger und würziger das Brot, je mehr Weizen und Hefe, desto milder schmeckt es.
Weizenvollkornbrot	mindestens 90 % Weizen	Auch Grahambrot ist ein Vollkornbrot aus Weizen.
Mehrkornbrote und -brötchen	insgesamt drei Getreidearten mit einem Anteil von mindestens 5 %, davon mindestens eine Brotgetreideart (z. B. Roggen, Weizen, Dinkel) sowie mindestens eine Nicht-Brotgetreideart (z. B. Gerste, Hafer, Mais)	Die Namen der Mehrkornbrote richten sich meistens nach der Zahl der in dem Brot verbackenen Getreidearten (z. B. Drei-Korn- oder Fünf-Korn-Brot). Wird eine Getreideart außer Roggen und Weizen besonders hervorgehoben, muss diese zu mindestens 20 % enthalten sein (z. B. Hafer-Mehrkornbrot). Heißt der Laib Sonnenblumenkern- oder Leinsamenbrot, müssen auf 100 kg Mehl mindestens 8 kg der Ölsamen zugegeben werden.
Pumpernickel	Roggenschrot und Roggenmehl	Durch die lange Backdauer (mindestens 16 Stunden) bei nur mäßiger Hitze entstehen die typische dunkelbraune Farbe und das süß-säuerliche Aroma. Das Brot bleibt saftig und hat kaum Kruste.

← **Weißbrot am besten frisch:** Weißbrot trocknet schnell aus und sollte am besten am Tag des Einkaufs gegessen werden. Baguette, Kastenweißbrot und Brötchen sind hierzulande die beliebtesten Sorten. Aber auch Ciabatta, Fladenbrot und gewürzte Brote finden immer mehr Anhänger.

↓ **Roggenbrot** enthält mindestens 90 % Roggenmehl. Die meisten Roggenbrote sind eigentlich eher Mischbrote aus Roggen- und Weizenmehl.

← **Mischbrot:** Der Geschmack hängt von der Mehlmischung und dem Backtriebmittel ab.

← **Mehrkornbrote** (z. B. Sonnenblumen- oder Leinsamenbrot) sind sehr beliebt, denn sie enthalten eine kernige Einlage aus Ölsamen.

Wie kann ich selbst Brot backen?

Wer Brot selber backen möchte, muss wissen, welches Backtriebmittel für welches Mehl geeignet ist, sonst geht der Teig nicht richtig auf.

Was das Brot aufgehen lässt

Die ersten Brote, die der Mensch backte, waren flache Fladen aus einem Mehl-Wasser-Teig. Aber schon bald wurde der Sauerteig als Teiglockerungsmittel (Triebmittel) entdeckt – wahrscheinlich weil öfter ein Fladenteig, der nicht sofort gebacken wurde, sauer wurde und gärte, dann beim Backen schön aufging und auch besser schmeckte. Andererseits setzte man in manchen Gegenden schon in vorchristlicher Zeit Bier- und Mosthefen zur Teiglockerung ein.

Für Roggenteige ist Sauerteig unentbehrlich, für Weizenteige braucht man Hefe. Backferment lässt auch Gerste und Hafer aufgehen.

Sauerteig wird benötigt, damit Roggenteige aufgehen. Denn nur durch Säuern kann man Roggenteig dazu bringen, dass er ein poriges Teiggerüst ausbildet. Gleichzeitig verbessert Sauerteig die Verdaulichkeit von Roggenmehl, den Geschmack des Brotes und seine Haltbarkeit. Sauerteig besteht aus Roggenmehl und Wasser, Milchsäurebakterien und Hefen. Gekauftem Natursauerteig wie auch Sauerteig-Extrakt muss man bei der Teigbereitung allerdings noch Hefe zugeben.

Hefe: Damit Weizenteige beim Backen schön aufgehen, setzt man meist Hefe ein. Sie führt durch Gasentwicklung dazu, dass der Teig locker und porig wird.

Roggenbrote können nicht mit Hefe zubereitet werden, Weizenbrote kann man aber durchaus auch mit Sauerteig backen; ein bekanntes Beispiel ist das italienische Ciabatta.

Backferment: Während Hefe und Sauerteig nur die klassischen Brotgetreide wie Roggen, Weizen und Dinkel lockern, wirkt die Triebkraft von Backferment auch in Teigen aus schwer zu verbackenden Getreiden wie Gerste und Hafer sowie in nichtbackfähigen Sorten wie Mais, Hirse oder Buchweizen. Brote mit Backferment gelten als besonders bekömmlich und sind empfehlenswert, wenn Hefe- oder Sauerteigbrote nicht gut vertragen werden. Backferment ist als Granulat oder als Pulver im Handel.

Brauche ich einen Brotback-automaten?

Für Brotliebhaber, große Haushalte oder alle, die ihr Brot aus gesundheitlichen Gründen selbst herstellen möchten, ist ein separates Gerät zum Brotbacken sicher die richtige Wahl. Denn im Automaten gerührt und gebacken ist ein Brot billiger als im konventionellen Backofen gebacken. Die Anschaffung lohnt sich, wenn Sie den Brotbackautomat auch auf Dauer regelmäßig einsetzen. Dabei sollten Sie auch überlegen, ob Sie mit der stets gleichen Kastenform der selbst gebackenen Brote und mit dem unvermeidlichen Quirl-Loch im Teig leben können.

Geräte vergleichen Wer sich nicht sicher ist, ob ihm Brotbacken längerfristig Freude bereiten wird, sollte sich ein solches Gerät zunächst von Freunden ausleihen und mehrmals testen. Denn immerhin kosten Brotbackautomaten bis zu 170 Euro (der Durchschnittspreis liegt zwischen 70 und 100 Euro), und außerdem brauchen sie einen Stellplatz in der Küche. Sehen Sie sich vor dem Kauf unbedingt Vergleichstests verschiedener Geräte an. Es gibt große Unterschiede im Können der Geräte und in der Qualität der gebackenen Brote. In manchen gelingen z. B. Vollkornbrote nicht gut, andere sind wenig bedienungsfreundlich. Manche Geräte besitzen ein spezielles Programm für das Backen von glutenfreien Broten. Allen Geräten gemeinsam ist, dass die mit (eventuell vorhandenen) Schnellprogrammen erzielten Backergebnisse nicht überzeugen.

Wie bewahre ich Brot am besten auf?

Frisches Brot schmeckt am besten. Aber wie kann man es ein paar Tage aufbewahren, ohne dass es zu sehr austrocknet?

Frisches Brot aufbewahren

Bäckertüte: Lose gekauftes Brot, das noch am selben Tag verzehrt wird (z. B. Baguette), lassen Sie am besten in der Bäckertüte.

Brotkasten & Co: Soll das lose gekaufte Brot (z. B. Roggenbrot) mehrere Tage aufbewahrt werden, hält es sich am besten unverpackt in einem sauberen, trockenen und belüfteten Behälter, sei es ein Brottopf aus Keramik, ein Holz-Brotkasten, eine Brotdose aus Plastik oder ein Brotsack aus Stoff und Plastik. Das Brot am besten mit dem Anschnitt nach unten lagern, so ist dieser am besten vor dem Austrocknen geschützt.

Originalverpackung: Verpackt gekauftes Brot (z. B. in Scheiben geschnitten) hält sich in der Originalverpackung am längsten.

Brot im Kühlschrank aufzubewahren macht nur Sinn, wenn es im Sommer sehr warm ist und gleichzeitig hohe Luftfeuchtigkeit herrscht. Vor allem Weizenbrot können Sie so vor Schimmel schützen. Verpacken Sie es jedoch luftdicht, sonst ist es im Nu altbacken.

Brot für den Vorrat

Für Feiertage und Überraschungsbesuch sollte man einen Vorrat haltbarer Brotsorten haben. Knäcke- oder Schüttelbrot sind trocken und daher mindestens ein Jahr haltbar. Brot in Dose oder Folie hält ungeöffnet mehrere Monate. Brötchen zum Aufbacken gibt

es für den Vorratsschrank oder in der Version für die Tiefkühltruhe. Wer auf seine Lieblingsbrotsorte nicht verzichten möchte, friert es aufgeschnitten selbst ein. So hält es bis zu drei Monate.

Was tun bei Schimmel?

Verschimmeltes Brot ist nicht mehr zum Verzehr geeignet! Denn viele Schimmelpilze enthalten oder produzieren giftige Stoffe, die unter anderem schädigend auf Leber und Niere sowie krebsfördernd wirken. Aus diesem Grund sollten Sie verschimmeltes Brot auch nicht an Tiere verfüttern. Die Schimmelpilze wachsen übrigens nicht nur als grünlich-weißer Belag sichtbar an der Oberfläche, sondern auch unsichtbar im Inneren des Brotes. Daher:

Wegwerfen, wenn das Brot an mehreren Stellen Schimmel hat. Bei geschnittenem Brot die Scheiben genau prüfen und auch einige »intakte« Scheiben vor und nach der angeschimmelten Scheibe wegwerfen.

Ausschneiden: Verschimmelte Stellen müssen sehr großzügig ausgeschnitten werden.

Vorbeugung: Die Behältnisse, in denen das Brot gelagert wird, regelmäßig mit Essigwasser auswischen, das macht Schimmelsporen den Garaus. Und am besten immer nur kleine Portionen im Brotkasten lagern, den Rest aufgeschnitten einfrieren.

Geschützt aber belüftet: Brot kann mehrere Tage im Brotkasten, Brottopf oder einem Stoffsack aufbewahrt werden.

Ohne Konservierungsstoffe

Bei verpacktem Brot bedeutet der Hinweis »ohne Konservierungsstoffe«, dass keine Sorbin- bzw. Propionsäure enthalten ist; das sind die einzigen erlaubten Konservierungsstoffe für Brot. In der Regel wird verpacktes Brot heute, um es zu konservieren, pasteurisiert, das heißt noch einmal mit Verpackung für 15–30 Minuten auf etwa 70° erhitzt. Dies bietet einen guten Schutz vor Schimmel. Lose verkauftes Brot (ebenso wie Brötchen) darf keine Konservierungsstoffe enthalten.

Obst und Gemüse

Sie schenken uns Aroma, Vitamine und Schwung – und das auf unvergleichlich bunte Art.

Um diese Diven der Küche bei Laune zu halten, braucht es keine Samthandschuhe, aber

die richtige Temperatur, die angemessene Umgebung und den passenden Moment.

Obst und Gemüse

67	Warenkunde Obst
68	Lagerung von Obst
69	Genussreife von Obst; Exoten
70	Obst vorbereiten
72	Schalenobst vorbereiten
73	Obst einfrieren, musen und einkochen
74	Saisonkalender Obst
77	Warenkunde Gemüse
78	Gemüse vorbereiten
81	Pilze
82	Kartoffeln; Kartoffelsorten
84	Saisonkalender Gemüse
87	Obst und Gemüse konservieren
88	Saisonkalender Salate
89	Sprossen; Sprossen ziehen
91	Kräutersteckbriefe
92	Kräuter ziehen
93	Kräuter konservieren
94	Kräutertipps und Blüten
95	Saisonkalender Kräuter

Obst und Nüsse

Obst wird im Handel in mehrere Gruppen eingeteilt. Innerhalb der einzelnen Gruppen bestehen jeweils Gemeinsamkeiten im Aussehen (z. B. Beeren), in bestimmten Eigenschaften (z. B. harte Schale), in der Herkunft (Südfrüchte) oder in der Verwendung.

Obstarten

1 Beerenobst: Klein, saftig-erfrischend, das sind die Eigenschaften der Beeren, zu denen u. a. die folgenden Arten gehören: Brombeeren, Cranberrys, Erdbeeren, Heidelbeeren, Himbeeren, Johannisbeeren, Preiselbeeren, Stachelbeeren. Weil sie so wasserreich sind, halten sich Beeren nur kurze Zeit nach der Ernte. Wer länger etwas davon haben möchte, sollte sie verarbeiten (einkochen, eingefrieren, als Kuchenbelag »verbacken«).

2 Kernobst: Dazu zählen die Früchte mit Kerngehäuse, das vor dem Verzehr entfernt werden muss, also u. a. Apfel, Birne (auch die aus Asien stammende Nashi) und Quitte. Die meisten Kernobstarten eignen sich wegen ihrer relativ festen Konsistenz für eine längere Lagerung sowie zum Verzehr aus der Hand.

3 Steinobst: So werden Früchte mit einem einzigen sehr harten Kern im Inneren bezeichnet. Das sind z. B. Aprikose, Kirsche, Mirabelle, Nektarine, Pfirsich, Pflaume, Zwetschge. Diese Obstarten sind Alleskönner: Klassiker beim Einmach-Obst, Favoriten in der Kuchenbäckerei und unverzichtbar in der Dessertküche.

4 Schalenobst: Dazu rechnet man im Handel Nüsse und Kerne wie Cashewkerne, Erdnüsse, Esskastanien, Haselnüsse, Kokosnuss, Macadamianüsse, Mandeln, Paranüsse, Pekannüsse, Pinienkerne, Pistazien und Walnüsse. Es mag ungewöhnlich klingen, die harten knackigen Kerne als Obst zu bezeichnen, doch gehören auch sie zu den »roh verzehrbaren Früchten mehrjähriger Pflanzen«, wie Obst botanisch definiert ist.

5 Südfrüchte bzw. Exoten: So bezeichnet man Obst, das nicht in unseren Breitengraden wächst. Dazu gehören Ananas, Annone, Avocado, Babaco, Banane, Cherimoya, Dattel, Durian, Feige, Granatapfel, Guave, Jackfrucht, Kaki, Kaktusfeige, Karambole (Sternfrucht), Kiwano, Litschi, Loquat (Japanische Wollmispel), Mango, Papaya, Passionsfrüchte (z. B. Granadilla, Maracuja), Pepino, Physalis (Kapstachelbeere), Rambutan, Tamarillo (Baumtomate) und alle Zitrusfrüchte.

6 Gemüse, das wie Obst verwendet wird: Weil es wie anderes Obst verarbeitet, in der Küche kombiniert bzw. serviert wird, zählen im Handel auch Melonen und Rhabarber zum Obst. Botanisch gehören beide zum Gemüse, denn Melonen sind die Früchte einjähriger Kürbisgewächse, Rhabarberstangen sind keine Früchte, sondern Stängel (vgl. auch die Definition für Obst beim Stichwort »Schalenobst«).

Obst und Nüsse richtig lagern

Kaufen Sie Obst mehrmals in der Woche ein, dann müssen Sie am wenigsten Aufwand für eine sachgerechte Aufbewahrung treiben. Und sortieren Sie Früchte mit matschigen oder angeschimmelten Stellen vor dem Lagern aus, sonst verdirbt auch der Rest des Obstes schneller.

Gekühlt hält's länger Die meisten Obstarten werden idealerweise im Kühlschrank aufbewahrt, bei Temperaturen zwischen 1° und 7° sind Weiterreifungs- bzw. Verderbsvorgänge stark verlangsamt. Am besten lagern Sie das Obst in der geschlossenen Gemüseschublade oder im (mit Löchern versehenen) Plastikbeutel. Das sorgt für die nötige Luftfeuchtigkeit. Außerdem verhindert die Folienverpackung, dass frischer Sauerstoff zugeführt wird, der das Obst schneller reif werden lässt.

Manche vertragen keine Kälte Nicht in den Kühlschrank gehören Ananas, Grapefruits, Mangos, unreife Melonen, Papayas und Zitrusfrüchte. Diese Früchte mögen es nicht kalt, sondern am liebsten nur kühl (bis ca. 12°). Nachreifende, noch unreif gekaufte Früchte bei Zimmertemperatur aufbewahren, so erreichen sie bald ihre Genussreife. Bananen halten sich in dem Reifezustand, in dem sie gekauft wurden, am besten bei ca. 15°, ist es wärmer, reifen sie schnell weiter.

Nachreifendes Obst

Folgende Früchte reifen zuhause bei Zimmertemperatur noch nach und können daher noch vor ihrer Genussreife gekauft werden: Äpfel*, Aprikosen*, Avocados, Bananen*, Birnen*, Feigen, Guaven, Heidelbeeren, Kakis, Karambolen, Kiwis*, Mangos*, Nektarinen*, Papayas*, Pfirsiche*, Pflaumen, Zuckermelonen* (aber auf dem Feld ausgereifte Melonen haben ein intensiveres Aroma).
Die mit * gekennzeichneten Früchte reifen besonders schnell neben solchen, die das Reifegas Ethylen selbst ausscheiden. Dazu gehören v. a. Kern- und Steinobst sowie Passionsfrüchte, Avocados und Papayas.

Obst hält sich am besten bei hoher Luftfeuchtigkeit – offen in der trockenen Kühlschrankluft würde es rasch verschrumpeln.

So lagern Sie Nüsse & Co. Schalenfrüchte, also Nüsse und Kerne, bewahren Sie je nach Verarbeitungsgrad (ganz, geschält, gemahlen) unterschiedlich auf.

Ganze Nüsse in der Schale wie Walnüsse oder Erdnüsse brauchen es trocken und luftig, sind also im Lebensmittelschrank oder in der Vorratskammer gut aufgehoben.

Geschälte Nüsse und Kerne wie Pinienkerne, Pistazien oder Cashewkerne bewahren Sie am besten gut verschlossen im Kühlschrank auf. Bereits zerkleinerte Nüsse wie Mandelstifte, Haselnüsse oder Kokosraspel sollten Sie rasch verbrauchen, sie sind mit ihrer großen Oberfläche besonders empfindlich gegen Ranzigwerden und Verderb.

Nüsse kann man übrigens sehr gut einfrieren, sei es geschält im Ganzen oder auch gehackt bzw. gemahlen. Sie können bis zu einem Jahr im Tiefkühlgerät aufbewahrt werden.

Verschimmelte Nüsse können sehr ungesunde, von den Schimmelpilzen produzierte, Stoffe enthalten. Diese sogenannten Aflatoxine wirken leberschädigend, krebserregend und erbgutschädigend. Sie können durch Verarbeitung oder Erhitzen nicht entfernt oder unschädlich gemacht werden. Werfen Sie offensichtlich verschimmelte Exemplare weg, und spucken Sie schlecht schmeckende Nüsse aus, statt sie zu schlucken.

Genussreife von Südfrüchten und Exoten

So erkennen Sie, ob Südfrüchte und Exoten schon die ideale Reife für den Verzehr erreicht haben.

Ananas muss beim Kauf reif sein. Intensiver Duft, grüne Blätter ohne braune Spitzen, die sich leicht herauslösen lassen. Die Schalenfarbe ist kein Kriterium.

Avocado darf beim Kauf noch unreif sein. Weiches Fruchtfleisch, die Schale lässt sich leicht eindrücken, der große Kern lässt sich hörbar schütteln.

Bananen reifen zuhause nach. Durchgängig gelbe Schale (auch an den Spitzen), kleine braune Punkte auf der Schale zeigen Vollreife an, jetzt sollte die Banane nicht mehr länger aufbewahrt werden.

Granatapfel (muss beim Kauf reif sein): Die reife Frucht klingt leicht metallisch, wenn man daranklopft. Die Schalenfarbe – gleich ob gelblich braun, orangefarben oder dunkelrot – sollte in jedem Fall intensiv sein.

Guave darf beim Kauf noch unreif sein. Hellgelbe Schale.

Kakis und Sharonfrüchte Bei Kakis muss das Fruchtfleisch geleeartig weich sein (unbedingt im Kühlschrank nachreifen lassen). Die israelischen Sharonfrüchte sind eine Züchtung, die auch bereits in etwas festerem Zustand genießbar ist.

Karambolen dürfen beim Kauf noch unreif sein. Durchgängig gelbe Schale, auch an den Außenrippen.

Kiwis dürfen beim Kauf noch unreif sein. Fruchtfleisch gibt auf leichten Druck nach.

Mangos dürfen beim Kauf noch unreif sein. Kräftiger aromatischer Duft, weiches Fruchtfleisch, die Schale gibt auf leichten Druck nach.

Papayas dürfen beim Kauf noch unreif sein. Die Schale sollte gelb bis gelborange sein und gibt auf leichten Fingerdruck nach.

Passionsfrüchte reifen nicht nach. Kaufen Sie purpurfarbene Früchte, die Haut sollte leicht eingeschrumpft sein.

Zitrusfrüchte Zitronen, Orangen, Mandarinen und Co. kann man ihren Reifegrad nicht an der Schalenfarbe ansehen. Denn die ist unabhängig von der im Inneren bereits erreichten Süße. Und dieser Zuckergehalt wiederum ist das einzige Reifekriterium bei Zitrusfrüchten. Er ändert sich nach der Ernte nicht mehr, sodass wir uns beim Kauf auf einen wohlschmeckenden Inhalt verlassen müssen bzw. ein Stück Orange oder Mandarine kosten sollten. Zitrusbäume tragen übrigens das ganze Jahr Blüten und Früchte, sodass die Früchte ganzjährig im Handel sind. Die Saison für Orangen und Mandarinen ist hierzulande im Winter, da in dieser Zeit die Früchte in Südeuropa geerntet werden.

Wenn Guaven eine hellgelbe Schale haben, sind sie reif zum Verzehr. Die zahlreichen Samen können mitgegessen werden.

Auch Karambolen sollten eine schöne gelbe Schale haben, bevor sie gegessen werden. Sie schmecken schwach säuerlich.

Reife Papayas geben auf Fingerdruck etwas nach und haben eine grün-gelbe bis orangefarbene Schale, die auch gefleckt sein kann.

Obst von A–Z vorbereiten

Feigen schälen und zerteilen Die Haut von Feigen ist oft zäh und etwas lederartig, daher wird sie meist entfernt. Feigen mit ganz zarter Haut können auch ungeschält verwendet werden. Dann die Früchte aber vorsichtig waschen und trocken tupfen.

Granatapfelkerne auslösen Das Innere von Granatäpfeln besteht hauptsächlich aus den von saftigem Fruchtfleisch umhüllten Kernen. Sie werden im Ganzen, zumeist zum Garnieren verwendet. Achten Sie darauf, dass keine weißen Trennwände mit dabei sind, diese schmecken sehr bitter. Man kann das aromatisch-säuerliche Fruchtfleisch aber auch auspressen, etwa für Dessertsaucen. Dazu die Granatäpfel halbieren und wie Zitronen auspressen.

Kaktusfeige schälen Kaktusfeigen haben auf der Schale jede Menge kleiner, mit Widerhaken versehener Stacheln, weshalb man beim Schälen entweder dicke Gummihandschuhe tragen sollte oder vorgeht wie rechts gezeigt.

Kiwi schälen oder auslösen Kiwis werden vor dem Verzehr dünn geschält oder direkt aus der Schale gelöffelt. Letzteres funktioniert allerdings nur bei vollreifen und damit relativ weichen Früchten. Achtung: Das rohe Fruchtfleisch kann nicht zusammen mit Milchprodukten verarbeitet werden, denn es enthält ein Enzym, das Milch bitter werden lässt. Es verhindert auch, dass

Gelatine gerinnt. Diese Wirkungen können umgangen werden, indem man Kiwi nicht mit Milchprodukten vermischt, sondern nur dazuisst. Oder indem man das Kiwifruchtfleisch kurz gart (was allerdings den Vitamin-C-Gehalt senkt). Eine Alternative sind auch gelbe Kiwis, sie enthalten nur eine sehr geringe Menge des Enzyms. Auch Ananas enthält dieses Enzym und sollte ebenfalls nicht mit Milchprodukten vermischt werden.

Um Feigen zu schälen, oben und unten ein Stück kappen, die Haut von oben beginnend in Streifen abziehen.

Die Kaktusfeige zwischen zwei Finger nehmen, oben und unten rundum einschneiden, dann die Schale abziehen.

Zum Auslösen der Granatapfelkerne am Kelchansatz einen Keil herausschneiden, die Frucht auseinanderbrechen.

Aus den »Mangobacken« kann das weiche Fruchtfleisch mit einem Löffel herausgelöst werden.

Oder: Das Fruchtfleisch rautenförmig einschneiden, dabei die Schale nicht mit durchtrennen.

Mango auslösen und servieren Möchte man das Fruchtfleisch weiterverwenden, die Frucht längs in drei Teile schneiden, im mittleren befindet sich der Kern. Dann das Fruchtfleisch aus den »Backen« heben, und Reste vom Kern ablösen. Soll die Mango als Obstdessert pur serviert werden, kann man sie in mundgerecht portionierbare Stücke schneiden. Dafür die Schalenwölbung nach oben stülpen, sodass die Fruchtstücke leicht mit einem Löffel abgelöst werden können.

Papaya vorbereiten Die Frucht zunächst mit dem Sparschäler dünn schälen, halbieren und die Kerne mit einem Löffel herausheben. Anschließend das Fruchtfleisch klein schneiden.

Pfirsiche häuten Wenn Pfirsiche als Tortenbelag, für Marmeladen, Chutneys oder feine Desserts verwendet werden sollen, empfiehlt es sich, sie von der etwas ledrigen Haut zu befreien. Dafür die Früchte kreuzweise einschneiden, kurz in kochendes Wasser geben, dann lässt sich die Haut leicht mit einem kleinen Messer abziehen. Auf dieselbe Weise kann man auch Aprikosen häuten.

Zitrusfruchtschalenstreifen und Zitrusfruchtfilets Von Zitrusfrüchten kann sowohl die aromatische Schale als auch das Fruchtfleisch verwendet werden (siehe die Bilder rechts).

Zitrusaroma ja, Pestizide nein

Bei konventionell angebauten Zitrusfrüchten wird die Schale mit verschiedenen Mitteln behandelt, um die Früchte vor Verderb zu schützen und länger haltbar zu machen. Alle erlaubten Mittel haben eine pilzabtötende und damit konservierende Wirkung. So behandelte Zitrusfrüchte müssen mit einem Hinweis auf dem Etikett oder mit einem Hinweis auf dem Regalschild gekennzeichnet sein. Zusätzlich können die Früchte mit Wachs behandelt sein, damit sie nicht so schnell austrocknen. Auch das muss ausgewiesen sein (»gewachst«). Die verwendeten Wachse gelten, im Gegensatz zu den giftigen Antipilzmitteln (Pestiziden) als nicht schädlich für die Gesundheit. Werden Zitrusfrüchte im Handel als »unbehandelt« oder »nach der Ernte unbehandelt« angeboten, bedeutet das lediglich, dass sie nach der Ernte nicht mit Konservierungsmitteln behandelt wurden. Vorher, am Baum reifend, durften sie mit Pestiziden besprüht werden. Damit kann die Schale durchaus Schadstoffe enthalten.
Die Schalen von Bio-Früchten dürfen nicht behandelt werden, sie werden nur mit Wasser gewaschen. Der Einsatz von Pestiziden ist verboten. Bio-Zitrusfrüchte sind also ideal, wenn Sie die aromatische Schale zum Kochen und Backen verwenden möchten.

Von den gewaschenen Biofrüchten mit einem Faden- oder Zestenschneider dünne Schalenstreifen abziehen.

Die Schale bis ins Fruchtfleisch abschneiden, dann das Fruchtfleisch zwischen den Häuten herausschneiden.

Die zarten Fruchtfilets von Orangen können für Torten, süße Geleespeisen oder auch in Fruchtsalaten verwendet werden.

Nüsse, Mandeln, Kastanien vorbereiten

Haselnusskerne enthäuten Haselnusskerne kann man ganz einfach von ihren braunen Häutchen befreien, nachdem sie geröstet wurden. So eignen sich die Nüsse z. B. für Feingebäck aus Biskuitteig, für helle Mürbeteige oder für Sahnefüllungen sowie für Dessertcremes. Außerdem entsteht durch das Rösten der Nüsse ein angenehmer Röstgeschmack.

Mandeln enthäuten Auch bei Mandeln entfernt man die straff anliegende braune Samenhaut aus optischen und geschmacklichen Gründen, z. B. für Mandelpudding oder helles Gebäck wie Vanillekipferl oder Mandelmakronen.

Kastanien schälen Kastanien müssen vor dem Genuss aus ihrer harten braunen Schale gelöst werden. Das geht am besten, nachdem man sie gebacken oder gekocht hat. Dadurch erhalten sie auch ihren typisch süßlichen Geschmack. Sie können pur gegessen werden und finden Verwendung in Aufläufen, Kürbis- und Kartoffelgerichten. Esskastanien sind außerdem eine feine Beilage zu Wildgerichten, eignen sich aber auch für Kuchen und Desserts.

Um die Haut zu entfernen, die Haselnusskerne in einer trockenen Pfanne oder bei 200° 10 Minuten im Backofen rösten. Dann die Kerne zwischen einem Küchenhandtuch reiben, bis sich die Häutchen lösen.

Die Mandeln in kochendem Wasser kurz ziehen lassen, dann abgießen und kalt überbrausen. Die hellen Kerne können nun aus der nur noch locker anliegenden Haut herausgedrückt werden.

Die Kastanien an der Spitze mit einem Messer kreuzweise einschneiden. Auf einem Backblech 10–15 Minuten bei 220° im Ofen lassen, bis die Schale aufspringt. Mit einem Messer die äußere und innere Haut entfernen.

Obst einfrieren, musen und einkochen

Obst einfrieren Insbesondere für Beerenobst bietet es sich an, die Früchte im Ganzen einzufrieren. So können sie später noch vielseitig verwendet werden, sei es als Garnitur, als Zutat zu Cremedesserts oder als Tortenbelag. Wer Beeren als Basis für süße Saucen oder Fruchtdrinks benötigt, kann einzelne Portionen auch bereits zu Püree verarbeitet einfrieren. Dafür die Beeren wie üblich waschen und putzen und im Blitzhacker zu Mus zerkleinern.

Obst zu Mus verarbeiten Dafür eignen sich insbesondere Kern- und Steinobst wie Äpfel, Birnen, Pflaumen oder Aprikosen. Das Mus ist einige Tage im Kühlschrank haltbar. Wer es länger lagern möchte, füllt es in heiß ausgespülte Twist-off- oder Einmachgläser oder gefriert es abgekühlt und portioniert ein.

Obst einkochen Alternativ zu Mus kann man auch Kompott herstellen. Für größere Mengen eignet sich der Backofen gut. Hier kann der Inhalt vieler Gläser gleichzeitig vor sich hin köcheln. Die grob geschnittenen Obststücke werden mit Gewürzen (Zimtstangen, Sternanis, Gewürznelken, Zitronenschalenstücken) in Gläser geschichtet und mit Zucker-Wein-Wasser (je 1/2 l Wasser und Weißwein, 350 g Zucker) aufgegossen. Weitere Möglichkeiten, Obst zu konservieren, finden Sie auf S. 87.

Die Beeren vorsichtig waschen und trocken tupfen. Dann mit Abstand voneinander auf einer mit Folie belegten Platte einfrieren. Erst wenn die Beeren durchgefroren sind, werden sie vorsichtig in Dosen umgefüllt.

Das nach Belieben geschälte und vom Kernhaus bzw. Stein befreite Obst wird mit Zucker und Gewürzen (Zitronensaft, -schale, Zimt, Sternanis) und wenig Flüssigkeit zugedeckt zu Mus gekocht.

Die Gläser verschlossen mit Abstand auf ein tiefes, mit Wasser bedecktes Blech stellen. Im Backofen auf 175° erhitzen und wieder ausschalten, wenn in den Gläsern Bläschen aufsteigen. Noch 30 Min. weitergaren.

Obst der Saison

Wer Obst nach Saison einkauft, erhält aromatischere Früchte, spart Geld und schont obendrein noch die Umwelt.

Geschmackliches Plus: Viele Obstsorten aus regionalem Anbau haben ein besseres Aroma als solche, die einen weiten Weg zurückgelegt haben. Denn oft sind die geschmacklich besten Sorten nicht für einen weiten Transport und lange Lagerung geeignet. Obst der Saison und Region hat die optimale Reife; Importfrüchte lässt man in vielen Fällen, damit sie besser und länger zu transportieren sind, nicht lange genug an der Pflanze ausreifen; das hat natürlich Auswirkungen auf den Geschmack.

Ökologisches Plus: Kurze Transportwege garantieren optimale Qualität der Ware und eine geringe Umweltbelastung durch Verkehrsmittel. Da Saisonobst aus Freilandanbau stammt, entfällt hierfür ein Energieeinsatz für Treibhauszucht.

Saisonkalender Obst

Obstart	Jan	Feb	März	April	Mai	Juni	Juli	Aug	Sep	Okt	Nov	Dez
Ananas	gelb	gelb	gelb	gelb					gelb	gelb	gelb	gelb
Äpfel	grün	grün	grün	grün				●	●	●	◗	grün
Aprikosen						grün	●	●				
Avocados	gelb	gelb	gelb	gelb					gelb	gelb	gelb	gelb
Bananen	gelb	gelb	gelb	gelb	gelb	gelb	gelb	gelb	gelb	gelb	gelb	gelb
Birnen								●	●	●	◗	grün
Brombeeren							◗	●	●			
Erdbeeren					◗	●	●					
Esskastanien	grün								◗	●		
Feigen									gelb	gelb		
Grapefruits	gelb	gelb	gelb	gelb								
Guaven	gelb	gelb	gelb	gelb	gelb	gelb	gelb	gelb				
Haselnüsse									◗	●	●	grün
Heidelbeeren							●	●				
Johannisbeeren						◗	●	●				

Obstart	Jan	Feb	März	April	Mai	Juni	Juli	Aug	Sep	Okt	Nov	Dez
Kakis										🟨	🟨	🟨
Karambolen									🟨	🟨	🟨	🟨
Kirschen, sauer							●	●	◗			
Kirschen, süß						●	●	●				
Kiwis	🟨	🟨	🟨	🟨	🟨	🟨	🟨	🟨	🟨	🟨	🟨	🟨
Mandarinen (Satsumas, Clementinen)	🟨	🟨									🟨	🟨
Mangos	🟨	🟨	🟨	🟨	🟨	🟨	🟨	🟨	🟨	🟨	🟨	🟨
Melonen (Zuckermelonen)					🟨	🟨	🟨	🟨	🟨			
Mirabellen, Renekloden							●	●				
Orangen	🟨	🟨	🟨	🟨						🟨	🟨	🟨
Papayas	🟨	🟨	🟨	🟨	🟨	🟨	🟨	🟨	🟨	🟨	🟨	🟨
Passionsfrüchte	🟨	🟨	🟨	🟨	🟨	🟨	🟨	🟨	🟨	🟨	🟨	🟨
Pfirsiche							🟩	●	●	◗		
Pflaumen, Zwetschgen							◗	●	●	◗		
Preiselbeeren							◗	●	●	●		
Quitten									◗	●	●	
Stachelbeeren						◗	●	●				
Walnüsse	🟩								◗	●	◗	🟩
Wassermelonen						🟨	🟨	🟨	🟨			
Weintrauben							🟩	🟩	●	●		
Zitronen	🟨	🟨	🟨	🟨	🟨	🟨	🟨	🟨	🟨	🟨	🟨	🟨

🟩 Monate mit großem Angebot aus Europa
🟨 Importware
● Obst kommt aus heimischem Freilandanbau
◗ Obst kommt nur zu einem Teil des Monats aus heimischem Freilandanbau

75

Gemüsearten

Gemüse wird in verschiedene Gruppen nach bestehenden Gemeinsamkeiten wie Aussehen, Verwendung oder botanischen Eigenschaften (z. B. Blütengemüse) eingeteilt.

1 Salat- bzw. Blattgemüse Dazu rechnet man z. B. Kopfsalat, Schnittsalat, Rucola, Spinat, Gartenmelde, Chicorée, Radicchio, Endivie, Mangold.

2 Kohlgemüse Blumenkohl, Brokkoli, Wirsing, Weißkohl, Rotkohl, Grünkohl, Spitzkohl, Rosenkohl, Chinakohl, Pak Choi sind hier die gängigsten Sorten.

3 Fruchtgemüse sind Gurken, Kürbisse, Zucchini, Tomate, Auberginen, Paprika.

4 Als Blütengemüse bezeichnet man Knospen oder Blüten, die als Gemüse verzehrt werden. Dazu gehören Artischocke und Zucchiniblüten, aber auch Brokkoli und Blumenkohl. Diese werden auch »Kohl« genannt.

5 Wurzel- und Knollengemüse sind Arten wie Möhre, Kartoffel, Kohlrübe, Kohlrabi, Knollensellerie, Mairübe, Pastinaken, Petersilienwurzel, Radieschen, Rettich, Rote Bete, Schwarzwurzel, Weiße Rübe.

6 Zwiebelgemüse Dazu gehören alle Arten von Zwiebeln inklusive Frühlingszwiebeln, Schalotten und Lauch sowie Knoblauch.

7 Hülsenfrüchte Zum Gemüse gehören auch die Hülsenfrüchte, z. B. Erbsen, Bohnen, Linsen, Kichererbsen und Sojabohnen.

8 Pilze Schließlich gibt es noch die große Gruppe der Pilze, die wie Gemüse zubereitet und verzehrt werden.

Lagerung von Gemüse

Für die meisten Gemüsearten gilt: Sie sollten im Kühlschrank bei hoher Luftfeuchtigkeit gelagert werden. Hohe Luftfeuchtigkeit im Kühlschrank herrscht entweder im geschlossenen Gemüsefach moderner Kühlschränke. Oder aber Sie schlagen das Gemüse locker (!) in Plastikfolie ein.

Pilze sollten zwar im Kühlschrank, aber luftig aufbewahrt werden, und das höchstens einige Tage, denn sie sind aufgrund ihres hohen Wassergehalts sehr verderbsempfindlich. Nicht in den Kühlschrank gehören Fruchtgemüse (Auberginen, Paprikaschoten, Tomaten, Zucchini) und grüne Bohnen. Sie vertragen keine Kälte. Auch die außerhalb des Kühlschranks aufbewahrten Gemüsesorten sollten vor Licht geschützt werden, damit Vitamine und andere Inhaltsstoffe erhalten bleiben.

Etylenempfindliches Gemüse

Viele Gemüsesorten sind empfindlich gegenüber Ethylen und verderben deshalb in der Nähe von ethylenabgebendem Obst (z. B. neben Äpfeln, Birnen, Pfirsichen, Aprikosen oder Pflaumen) schneller. Ethylen oder – chemisch korrekt – Ethen ist ein Gas, das Pflanzen selbst bilden und das unter anderem die Fruchtreifung sowie die Alterung der Pflanze vorantreibt. Ethylenempfindliche Gemüsesorten verderben also rasch in Anwesenheit dieses Gases. Dazu gehören Auberginen, Kopf- und Blattsalate inklusive Spinat, Chicorée, Eissalat, Gurken, alle Kohlsorten einschließlich Blumenkohl/Brokkoli und reife Tomaten. Lagern Sie diese Gemüse daher immer getrennt von den oben genannten Obstsorten. Sollen Auberginen und Tomaten dagegen zuhause noch nachreifen, lagern Sie sie zusammen mit etylenausscheidendem Obst (s. S. 68).

Gemüse von A–Z vorbereiten

Artischocken vorbereiten: Die Stiele von den Blüten abbrechen und die Blattspitzen kappen (siehe Bild). Die Artischocken in sprudelnd kochendem, mit Zitronensaft versetztem Wasser je nach Rezept 20–30 Minuten kochen. Sollen die Blüten gefüllt werden, die inneren hellen Blütenblätter herausdrehen und die Fasern in der Mitte herauskratzen.

Auberginen vorbereiten: Auberginen schmecken am besten gebraten. Damit sie dabei nicht allzu viel Öl aufsaugen, sie zunächst kräftig salzen und 10 Min. stehen lassen. Das entzieht Wasser und Bitterstoffe. Danach die Stücke mit Küchenpapier abtrocknen. Achtung: Roh sind Auberginen ungenießbar; sie enthalten – wie Kartoffeln – Solanin (siehe auch S. 82).

Blattspinat vorbereiten: Zunächst wird Spinat gewaschen und getrocknet – so wie Salat auch: sanft und behutsam, sonst wird er rasch welk. Zum Entstielen von besonders festem Spinat zunächst das Blatt am Stielansatz zwischen Daumen und Zeigefinger zusammenkneifen, so dass die rückwändige Stielkante nach oben zeigt. Jetzt den Stiel anheben und zurückziehen, damit sich auch das Stück löst, das am Blatt hängt. Beim feineren Sommerspinat können die zarten Stiele auch mitgegart werden.

Fenchel vorbereiten: Die Schnittstelle unten nachschneiden und unschöne äußere Schuppenblätter entfernen. Bei den ver-bleibenden Blättern, von unten ausgehend, die feinen Fäden nach oben hin abziehen (siehe Bild). Die Stiele und das zarte Grün abschneiden. Das Fenchelgrün kann fein gehackt zum Würzen oder als Garnitur verwendet werden. Die Knolle längs halbieren oder vierteln. Den harten Strunk keilförmig so herausschneiden, dass die Blätter sich gerade noch nicht voneinander lösen.

Hülsenfrüchte vorbereiten: Getrocknete Bohnen, Erbsen und ungeschälte Linsen müssen vor dem Garen in kaltem Wasser quellen. Das dauert je nach Sorte 8–12 Stunden. Zum Kochen fertig gequollen sind Hülsenfrüchte, wenn sich ihr Volumen verdoppelt bis verdreifacht hat. Die Früchte abgießen und das Einweichwasser wegschütten, es enthält blähende, unverdauliche Stoffe. Ist die Zeit knapp, kann man Hülsenfrüchte auch im Dampfkochtopf garen.

Lauch vorbereiten: Zwischen den Blattschichten von Lauchstangen befindet sich oft Sand. Wenn man das Gemüse im Ganzen garen möchte, sollte man die Stangen vor dem Waschen der Länge nach bis zu den dunkelgrünen Blättern hin einschneiden und gründlich waschen, dabei die Blätter mit den Fingern auseinanderspreizen (siehe Bild). Lauch, der in Ringe geschnitten gegart werden soll, wird vor dem Schneiden außen gewaschen und geputzt: Die Ringe werden dann nochmals gründlich gewaschen.

Bei Artischocken rundum die Blattspitzen mit einer Küchenschere stutzen. Dann die Spitze der gesamten Blüte abschneiden.

Vom Fenchel außen von unten nach oben die Fäden abziehen, er bleibt auch nach dem Garen faserig.

Lauchstangen der Länge nach einschneiden und unter fließend kaltem Wasser gründlich ausspülen.

Bei Stielmangold die fleischigen Stiele inklusive Mittelrippe von den grünen Blattteilen abschneiden.

Mangold vorbereiten: Den Wurzelansatz abschneiden und die Staude zerteilen. Die Blätter waschen, dann – bei breitstieligem Mangold – von jedem Blatt den breiten Stiel mitsamt der Mittelrippe herausschneiden (siehe Bild). Stiele und Blätter klein schneiden. Blattmangold kann im Ganzen oder grob geschnitten wie großblättriger Spinat vorbereitet und verwendet werden.

Okraschoten vorbereiten: Die Okraschoten waschen, dann jede Schote am Stielansatz bleistiftartig zuschneiden, ohne ins weiche Fruchtmark zu schneiden. Das verhindert, dass die Schoten beim Kochen einen milchigen Saft absondern, der leicht geleeartig ist. Die Schoten bis zur Weiterverarbeitung in mit Zitronensaft versetztes Wasser legen, dann platzen sie später beim Kochen nicht so leicht auf. Bei manchen Gerichten, etwa Gemüseeintöpfen, kann der bindende Milchsaft, der aus den Schoten austritt, erwünscht sein; in diesem Fall kann man die Stielenden gerade abschneiden, und das Einlegen in Zitronenwasser ist nicht nötig.

Paprikaschoten häuten: Paprikaschoten für gekochte Gerichte werden oft gehäutet. Denn ihre Haut ist auch nach dem Garen noch relativ fest. Außerdem löst sie sich beim Kochen leicht von den Paprikastücken ab und schwimmt dann separat im Gericht, was weder gut aussieht noch besonders gut schmeckt. Zum Häuten eignen

sich gelbe und rote Paprikaschoten am besten. Die Schoten bei 220° im vorgeheizten Ofen backen, bis die Haut Blasen wirft und leicht bräunt. Die Schoten herausnehmen und kurz in einer Plastiktüte »schwitzen« lassen, dann mit einem Messer die nun nur lose aufliegende Haut abziehen. Das Fruchtfleisch nach Rezept weiterverarbeiten.

Bei Okraschoten die Stielansätze mit Vorsicht nur ganz knapp und spitz zulaufend abschneiden.

Rosenkohl vorbereiten: Achten Sie darauf, frische Ware zu bekommen; überlagerter Rosenkohl, den Sie an Flecken auf den Blättern erkennen, schmeckt unangenehm. Vor dem Kochen die Schnittstellen der Röschen nachschneiden, die äußeren dunklen, ledrigen Blätter entfernen und die Schnittstelle kreuzweise etwas einschneiden, so garen die Röschen gleichmäßig durch. Sie werden in Salzwasser ohne Deckel – dann bleiben sie schön grün – weich gekocht.

Schwarzwurzeln vorbereiten: Schwarzwurzeln unter fließendem Wasser gründlich abbürsten, die Enden kappen. Die Wurzeln mit dem Sparschäler dünn schälen (siehe Bild). Wenn man dabei unter fließendem Wasser und mit Handschuhen arbeitet, wird verhindert, dass der abgesonderte Milchsaft sich auf der Haut absetzt, wo er nur schwer zu entfernen ist. Die Schwarzwurzeln in mundgerechte Stücke schneiden und bis zum Garen in mit etwas Mehl und Essig versetztes Wasser geben, so verfärben sie sich nicht.

Schwarzwurzeln müssen vor dem Garen komplett geschält werden, am besten mit einem Sparschäler.

Spargel vorbereiten: Weißer Spargel jeder Dicke muss komplett geschält werden; dafür gibt es spezielle Spargelschäler. Grüner Spargel hat eine viel weichere Schale, er braucht nur im unteren Drittel geschält zu werden. In jedem Fall sollten die eingetrockneten Schnittstellen unten an den Stangen nachgeschnitten werden. Die Spargelstangen dann liegend, zu Portionen gebündelt in einem weiten Topf oder Bräter oder in einem speziellen Spargeltopf (mit Siebeinsatz) garen. Spargelschalen können übrigens für eine aromatische Suppe ausgekocht werden.

Tomaten häuten: Das Häuten von Tomaten geht schneller und einfacher als bei Paprika: Die Haut der Tomaten an der Oberseite über Kreuz einritzen, dann die Früchte kurz in kochendes Wasser geben. Wenn die Haut an der angeritzten Stelle aufgesprungen ist, die Tomaten herausheben, etwas abkühlen lassen und die Haut abziehen. Für Suppen, die mit dem Mixstab püriert werden, können Sie die Haut allerdings an den Tomaten lassen, sie wird wie das Fruchtfleisch fein zerkleinert.

Topinambur vorbereiten: Die Knollen waschen und bürsten, einige Minuten in kochendem Wasser blanchieren, kalt abschrecken und die Haut abziehen (siehe Bild). Die Knollen dann rasch weiterverarbeiten (zu Rohkost oder gekocht) bzw. mit Zitronensaft beträufeln, sonst verfärben sie sich bräunlich.

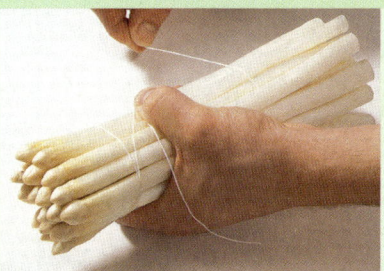

Weißer Spargel muss zunächst komplett geschält werden, jede Stange am unteren Ende abschneiden, ggf. bündeln.

Beim grünen Spargel muss nur das untere Drittel geschält und die Schnittfläche am unteren Ende gekürzt werden.

Die Tomaten kreuzweise einschneiden und mit kochendem Wasser überbrühen. Die Haut lässt sich dann gut abziehen.

Nach dem Blanchieren lässt sich die Haut von Topinambur gut mit einem Küchenmesser abziehen.

Zwiebeln schneiden: Die Zwiebel längs halbieren, mit der Schnittfläche auf das Schneidebrett legen, am Wurzelende festhalten. Die Zwiebelhälfte in kurzen Abständen senkrecht bis knapp vor den Wurzelansatz einschneiden, dann waagerecht mehrmals einschneiden (siehe Bild). Nun mit senkrechten Schnitten die Zwiebel in Würfel schneiden. Wenn Sie dabei die Finger wie eine Kralle halten, sind die Fingerspitzen geschützt.

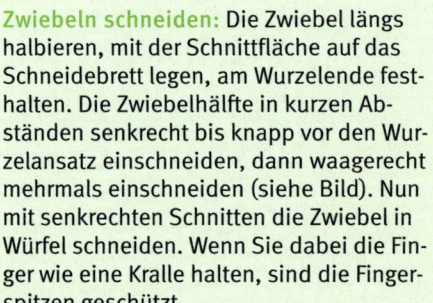

Die senkrecht vorgeschnittene Zwiebel parallel zur Arbeitsfläche bis kurz vor der Wurzel etagenweise einschneiden.

Zucht- und Wildpilze

Zuchtpilze wachsen das ganze Jahr über, sind preiswert im Vergleich zu Wildpilzen, sind nicht mit Umweltschadstoffen belastet, und man läuft nicht Gefahr, giftige »Doppelgänger« in der Küche zu verarbeiten. Sie müssen außerdem nicht gewaschen werden. Im Handel findet man am häufigsten folgende Zuchtpilze: Austernpilz, Champignon, Egerling, Kräuterseitling, Pioppino und Shiitakepilz.

Pilze vorbereiten: Zuchtpilze sind kaum verschmutzt. Es reicht, sie mit einem feuchten Tuch oder Küchenpapier abzureiben. Schadhafte Stellen schneiden Sie ebenso wie eingetrocknete Schnittstellen ab. Sind die Stiele eingetrocknet, entfernen Sie sie.

Populärer Pilz-Irrtum

Pilze dürfen nicht mehr aufgewärmt werden!
Doch! Aber: Gegarte Pilze sind sehr anfällig für Keime. Und diese produzieren Abbauprodukte, die zu Magen- und Darmbeschwerden führen. Darum Reste rasch abkühlen und sofort in den Kühlschrank stellen. Das Aufwärmen sollte rasch und auf über 70° geschehen.

Wildpilze: Nicht züchten lassen sich Morchel, Pfifferling, Steinpilz und Trüffel. Diese Pilze sind daher nur saisonal und zu entsprechend hohen Preisen im Handel.

Sind bei Champignons die Hüte schon etwas unansehnlich, können Sie die oberste Schicht der Haut mit einem kleinen Messer vom Rand beginnend abziehen. Zusätzlich die Schnittfläche anschneiden.

Frische Pfifferlinge säubert man am besten mit einem Kuchenpinsel. Stark verschmutzte Pilze kann man auch kurz abbrausen und auf einem Küchenpapier wieder sorgfältig trocknen lassen.

Morcheln sind hohl und haben viele Kammern, in denen sich Sand etc. ansammelt. Sie müssen daher gründlich ausgespült werden, oder man halbiert sie und reinigt sie mit einem Pinsel.

Kartoffeln

Festkochend – mehligkochend: Je nachdem, ob man die Kartoffeln kochen, braten, backen oder frittieren möchte, ob sie solo oder als Zutat von Eintöpfen oder Aufläufen zubereitet werden sollen, im Ganzen, in Stücken oder püriert, eignen sich unterschiedliche Kartoffelsorten. Grundsätzlich teilt man daher Kartoffelsorten nach ihren Gareigenschaften in festkochend, vorwiegend festkochend (bzw. mehlig festkochend) und mehligkochend ein.

Darüber hinaus kann man Kartoffeln auch nach dem Erntezeitpunkt, ihrem Geschmack oder nach der Form und der Farbe des Fruchtfleisches unterscheiden (siehe die Tabelle rechts).

Grundrezepte für die Zubereitung von Bratkartoffeln und Kartoffelbrei finden Sie auf Seite 189.

Vielseitig und verwandlungsfähig in der Küche, dabei unkompliziert, preiswert und gesund sind Kartoffeln das ganze Jahr über Dauerbrenner in Topf, Pfanne und Auflaufform.

Solanin ist ein natürlicher Inhaltsstoff von Kartoffeln und anderen Pflanzen derselben Familie (z. B. auch von Tomaten). Er ist in größeren Mengen vor allem in unreifen Kartoffeln und in grünen Stellen an den Knollen enthalten. Solanin ist für den Menschen in hohen Mengen giftig. Man bekommt Halskratzen, Magen-Darm-Beschwerden, Übelkeit bis hin zu Krämpfen und Lähmungen. Eine gefährliche Menge an Solanin kann bereits in einer großen Portion unreifer oder durch Lichteinwirkung grün gefärbter Kartoffeln enthalten sein. Ungefährlich (für Erwachsene) ist es, Kartoffeln roh zu verzehren. Bedenklich wird es erst ab Kilogramm-Mengen.

Solanin wird durch Hitze, also Kochen, Braten, Backen oder Frittieren, nicht zerstört. Die grünen Stellen müssen großzügig abgeschnitten werden, bzw. die Kartoffel muss dick geschält werden, bis alle grünen Stellen vollständig entfernt sind. Auch gekeimte Kartoffeln sind nicht ganz unbedenklich: Das Garwasser von gekeimten Kartoffeln sollte man nicht verwenden.

Für Kleinkinder sind Kartoffelgerichte aus gekeimten Kartoffeln oder solchen mit grünen Stellen keinesfalls geeignet. Sie reagieren empfindlicher als Erwachsene auf den Giftstoff Solanin. Achten Sie daher bereits beim Kauf darauf, dass keine grünen Kartoffeln mit dabei sind. Und lagern Sie die Kartoffeln unbedingt dunkel, das verhindert, dass sie keimen.

Kartoffeln lagern? Wer Kartoffeln länger aufbewahren möchte, braucht einen sehr kühlen, dunklen Raum, in dem die Kartoffeln luftig gelagert werden. Bereits ab 8° beginnen Kartoffeln zu keimen. Daher sollte man – wenn kein solcher Raum zur Verfügung steht – immer nur kleine Mengen kaufen und die Kartoffeln höchstens einige Wochen und dann luftig und dunkel aufbewahren.

Süßkartoffeln

Süßkartoffeln sind die kartoffelähnlich verdickten Wurzelknollen einer Windenart. Sie stammen ursprünglich aus Mittelamerika, werden aber heute in allen wärmeren Ländern einschließlich Südeuropa angebaut. Sie sind daher ganzjährig bei uns im Handel.
Das Fruchtfleisch von Süßkartoffeln kann sehr hell, gelborange oder sogar violett sein, ebenso die Schalenfarbe.
Süßkartoffeln können wie Kartoffeln verwendet werden, nur zum Braten sind sie nicht sehr gut geeignet, da sie leicht zerfallen. Süßkartoffeln enthalten übrigens kein Solanin.

Kartoffelsorten			
Kocheigenschaft	eignet sich für...	Beispiele für Kartoffelsorten	weitere Eigenschaften
festkochend (Sorten mit vergleichsweise geringem Stärkegehalt, sie behalten beim Kochen, Braten und Backen ihre Form)	Salz-, Pell- und Brat-kartoffeln, Kartoffel-salate sowie Gratin und Aufläufe	Cilena	frühe Sorte, birnenförmig lang, gelbfleischig
		Linda	langoval, tiefgelbes Fruchtfleisch, aromatischer Geschmack
		Nicola	langoval, milder Geschmack
		Princess	frühe Sorte, tiefgelbes Fruchtfleisch, exzellenter Geschmack
		Selma	langoval
vorwiegend festkochend/ mehlig festkochend (je nach Sorte eher festkochend bzw. eher mehligkochend)	Salz- und Pellkartof-feln, auch Aufläufe und Gratins bis hin zu Rösti und Pommes frites	Aula	späte Sorte, tiefgelbes Fruchtfleisch
		Agria	langoval, gelbfleischig
		Arkula	rundoval, hellgelbes Fruchtfleisch
		Berber	sehr frühe Sorte, langoval, kräftiger Geschmack
		Christa	sehr frühe Sorte, langoval, gelbfleischig
		Granola	rundoval, gelbfleischig, milder Geschmack
		Laura	rotschalige (aber gelbfleischige) Sorte
		Leyla	sehr frühe Sorte, tiefgelbes Fruchtfleisch
		Quarta	tiefgelbes Fruchtfleisch, aromatisch
		Rosara	sehr früh, langoval, rotschalig, gelbfleischig
		Satina	rundoval, gelbfleischig
		Secura	gelbfleischig, exzellenter Geschmack
		Solara	tiefgelbes Fruchtfleisch, feiner Geschmack
mehligkochend (Sorten mit hohem Stärkegehalt, gegart eher »trocken«, brechen beim Garen auf, verbinden sich leicht mit Flüssigkeit)	Suppen, Eintöpfe, Pürees und Klöße, zu Gerichten mit reich-lich Sauce	Adretta	hellgelbes Fruchtfleisch
		Afra	tiefgelbes Fruchtfleisch, kräftiger Geschmack
		Likaria	kräftiger Geschmack
		Sieglinde	langoval, tiefgelbes Fruchtfleisch

Gemüse der Saison

Gemüse nach (einheimischer) Saison einzukaufen bietet einige Vorteile. Gemüse aus regionalem Anbau hat oft ein besseres Aroma, weil es fast direkt vom Erzeuger zu uns kommt. Wenn man es ab Hof kaufen kann, ist es natürlich ideal. Kurze Transportwege garantieren optimale Qualität der Ware und eine geringe Umweltbelastung durch Verkehrsmittel.

Saisonkalender Gemüse												
Gemüseart	**Jan**	**Feb**	**März**	**April**	**Mai**	**Juni**	**Juli**	**Aug**	**Sep**	**Okt**	**Nov**	**Dez**
Artischocken												
Auberginen								●	●			
Blumenkohl						●	●	●	●	●		
Brokkoli						◗	●	●	●	◗		
Chicorée	●	●	◗							●	●	●
Chinakohl								●	●	●	●	
Dicke Bohnen						●	●	●				
Erbsen, grüne						●	●					
Fenchel										●	●	
Grüne Bohnen						●	●	●	●	●		
Grünkohl	●	●									●	●
Gurke (Salatgurke)						◗	●	●	●			
Knollensellerie									●	●	●	
Kohlrabi					◗	●	●	●	●	●		
Kürbis									●	●		
Lauch							●	●	●	●	●	
Mangold						◗	●	●	●			
Möhren						●	●	●	●	●	●	
Paprikaschoten						◗	●	●	●	●		

Gemüseart	Jan	Feb	März	April	Mai	Juni	Juli	Aug	Sep	Okt	Nov	Dez
Pastinaken								●	●	●	◗	
Petersilienwurzeln	●	●	●						●	●	●	●
Radieschen			░	░	●	●	●	●	●	●		
Rettich				░	░	●	●	●	●			
Rosenkohl	●									◗	●	●
Rote Bete	░	░	░						●	●	●	
Rotkohl	░								●	●	●	
Schwarzwurzeln	●									●	●	●
Spargel, weißer				◗	●	●						
Spinat			◗	●	●	◗			●	●		
Staudensellerie	░	░					●	●	●	●		
Steckrüben	●									●	●	●
Süßkartoffeln	░	░	░	░	░							
Teltower Rübchen					●	●				●	◗	
Tomaten				░	░		◗	●	●	●		
Topinambur									●	●	●	
Weiß- und Spitzkohl	░	░			◗	●			●	●	●	
Wirsing					◗	●			●	●	●	
Zucchini						◗	●	●	●	●		
Zuckermais												
Zuckerschoten						●	●					
Zwiebeln	░					◗	●	●	●	●		

░ Monate mit großem Angebot aus Europa
● Gemüse kommt aus heimischem Freilandanbau
◗ Gemüse kommt nur zu einem Teil des Monats aus heimischem Freilandanbau
Quelle Obst und Gemüse Saisonkalender: eigene und aid infodienst Verbraucherschutz, Ernährung, Landwirtschaft e.V., Bonn

Obst und Gemüse haltbar machen

Wer zu den Saisonzeiten Obst und Gemüse konserviert, kann das ganze Jahr über Gerichte mit eigenen Vorräten zubereiten. Welche Konservierungsarten es gibt, erfahren Sie hier.

1 Einfrieren: Das Tiefkühlen ist die gebräuchlichste Art, Obst, Gemüse, Kräuter und viele andere Lebensmittel länger haltbar zu machen. Denn bei eisigen Temperaturen können sich Verderbskeime nicht vermehren.
Grüne Bohnen einfrieren: Die geputzten, ggf. geschnittenen Bohnen in kochendem, gesalzenen Wasser ca. 2 Min. blanchieren (bis sie eine intensive grüne Farbe haben). Dann auf einem Sieb eiskalt abschrecken. Sehr gut abtropfen und vollständig abkühlen lassen.

2 Entzug von Wasser: Es gibt verschiedene Möglichkeiten, Lebensmitteln Wasser zu entziehen und sie so länger haltbar zu machen. Entweder verdampft das Wasser durch Trocknen (z. B. Äpfel, Tomaten, Kräuter), oder man bindet es mit Salz (z. B. Kapern) oder Zucker (z. B. kandiertes Obst).
Äpfel trocknen: Die Äpfel schälen und mit einem Apfelausstecher das Kernhaus entfernen. Die Äpfel quer in etwa 8 mm dicke Scheiben schneiden und auf dem Rost im Backofen bei 40–50° Umluft über Nacht trocknen. Dabei die Backofentür einen Spalt geöffnet lassen (Holzkochlöffelstiel einklemmen). Am besten in Schraubdeckelgläsern aufbewahren.

3 Milchsauer vergären: Säure und fehlender Sauerstoff verhindern hier die Vermehrung von Bakterien. Ein weiterer Vorteil: Milchsauer vergorene Produkte sind besonders gut verträglich. Milchsauer eingelegt werden z. B. Sauerkraut, aber auch Rote Bete, Gurken, grüne Bohnen, Paprikaschoten, Pilze. Achtung: Bohnen müssen vor dem Einlegen blanchiert werden. Zum Einlegen wird das Gemüse vorbereitet wie zum Kochen, dann mit Salzlake und unter Zugabe von etwas Brottrunk (Reformhaus) und Gewürzen einige Wochen luftdicht verschlossen vergoren.
Paprikaschoten milchsauer einlegen: Grobe Stücke von je 1 roten und gelben Paprikaschote sowie dem weißen Teil von 2–3 Frühlingszwiebeln in ein 750-ml-Weckglas geben. Mit kochendem Salzwasser auffüllen (8 g Salz auf 500 ml). Abkühlen lassen, dann 2 EL Brottrunk zugeben und gut verschließen. Vor dem Verzehr verschlossen ca. 3 Wochen gären lassen.

4 Erhitzen oder Einkochen: Bei Temperaturen um 100° werden die meisten Verderbserreger abgetötet. Das macht Obstkompotte, aber auch in Salzwasser eingekochtes Gemüse monatelang haltbar (vgl. Einkochen von Apfelkompott S. 73).

5 Einlegen in Essig: Essigsäure ist für die meisten Verderbserreger viel zu sauer. Für diese Konservierungsart eignen sich Gurken, Kohlarten, Paprikaschoten und Rote Beten.
Möhren sauer einlegen: 500 g geschälte Möhren in 1 cm dicke Scheiben schneiden. 375 ml Weißweinessig mit 100 ml Wasser, 1 EL Salz, 80 g Zucker und 2 getrockneten Chilischoten aufkochen, abkühlen lassen. Möhren mit Minzeblättchen im Sud 1 Tag ziehen lassen, aufkochen und 2 Min. kochen lassen, in Schraubgläser füllen, verschließen und 1 Woche ziehen lassen.

6 Einlegen in Öl: Bakterien brauchen zur Vermehrung Wasser und Sauerstoff. Öl verdrängt beide. Zum Einlegen in Öl eignen sich Kräuter (vgl. S. 93), Knoblauch, Zucchini, Pilze oder Paprikaschoten. Das Öl wird erst zugegossen, wenn die Zutaten und die Gewürze eingeschichtet sind.
Pfifferlinge in Öl einlegen: 500 g kleine Pfifferlinge putzen. Je 300 ml Weißwein und Weißweinessig mit etwas Salz, einigen Pfefferkörnern und 1 Lorbeerblatt aufkochen, die Pilze darin 5 Min. kochen, herausheben und gut abtropfen lassen. Die Pilze mit je 1 Lorbeerblatt und 1 fein geschnittenen Knoblauchzehe in drei Schraubgläser verteilen. Mit Olivenöl gut bedecken, dunkel und kühl mind. 2 Wochen ziehen lassen.

Salate

Die als Salatgemüse verwendeten Sorten sind zahlreich und von verschiedenstem Aussehen, Geschmack und auch unterschiedlicher Konsistenz.

Am zartesten, sowohl im Geschmack als auch von den Blättern her, ist Kopfsalat, von dem es auch rotblättrige Züchtungen gibt. Auch Feldsalat ist sehr zartblättrig, er besticht vor allem durch sein nussiges Aroma.

Zu den etwas robusteren, aber sehr milden Salatsorten gehören Batavia-, Eichblatt-, Eisberg-, Romanasalat und Lollo.

Eine zartbittere Note haben Endivie und Frisée (ebenso der verwandte Chicorée, siehe Gemüsetabelle S. 84) sowie Radicchio – alles gleichzeitig auch Sorten mit eher robusten Blättern. Feinherb bis würzig schmecken Löwenzahn und Rucola.

Radicchio kann man übrigens nicht nur als Salat zubereiten. Er schmeckt z. B. auch angebraten zu Nudeln oder Risotto. Auch Spinat tanzt etwas aus der Reihe: Junger Blattspinat schmeckt nämlich auch sehr gut als Salat.

Saisonkalender für Blattsalate

Blattsalatart	Jan	Feb	März	April	Mai	Juni	Juli	Aug	Sep	Okt	Nov	Dez
Bataviasalat					◗	●	●	●	●			
Eichblattsalat					◗	●	●	●	●			
Eisbergsalat					◗	●	●	●	●	●		
Endiviensalat (inkl. Frisée)						◗	●	●	●	●		
Feldsalat	●	●								●	●	●
Kopfsalat					◗	●	●	●	●	●		
Löwenzahn					◗	●	●	●	◗			
Lollo rossa/bionda					◗	●	●	●	●			
Radicchio							●	●	●	●		
Romanasalat							●	●	●	●		
Rucola					●	●	●	●	●	●		

◼ Monate mit großem Angebot
● Salat kommt aus heimischem Freilandanbau
◗ Salat kommt nur zu einem Teil des Monats aus heimischem Freilandanbau
Quelle: eigene und aid infodienst Verbraucherschutz, Ernährung, Landwirtschaft e.V., Bonn

Sprossen ziehen

Sprossen bzw. Keimlinge sind eine wertvolle, schmackhafte und ansprechende Ergänzung vieler Gerichte. Die gekeimten Samen von Hülsenfrüchten, Getreide und anderen Pflanzen bestechen durch ihren hohen Gehalt an Vitaminen, Mineralstoffen und Ballaststoffen. Diese werden vielfach erst durch den Keimvorgang gebildet, während sich gleichzeitig die Verträglichkeit der Körner erhöht und der Kaloriengehalt sinkt.

Gekauft oder selbst gekeimt: Supermärkte mit gut sortierter Gemüseabteilung bieten inzwischen verschiedene Arten von Sprossen, oft auch Sprossenmischungen an. Man kann aber auch ohne viel Aufwand Sprossen selbst ziehen (siehe Tabelle). Dafür gibt es verschiedene Keimgeräte. Die einfachsten sehen aus wie Einmachgläser und haben einen Gitter-Deckel (siehe Bild). Andere Systeme bestehen aus übereinander stapelbaren Schalen, sodass man in mehreren Etagen verschiedene Arten keimen lassen kann. Die komfortabelsten Geräte besprühen das Keimgut automatisch mit Wasser. Die meisten Keimsysteme sind aus lichtdurchlässigem Material, es gibt aber auch Systeme aus Ton, in denen die Keime im Dunkeln angezüchtet werden und, wie in der Natur, erst am letzten Tag Licht bekommen.

Sprossen und Keimlinge müssen 2–4-mal täglich gespült werden.

Sprossen selbst ziehen

Samenart	Geschmack	Einweichzeit	Spülen	Keimdauer	Anmerkungen	Verwendungsbeispiele
Alfalfa (Luzerne)	herbnussig	4–6 Std.	2 x täglich	mind. 7 Tage	lange Keimdauer, damit sich eiweißhemmende Stoffe abbauen können	im Salat, aufs Brot
Mung(o)bohnen	frisch, nussig	12 Std.	2–3 x täglich	5 Tage	können im Gegensatz zu anderen Sojabohnen roh gegessen werden	in asiatischen Gerichten, wie andere Sojabohnen
Sojabohnen	frisch, mild	12 Std.	4 x täglich	3–6 Tage	vor dem Verzehr blanchieren	in Salaten, Suppen, für Bratlinge, Füllungen
(Nackt-)Hafer	sehr süßlich	4 Std.	1–2 x täglich	2–4 Tage	Keimlänge ≈ Kornlänge	in Müslis, Desserts, in Brotgebäck
Weizen	süßlich, mild	12 Std.	2 x täglich	2–4 Tage	Keimlänge ≈ Kornlänge	in Salaten, Müslis, Brot, Pfannengerichten
Sonnenblumenkerne	nussig	6 Std.	2 x täglich	2–4 Tage		In Salaten, Müslis und Desserts

Kräutersteckbriefe

Petersilie und Schnittlauch sind die klassischen Kräuter. Wer die Abwechslung liebt, sollte aber auch die folgenden kennen.

1 Basilikum Ernte: Laufend frische junge Triebe vor der Blüte. Verwendung: Tomaten, Kräutersaucen, Salate, Kräuterbutter, Fleisch, Schalentiere und Gemüse aus dem mediterranen Raum.

2 Dill Ernte: Laufend frische Blätter und Triebspitzen, reife Samen ab September, wenn sie braun werden, aber noch nicht herausfallen. Verwendung: Frische Blätter für Salate, Fisch, Marinaden, Saucen und Kräuterbutter; Samen und Blütenstände zum Einlegen von Gurken und für Kräuteressig.

3 Gartenkresse Ernte: Laufend Keimlinge oder frische Blätter schneiden. Verwendung: Keimlinge oder Blätter auf Butterbrot, zu Salat, Saucen und Dips, nur frisch verwenden.

4 Kerbel Ernte: Laufend junge Triebe und Blätter. Verwendung für Suppen, Omelettes, Saucen und Salate. Nicht mitkochen!

5 Lavendel Ernte: Laufend junge Blätter. Verwendung zu Fisch, Geflügel, Eintopf, Lamm, Suppen und Saucen. Hinweis: Trocknen, sobald die Blüten sich zu öffnen beginnen.

6 Liebstöckel (Maggikraut) Ernte: Laufend zarte und junge Blätter. Verwendung: Frische grüne Blätter, nur in kleinen Mengen, da das Aroma sehr intensiv ist.

7 Oregano Ernte: Laufend frische Blätter, am besten während der Blüte. Verwendung: Pizza, passt zu Tomaten, Käse, herzhaften Aufläufen, Fleisch, Suppen und südländischem Gemüse.

8 Rosmarin Ernte: Laufend Blätter und Triebspitzen. Verwendung: zu mediterranen Gerichten, Hähnchen, Tomatensuppe, Lamm; zu Schweinebraten und pikanten Saucen, zum Aromatisieren von Bratfett für Fleisch und Fisch.

9 Rucola (Rauke) Ernte: Laufend frische Blätter. Verwendung: Roh als Salat, zu Mischsalaten, Saucen, Pizza; frittiert als essbare Dekoration. Am besten nur frisch verwenden.

10 Salbei Ernte: Laufend frische Blätter und Triebe. Verwendung: Pasta-Saucen, Fleisch, Fisch, rustikale Suppen, zum Aromatisieren von Bratfett für Fleisch und Fisch.

11 Thymian Ernte: Laufend frische Blätter. Verwendung für mediterrane Gerichte, Lamm, Geflügel, Wild, Fisch und Gemüse, vor allem Tomaten.

12 Zitronengras Verwendung für Suppen, Meeresfrüchte, Geflügel oder Fisch. Die Blätter werden entweder in Stücken mitgekocht und rausgefischt oder ganz fein geschnitten (nur die inneren zarten Blätter). Tipp: Stängel kann man gut einfrieren.

13 Zitronenmelisse Ernte: Laufend frische weiche Blätter; ältere, etwas harte Blätter schmecken bitter. Verwendung für alle Gerichte, zu denen auch Zitrone passt, z. B. Tomaten, Quark und Kräutersaucen. Nicht mitkochen!

14 Estragon Ernte: Laufend junge Triebe oder Blätter. Verwendung: Frisch oder getrocknet für zarte Geflügelgerichte, zu auf Sauerrahm oder Mayonnaise basierenden Kräutersaucen und Pilzgerichten.

Kräuter aus eigenem Anbau

Viele Kräuter gedeihen im Garten, auf der Terrasse und auf der Fensterbank. So hat man sie bei Bedarf immer frisch.

Besonders heimische Kräuter lassen sich gut aus Samen ziehen. Bei guter Pflege bekommen Sie so mehrere Jungpflanzen. Wer nur hin und wieder einzelne Pflanzen für die Fensterbank möchte, der ist mit Setzlingen oder Topfpflanzen aus der Gärtnerei oder einem gut sortierten Supermarkt besser bedient. Der Platz auf der Fensterbank lässt sich erweitern, indem Sie Etagen oder Regale in das Fenster bauen und die Kräuter somit übereinanderstehen.

Standort: Achten Sie auf den Standort. Heimische Kräuter mögen einen lockeren, leicht tonhaltigen Boden, feucht, aber nicht staunass. Mediterrane Kräuter lieben lockeren und trockenen Boden.

Auf der Fensterbank können sie bequem Kräuter selbst ziehen oder gekaufte Kräuter zu jeder Zeit frisch ernten.

Nährstoffe: Hier ist der Bedarf unterschiedlich. So mögen Basilikum, Dill, Petersilie, Schnittlauch und Kapuzinerkresse nährstoffreiche Erde; Bergbohnenkraut, Oregano, Thymian, Rosmarin und Lavendel mögen es nährstoffarm.

Lebensdauer: Berücksichtigen Sie auch die Lebensdauer der Kräuterpflanzen (siehe Tabelle S. 95). **Einjährige** Kräuter sind die kurzlebigsten. Sie keimen, blühen und bilden Samen im gleichen Jahr. Danach sterben sie ab und müssen im nächsten Jahr erneut ausgesät werden. **Zweijährige** Kräuter blühen und bilden ihren Samen erst im Jahr nach der Aussaat und säen sich dadurch selbst an Ort und Stelle wieder aus. **Ausdauernde** Kräuter überwintern und treiben jedes Jahr neu aus. Manche verlieren nur ihre Blätter, bei anderen sterben die oberirdischen Pflanzenteile ab; nur wenige bleiben auch im Winter grün.

Grüne Kräuter im Winter: Manche Kräuter bleiben selbst unter Schnee grün, dazu gehören Petersilie, in milden Gegenden auch Pimpinelle. Decken Sie diese Kräuter mit Nadelbaumreisig zu. Schnittlauch kann man für den Winter aus dem Beet holen, eintopfen und auf der Fensterbank ernten.

Kräuter richtig ernten

Die meisten Kräuter erntet man am besten kurz vor der Blüte. Dann ist der Gehalt an ätherischen Ölen in den Blättern am höchsten. Ausnahme sind Lavendel, Oregano und Thymian.

Die beste Tageszeit für die Kräuterernte ist der Vormittag. Denn das Aroma der Kräuter nimmt deutlich mit der Tageshitze ab.

Basilikum: Nur die untersten Blätter einzeln ernten, sonst ganze Triebe abbrechen, d.h. den Stiel mitsamt Blättern unterhalb einer Verzweigung abknipsen. So bilden sich Seitentriebe, das Basilikum wird buschiger und die Ernte reicher. Triebspitzen werden gepflückt, nachdem sich mindestens sechs Blatt-Etagen gebildet haben. Ein weiterer Vorteil dieser Methode besteht darin, dass sich keine Blüten bilden, die den Blättern das Aroma entziehen.

Kräuter haltbar machen

Wenn Sie Kräuter trocknen, einfrieren, einlegen oder auch Würzbutter herstellen, bleibt ihr typisches Aroma erhalten, und Sie können auch außerhalb der Saison jederzeit auf die Aromageber zurückgreifen. Getrocknete Kräuter müssen eine Weile in heißer Flüssigkeit ziehen können, damit sie ihr Aroma wieder entfalten können. Sie eigenen sich daher für Gekochtes und Geschmortes.

Trocknen: Die jungen Zweige abschneiden, zu Sträußchen binden und an einem luftigen, trockenen Ort aufhängen. Oder Sie breiten einzelne Zweige auf einem Rost oder auf Küchenpapier aus. Die Kräuter dürfen nicht der Sonne aussetzt werden, da sich die ätherischen Öle sonst leicht verflüchtigen und sich die Blätter hässlich verfärben. Die Kräuter sind trocken, wenn sie sich leicht zwischen den Fingern zerreiben lassen. Zum Trocknen nicht geeignet sind Basilikum, Gartenkresse, Rucola und Schnittlauch.

In gut verschlossenen Gläsern an einem dunklen, kühlen Ort aufbewahrt halten getrocknete Kräuter ca. 12 Monate.

Einfrieren: Die erste Möglichkeit besteht darin, ganze Blättchen einzufrieren. Dafür die Blätter abzupfen und ohne Abdeckung auf einem Tablett einfrieren, später in Plastikbeutel oder kleine Dosen füllen. Wenn Sie die Blättchen vorher in Öl tauchen, behalten sie ihre grüne Farbe.

Man kann auch die Blätter fein hacken, in Eiswürfelbehälter geben, mit Wasser auffüllen und gefrieren. So haben Sie portionsweise Vorrat zum Würzen von Saucen, Suppen, Eintöpfen und Gemüsegerichten. Haltbarkeit in beiden Fällen: ca. 6 Monate.

In Öl einlegen: Ein hochwertiges Öl mit nicht allzu starkem Eigengeschmack mit 1 EL Salz pro Liter würzen und die verlesenen, gegebenenfalls gewaschenen und gut trocken getupften Kräuter damit bedecken. Deckel gut verschließen, Gläser einige Male vorsichtig auf einer festen Unterlage aufschlagen, um Lufteinschlüsse aufzulösen. Kräuteröl kann verwendet werden wie

Die Kräuter sind erst dann ganz trocken, wenn sie sich zwischen den Fingern zerreiben lassen.

Hacken Sie die Kräuter fein und frieren Sie diese in Eiswürfelbehältern mit Wasser ein.

frische Kräuter, z. B. für Marinaden, Salatsaucen und zum Kochen.

In Essig einlegen: Weißweinessig guter Qualität mit mindestens 4 % Säure auf die gewaschenen, gut trocken getupften Kräuter gießen. Die Gläser gut verschließen und Lufteinschlüsse auflösen. Rotweinessig ist nur für Kräuter mit ausgesprochen intensivem Aroma, z. B. Lorbeer, passend. Besonders gut geeignete Kräuter zum Einlegen in Essig sind Basilikum, Koriander, Lorbeer, Majoran, Oregano, Rosmarin, Thymian und Salbei. Tipp: Verwenden Sie braune Flaschen oder Gläser. So sind Ihre Kräuter gut vor Sonnenlicht geschützt. Haltbarkeit: an einem dunklen, kühlen Ort 6–12 Monate.

Kräuter und essbare Blüten

Stiefmütterchen und Kapuzinerkresse sind Glanzpunkte auf diesem Spinatsalat.

Kräutertipps

→ Kräuter sollten eher sparsam eingesetzt werden, damit sie den Eigengeschmack der Zutaten nicht übertönen, sondern unterstreichen.

→ Kräuter in getrockneter Form brauchen länger als frische, um ihr Aroma zu entfalten. Sie sollten dem Gericht also frühzeitig beigegeben werden.

→ Erscheint Ihnen das Aroma am Ende der Garzeit zu schwach, streuen Sie ein paar Fingerspitzen zerriebener, getrockneter Kräuter über das Gericht oder geben ein frisches Zweiglein dazu.

→ Manche Kräuter wie Petersilie, Basilikum und Schnittlauch und alle zartblättrigen Kräuter eignen sich nicht zum Mitgaren. Sie werden erst kurz vor dem Servieren dazugegeben.

→ Beim Kurzbraten von Fleisch und Fisch können Sie ein paar frische Kräuterzweige wie Thymian oder Rosmarin zufügen (gerne auch eine angedrückte Knoblauchzehe). Das verleiht ein angenehmes, unaufdringliches Aroma.

→ Wenn Sie im Bund gekaufte Kräuter ein oder zwei Tage frisch halten möchten, geben Sie sie am besten abgebraust und nur leicht trocken geschüttelt, also etwas feucht, in einen locker verschlossenen Plastikbeutel oder umwickeln sie mit angefeuchtetem Küchenpapier und legen sie ins Gemüsefach des Kühlschranks.

→ Keine Angst vor dem Mischen von Kräutern. Am besten harmonieren Kräuter, die aus derselben Pflanzenfamilie oder Klimaregion stammen. Typisches Beispiel sind die »Kräuter der Provence«.

→ Ideale Partner für Kräuter aus dem Garten oder von der Wiese sind Zutaten mit wenig Eigengeschmack, denn sie lassen das feine Aroma von Petersilie bis Pimpinelle umso besser zur Geltung kommen.

Essbare Blüten

Aufstreuen: Auch bunte Blüten lassen sich in der Küche verwenden. Die einfachste Variante besteht darin, die Blüten über den Salat zu streuen.

Zum Färben kann man die Blüten ebenfalls verwenden: Die Staubgefäße der Ringelblume werden zu Safranersatz.

Kandieren: Zarte Blüten lassen sich gut kandieren. Die Blütenblätter (z. B. von Lavendel, Minze oder Rosen) außen und innen mit leicht verschlagenem Eiweiß einpinseln und gleichmäßig mit Zucker bestreuen. Die Blüten auf ein Backblech legen und nochmals mit Zucker bestreuen. 1–2 Tage an einem luftigen Ort getrocknet, können sie bis zu 3 Monate in einer luftdichten Dose aufbewahrt werden.

Einfrieren: Oder Sie frieren die Blüten in Eiswürfeln ein.

Saison der essbaren Blüten

Name	Blütezeit	Blütenfarbe	Lebensdauer
Boretsch	Mai–August	blauviolett	einjährig
Stiefmütterchen	April–Juni	gelb mit weiß und lila	zweijährig
Indianernessel	Juli–September	rot	mehrjährig
Kapuzinerkresse	Juli–Oktober	gelb, orange, rot	einjährig
Ringelblume	Juli–Oktober	gelb, orange	einjährig
Taglilie	Mai–Juli	gelb, orange, rot	mehrjährig

Saisonkalender Kräuter aus dem Freiland und ihre Lebensdauer

Kräuterart	Jan	Feb	März	April	Mai	Juni	Juli	Aug	Sep	Okt	Nov	Dez	Lebensdauer
Bärlauch			●	●	●								ausdauernd
Basilikum	●	●		●	●	●	●	●	●	●	●	●	einjährig
Bohnenkraut						●	●	●	●				einjährig
Borretsch					●	●	●	●	●				einjährig
Brennnessel			●	●	●	●							ausdauernd
Dill				●	●	●	●	●					einjährig
Estragon						●	●	●					ausdauernd
Kerbel					●	●	●	●	●				einjährig
Koriander	●	●	●	●	●	●	●			●	●	●	einjährig
Liebstöckel						●	●	●	●				ausdauernd
Lorbeer	●	●	●	●	●	●	●	●	●	●	●	●	ausdauernd
Majoran						●	●	●	●				einjährig
Oregano					●	●	●	●	●				ausdauernd
Minze						●	●	●	●				ausdauernd
Petersilie	●	●		●	●	●	●	●	●	●	●	●	zweijährig
Pimpinelle						●	●	●					ausdauernd
Rosmarin					●	●	●	●	●				ausdauernd
Salbei					●	●							ausdauernd
Schnittlauch	●	●	●	●	●	●	●	●	●	●	●	●	ausdauernd
Thymian					●	●		●	●				ausdauernd
Waldmeister				●	●	●							ausdauernd
Zitronenmelisse					●	●	●	●					ausdauernd

Fisch und Meeresfrüchte

Ob aus süßem oder salzigem Wasser, ob exotisch oder heimisch: »Frische« ist hier das oberste Gebot. Dann noch eine perfekte Vorbereitung plus sanfte Behandlung, und die Lust auf »Meer« ist wieder einmal gestillt.

Fisch und Meeresfrüchte

98	Süßwasserfische	105	Ökologie; Einkaufsführer Fisch
99	Salzwasserfische	106	Frischen Fisch vorbereiten
100	Qualität	108	Frische Meeresfrüchte vorbereiten
101	Fisch lagern	110	Garmethoden auf einen Blick
102	Gesunder Fisch	112	Fisch in Hülle garen
103	Saison und Schonzeiten von Fischen	113	Meeresfrüchte auslösen und servieren
104	Miesmuscheln vorbereiten	114	Gegarten Fisch filetieren

Süßwasserfische

Wildlachs hat ein delikates aromatisches Fleisch, das sich für alle Zubereitungsarten eignet – im Ganzen, als Kotelett und als Filet.

Bachforellen leben in sauerstoffreichen, schnell fließenden Gewässern. Man kann sie wie Regenbogenforellen zubereiten.

Zander kann man ausgesprochen vielfältig zubereiten: Er schmeckt nicht nur gegrillt und gebraten, sondern auch gefüllt oder unter einer Salzkruste gegart.

Hechte haben ein feines weißes und wohlschmeckendes Fleisch. Sie eignen sich gut zum Dünsten und Pochieren sowie für die Herstellung von Farcen.

Regenbogenforellen lassen sich gut in Teichwirtschaft züchten, sie werden vorwiegend gebraten oder gegrillt, eignen sich aber auch zum Pochieren.

Saiblinge werden zubereitet wie die verwandte Forelle. Ihr Fleisch ist delikat aromatisch und sollte keinesfalls zu stark gewürzt werden.

Welse sind relativ fettreich und daher ideale Fische zum Braten oder Grillen. Ihr Fleisch ist weiß und – großes Plus – sehr grätenarm.

Salzwasserfische

Heringe haben ein fettreiches, sehr aromatisches Fleisch und eignen sich roh zum Marinieren, aber auch zum Braten.

Atlantische Makrelen eignen sich mit ihrem sehr fettreichen Fleisch gut zum Braten und Grillen, aber auch zum Schmoren.

Sardellen werden nur ca. 15 cm lang. Kräftig im Geschmack sind sie gebraten oder frittiert eine Delikatesse. Im Handel gibt es sie eingelegt auch als »Anchovis«.

Seelachs hat ein festes weißes Fleisch mit kräftigem Aroma, womit er sich – als Filet oder Tranchen – zum Braten und Frittieren empfiehlt.

Kabeljau bzw. Dorsch kommt zumeist in Form von Filets in den Handel, die am besten gebraten werden. Ganze Fische kann man auch schmoren.

Wolfsbarsche besitzen ein festes und grätenarmes Fleisch mit feinem Aroma. Sie eignen sich für alle Arten der Zubereitung.

Schollen sind Plattfische mit zartem weißem Fleisch. Sie eignen sich ideal zum Braten. Besonders delikat schmecken die im Mai gefangenen jungen Schollen.

Roter Thun ist inzwischen selten und damit auch sehr teuer. Sein fettarmes festes Fleisch eignet sich bestens für den Rohverzehr als Carpaccio oder Sushi.

Frischer Fisch und Meeresfrüchte

Haut und Flossen: Frischer Fisch hat gut erhaltene, wenig beschädigte Flossen und eine glänzende, feuchte Haut. Blasse, gelbe, graue oder trübe Haut sind Anzeichen für zu lange oder falsche Lagerung.

Augen: Frischer Fisch hat glasklare, glänzende, prall nach außen gewölbte Augen. Trübe oder eingesunkene Augen deuten darauf hin, dass der Fisch schon lange liegt.

Kiemen: Frischer Fisch hat leuchtend rote Kiemen. Die einzelnen Kiemenblättchen sind deutlich zu erkennen. Sie sind feucht, aber keinesfalls verschleimt oder fleckig.

Geruch: Frischer Fisch und frische Meeresfrüchte riechen niemals »fischig«. Wenn man in die Kiemenhöhle riecht, sollte der Geruch angenehm sein. Je älter der Fisch, desto unangenehmer der Geruch. Frisches Fischfilet hat einen neutralen Geruch und darf nicht säuerlich, tranig oder faulig riechen. Bei Scampi machen Sie die Geruchsprobe am besten in der Gegend vom Übergang des Rückenpanzers zu den Schwanzgliedern.

Eingeweide bzw. die Bauchhöhle: Nimmt man frischen Fisch aus, haben die Eingeweide klare Konturen. Je älter der Fisch, umso mehr verschwimmen die Grenzen zwischen den einzelnen Eingeweiden. Bei ausgenommenen Fischen riecht die Bauchhöhle kaum, Blutreste müssen noch leuchtend rot sein.

Die Flossen sind nicht beschädigt. Die Haut ist feucht und glatt.

Die Augen von frischem Fisch sind klar und prall nach außen gewölbt.

Die Kiemen sind leuchtend rot, feucht aber keinesfalls verschleimt oder fleckig.

Die Farbe von frischem Kaisergranat ist nur leicht rötlich.

Die Farbe frischer Scampi bzw. Kaisergranate sollte eher zurückhaltend ziegelrot als orangerot sein. Das Fleisch bereits ausgelöster Scampischwänze sollte glasig sein.

Muschelschalen: Frische Muscheln müssen beim Kauf noch leben. Das erkennen Sie daran, dass die Muschelschalen fest geschlossen sind. Exemplare mit leicht geöffneten Schalen sollten Sie vor der Zubereitung anklopfen. Schließen sich dann die Schalen nicht, müssen Sie die Muscheln wegwerfen, sie leben nicht mehr und könnten verdorben sein.

Muschelschalen müssen beim Kauf geschlossen sein, denn nur dann leben die Muscheln sicher noch.

Fisch und Meeresfrüchte einfrieren, glacieren

Frischen Fisch lagern

Frischen Fisch sollten Sie höchstens einen Tag zuhause im Kühlschrank lagern. Aber auch wenn Sie ihn noch am selben Tag zubereiten, den Fisch nach dem Einkauf sofort aus der Verpackung nehmen, in eine Schüssel legen und abgedeckt an der kältesten Stelle des Kühlschranks aufbewahren!

Frische Meeresfrüchte lagern

Auch frische Meeresfrüchte sollten Sie möglichst noch am Tag des Kaufs verarbeiten. Langes Lagern bekommt Muscheln, Garnelen und Co. nicht gut. Wenn Sie Garnelen aber erst am nächsten Tag zubereiten können, entfernen Sie möglichst gleich Kopf- und Mittelteil drehend von den Garnelenschwänzen (siehe das Bild Seite 108), denn im Vorderteil befindet sich der größte Teil der Innereien und die verderben am schnellsten.

TK-Fisch und -Meeresfrüchte transportieren, lagern und auftauen

Wie für alle tiefgefrorenen Lebensmittel gilt auch bei TK-Fisch und -Meeresfrüchten, dass die Ware möglichst rasch von der Kühltruhe im Geschäft zum Tiefkühlfach zu Hause transportiert und so geschützt wird, dass sie auf keinen Fall antaut. Nehmen Sie zum Einkauf eine Kühl-Tragetasche oder eine Kühlbox mit.

Tiefgefrorene Fische und Meeresfrüchte sollten bei mindestens –18° lagern. Das Mindesthaltbarkeitsdatum dabei stets beachten. Auftauen sollte man TK-Fisch und große Meeresfrüchte möglichst im Kühlschrank, so haben Keime am wenigsten Chancen, und das Fischfleisch verliert am wenigsten Wasser, bleibt damit beim Garen saftig. Insbesondere große Fische (für mehrere Portionen) sollten vor der Zubereitung vollständig aufgetaut werden. Ein Fisch von 800–1000 g benötigt dafür im Kühlschrank ca. 12 Stunden. Kleine Fische und Fischfilets müssen vor dem Braten nicht unbedingt ganz aufgetaut sein. Sie sollen vor dem Wenden in Mehl oder Semmelbrösel lediglich leicht angetaut sein, damit die Umhüllung auch gut hält.

Lagerzeiten für TK-Fische und Co.	
magerer Fisch	9–12 Monate
fetter Fisch	3–6 Monate
Muscheln, Garnelen, Hummer	2–3 Monate

Fangfrischen Fisch eingefrieren

Wer das Glück hat, öfters frisch geangelte Fische zu bekommen, sollte sie entweder ganz frisch zubereiten oder aber sorgfältig lagern. Zum längeren Aufbewahren eignet sich nur die Tiefkühltruhe, und hier sind die Fische besonders gut geschützt, wenn man sie glaciert.

Glacieren: Die ausgenommenen, sorgfältig unter kaltem Wasser gewaschenen und

Zum Glacieren zunächst ein Eiswürfelbad herstellen. Dann den vorgefrorenen Fisch 2–3-mal eintauchen, bis eine hauchdünne Eisschicht den Fisch umschließt.

trocken getupften Fische auf Alufolie legen und mit Alufolie locker abgedeckt einige Stunden vorgefrieren. Die Fische anschließend kurz in eiskaltes Wasser (Eiswürfelbad) tauchen, wieder herausheben und, sobald sie mit einer dünnen Eisschicht überzogen sind, nochmals eintauchen und das Wasser anfrieren lassen. Die so präparierten Fische in Alufolie wickeln oder in stabile Gefrierbeutel legen. Die Verpackung luftdicht verschließen und die Fische im Tiefkühlgerät lagern. Sie halten sich bei –18° bis zu 8 Monate.

Gesunder Fisch

Lebenswichtiges Jod

Unsere einheimischen Nahrungsmittel enthalten vergleichsweise wenig Jod, weil die Böden in Deutschland jodarm sind. Doch unser Körper benötigt dieses Spurenelement u. a. zum Aufbau der Schilddrüsenhormone. Diese erfüllen im Körper lebensnotwendige Aufgaben. Nehmen wir zu wenig Jod auf, kann die Schilddrüse nicht genügend Hormone herstellen. Äußerliches Kennzeichen kann ein Kropf sein. Meeresfische und Meeresfrüchte sind jodreiche Lebensmittel – in ihrer Nahrung ist das Spurenelement reichlich enthalten. Sie liegen an erster Stelle der Jodlieferanten. Der Jodgehalt von Meeresfischen und Meeresfrüchten ist im Gegensatz zum Gehalt an Omega-3-Fettsäuren (siehe nebenstehend) unabhängig von deren Fettge-

Roher Fisch für Sushi muss vor dem Verzehr bei −20° gefroren werden, um Keime abzutöten.

halt. Viele fettarme Arten (z. B. Meeräsche, Leng, Seelachs, Katfisch/Steinbeißer/Seewolf) und die fettreiche Makrele sind gute Lieferanten für Jod. Süßwasserfische tragen nicht zur Jodversorgung bei.

Wertvolle Omega-3-Fettsäuren

Omega-3-Fettsäuren haben einen positiven gesundheitlichen Effekt auf das Herz-Kreislauf-System, das Gehirn und die Nerven sowie auf das Immunsystem. Diese besonderen Fettsäuren müssen aber über die Nahrung aufgenommen werden. Unser Körper kann sie nicht selbst herstellen. Omega-3-Fettsäuren sind ausschließlich in fetthaltigen Lebensmitteln enthalten, aber keineswegs in jedem. Gute Lieferanten der wertvollen Fettsäure sind neben Rapsöl und Walnüssen bzw. Walnussöl vor allem fettreiche Kaltwasserfische, dazu gehören u. a. Lachs, Hering und Makrele, empfehlenswert sind auch die Heringsverwandten Sprotte, Sardine und Sardelle.

Fette Fische (> 10 % Fett): z. B. Aal, Makrele, Sprotte, Hering, Schwarzer Heilbutt, Wels, Zuchtlachs.

Mittelfette Fische (1–10 % Fett): z. B. Dornhai (bzw. Seeaal und Schillerlocken), Wildlachs (kann aber auch über 10 % Fett

haben), Thunfisch, Sardine, Karpfen, Rotbarsch, Steinbeißer/Seewolf, Forelle, Seezunge, Sardelle, Seehecht und Krebstiere.

Fettarme Fische (< 1 % Fett): z. B. Kabeljau/Dorsch, Schellfisch, Seelachs, Scholle, Flunder, Leng, Hecht, Zander, Merlan.

Roher Fisch für Sushi

Roher Fisch kann lebende Parasiten enthalten, die Krankheiten verursachen können. Sie befinden sich vor allem im Magen-Darm-Trakt der Fische. Daher wird Meeresfisch auf dem Weg zum Verbraucher mehrfach kontrolliert und nur ausgenommen verkauft.

Fisch, der für den Rohverzehr, etwa als Sushi, verkauft werden soll, muss nach deutschem Gesetz einige Tage bei −20° eingefroren werden, das tötet Keime und Parasiten ab. Da sich Keime auf dem rohen Fischfleisch schnell vermehren und zur Gesundheitsgefahr werden können, muss Fisch für den Rohverzehr rasch und hygienisch zubereitet und bald verzehrt werden.

Qualitätsmerkmale von Sushi-Fisch

1. Das Fischfilet sollte fest sein – je fester, desto besser.
2. Die Farbe des (Thun-)Fischs sollte leuchtend rot bis braun sein.
3. Das Fischfleisch sollte Transparenz und Klarheit aufweisen – je transparenter und klarer, desto besser.
4. Der Fettgehalt sollte hoch sein – je mehr Fett, desto besser.

Saison und Schonzeiten von Fischen

Saison von Süßwasserfischen
In Fischgeschäften gibt es ganzjährig ein großes Angebot an Süßwasserfischen aus Wildfang. Für viele Fische gelten allerdings auch Schonzeiten in Deutschland. Die Zeiten sind von Bundesland zu Bundesland unterschiedlich. Außerhalb dieser Schonzeiten werden die Fische im regionalen Handel frisch angeboten, und man bekommt sie als einheimischen Frischfisch im Restaurant. Für Fische aus Teichwirtschaft (z. B. Aal, Forelle, Wels, Zander) gelten diese Saisonzeiten nicht, man bekommt sie meist ganzjährig. Ausnahme ist der Karpfen als Fisch für die kalte Jahreszeit.

Saison von Meeresfischen
Da Meeresfrische weltweit gefangen und gehandelt werden, zudem viele Arten inzwischen aus Zuchten kommen, gibt es für sie keine eigentlichen Saisonzeiten mehr. Mit ein paar wenigen Ausnahmen. Hierzulande gibt es frischen Hering in großen Mengen und damit auch günstig von April bis September, Scholle ab Mai (Maischolle), Makrele von September bis April.

Karpfen – der Weihnachtsfisch
Wenn das Wasser im Herbst aus den Teichen abgelassen wird, werden die jungen Karpfen umgesetzt, die 3- oder 4-jährigen sind mit 2–4 kg für den Verzehr geeignet. Bevor die Karpfen geschlachtet werden, kommen sie in Hälterungsbecken, das sind Bassins mit Frischwasser, in denen die Fische ihren leicht erdig-algigen Geschmack verlieren sollen. Daher muss ein Karpfen heute vor der Zubereitung nicht mehr gewässert werden. Dank moderner Tiefkühltechnik kann man heute auch im Sommer vielerorts Karpfenfilets genießen. Sie werden meist grätenfrei angeboten, d. h. die feinen Gräten im Fleisch sind zerschnitten worden, sodass sie sich durch die Hitze beim Braten auflösen. Karpfen kann man im Ganzen blaukochen, halbiert und in einer dünnen Mehlhülle ausbacken oder auf Gemüse im Ofen garen.

Saison und Schonzeiten von Süßwasserfischen		
Fischart	Saison	Schonzeit
Aal	ganzjährig	-
Äsche	Sommer/Herbst	Winter/Frühjahr
Bachforelle	Frühjahr/Sommer	Herbst/Winter
Bachsaibling	Frühjahr/Sommer	Herbst/Winter
Barbe	Sommer–Winter	Frühjahr/Frühsommer
Flussbarsch	ganzjährig	-
Hecht	Sommer–Winter	Spätwinter/Frühjahr
Kaulbarsch	ganzjährig	-
Regenbogenforelle	Sommer(/Herbst)	(Herbst) Winter/Frühjahr
Rotauge	ganzjährig	-
Rotfeder	ganzjährig	-
Schleie	ganzjährig	-
Wels	ganzjährig, (regional Sommer–Herbst)	(Spätwinter–Frühsommer)
Zander	Sommer–Winter	Frühjahr

Miesmuscheln vorbereiten

Saison – Miesmuscheln nur in den Monaten mit »r«: Diese Regel gilt nach wie vor für wild wachsende Muscheln in den Meeren der gemäßigten Breiten. In den Monaten ohne »r« können die Muscheln einem Algengift ausgesetzt sein, das für sie ungefährlich, für den Menschen aber ein im Muschelfleisch angereichertes lebensbedrohliches Nervengift darstellt. Zudem können sich im Meerwasser in den warmen Monaten gesundheitsschädliche Bakterien stark vermehren, die ebenfalls im Muschelfleisch angereichert werden.

↓ **Gut waschen:** Vor dem Zubereiten der Miesmuscheln sollten Sie diese gründlich abbürsten und gut waschen und über einem Sieb wieder abtropfen lassen.

↓ **Der Bart muss ab:** Die Muscheln einzeln in die Hand nehmen und jeweils mit den Fingern den Bart – das sind die Haftfäden (Byssusfäden), mit denen sich die Muschel am Untergrund festheftet – mit einem Ruck abziehen.

→ **Kalkreste entfernen:** Manchmal befinden sich Kalkreste auf den Muscheln. Mit einem stabilen Messer alle Kalkreste von den Schalen abkratzen oder -schaben. Zum Schluss die Muscheln noch einmal gut abspülen und nach Rezept zubereiten.

EU-Kontrollen: Heute und hierzulande kann man weitgehend ausschließen, dass – zu welcher Jahreszeit auch immer – europäische Miesmuscheln eine gesundheitliche Gefahr darstellen. Heute werden die Aufzuchtgebiete und relevanten Küstenbereiche gemäß EU-Gesetz auf Algen und Bakterien kontrolliert. Es gibt außerdem ein Frühwarnsystem für Algentoxine. Die geernteten Muscheln selbst werden kontrolliert und nur, wenn keine gesundheitlichen Bedenken bestehen, zum Verzehr freigegeben.

Fischgenuss und Ökologie

In den letzten Jahrzehnten wurde das Luxus-Lebensmittel Fisch nach und nach zum preiswerten Konsum- und Discounter-Produkt. Seit einiger Zeit sind aber deutliche Preissteigerungen zu beobachten. Das liegt daran, dass aufgrund der starken Befischung die Fischbestände weltweit stark zurückgehen. Kann man also Fische heute überhaupt noch guten Gewissens kaufen?

Überfischung, Beifang, Zucht

Überdimensionierte Fischflotten, inklusive riesiger Fabrikschiffe mit mehrere hundert Meter langen Netzen räumen ganze Regionen systematisch leer. Auch die Piratenfischerei richtet großen Schaden an. Das sind Fangschiffe unter Flaggen von Billigländern, in denen Fanglizenzen ohne Begrenzung zu haben sind. Nur ein Drittel des gesamten Fischfangs wird verarbeitet und genutzt. Der Rest wird wieder über Bord geworfen. Darunter sind auch Meeressäuger wie Robben, Wale, Delfine und Seevögel. Auch Fischzuchten von See- oder Süßwasserfischen sind nicht unproblematisch: Der dichte Besatz führt mit Ausscheidungen und Medikamenten zu einem Abwasserproblem. Die Futtermittel für Raubfische (wie Lachs oder Regenbogenforelle) müssen ebenfalls aus dem Meer gefangen werden, was die frei lebenden Bestände weiter schrumpfen lässt.

Bedrohte Fischarten

Folgende Fischarten sollten nicht oder nur selten auf den Tisch kommen (Greenpeace, Stand 2006): **Flussaal** (Wildbestände schrumpfen durch Fang von Besatztieren); **Hai** (Überfischung, viele Haie verenden als Beifang, oft nur Flossen verwertet); **Heilbutt** (Überfischung, Beifang); **Kabeljau** (Überfischung, Beifang); **Garnelen** (Überfischung, Beifang von Schollen, umweltzerstörende Zuchten); **Lachs**; **Rotbarsch** (Überfischung, Beifang junger Rotbarsche); **Schellfisch** (Beifang); **Scholle** (Beifang); **Seezunge** (Überfischung, Beifang); **Seehecht** (Überfischung, Beifang von Haien und Seevögeln); **Thunfisch** (Überfischung, Beifang, illegale Fischerei); **Viktoriabarsch** (ökologische Auswirkungen durch Ansiedlung des Fischs im Viktoriasee, langer Transportweg nach Europa).

Verantwortungsvoller Fischeinkauf

Karpfen stammen stets aus Zuchten. Deutschland ist der größte Produzent in der EU. Karpfen sind »Vegetarier«, ernähren sich von in Teichen wachsenden Pflanzen und Getreidefutter.

Makrelen: Die Meeresfische leben in stabilen Bestandsmengen entlang der europäischen Atlantikküste und in der Nordsee. Als Schwarmfische der oberen Wasserschicht können Makrelen nahezu ohne Beifang gefischt werden.

Heringe leben im Nordatlantik und in der Ostsee. Inzwischen hat sich der Bestand in der Nordsee erholt, in der Ostsee ist die Lage schlechter. Heringe sind Schwarmfische und leben nahe der Oberfläche. Damit ist relativ wenig Beifang möglich.

Fisch mit MSC-Zertifikat

Der MSC (»Marine Stewardship Council«) wurde bereits 1997 von Unilever – einem der größten Verarbeiter von Fisch – und dem WWF gegründet. Der MSC ist heute eine unabhängige internationale Non-Profit-Organisation mit dem Ziel, die Fischerei-Management-Praktiken zu verbessern, um die Fischbestände für die Zukunft zu sichern. Der MSC ermittelt, ob ausreichend Fisch für eine weitere, unbegrenzt lange dauernde Befischung vorhanden ist. Er untersucht, wie sich das Fischen auf die unmittelbare Meeresumwelt auswirkt und überprüft das Management von Fischerei-Unternehmen auf Nachhaltigkeit und minimale Beeinträchtigung. Und schließlich zertifiziert der MSC Fischereien weltweit, die nachhaltig und umweltverantwortlich geführt werden. Diese Fischereien dürfen ihre Produkte mit dem blauen MSC-Label auszeichnen. Greenpeace dagegen sind die Richtlinien von MSC nicht streng genug.

Fische aus Bio-Aquakulturen

Der Anteil von Fischen aus Bio-Aquakulturen am Gesamtangebot ist noch relativ klein, jedoch mit steigender Tendenz. Der vegetarisch lebende Karpfen ist am besten für die Bio-Haltung geeignet. Forellen, Lachse, Tilapia und Pangasius und auch Garnelen gibt es aus Bio-Aquakultur.

Frischen Fisch vorbereiten

Küchenfertige Fische filetieren: Oft ist es günstiger, einen ganzen Fisch zu kaufen und ihn selbst zu filetieren, als fertige Filets vom Fischhändler zu erstehen. Mit der richtigen Technik und einem guten Messer kann man das Filetieren von Fisch selbst ausführen. Die hier gezeigte Filetierweise eignet sich für alle Rundfische, z. B. Forelle, Saibling, Zander, Wolfsbarsch und andere Barsche oder Doraden. In der Bildfolge sind Filets ohne Haut das Ergebnis. Sie eignen sich zum Braten, Pochieren oder Dämpfen. Für Filets mit Haut, zum Braten oder Grillen, muss der Fisch aber zunächst geschuppt werden (siehe rechte Seite).

Den Rückenflossensaum Richtung Kopf sowie die Bauchflossen abschneiden. Dann den Fisch auf einer Seite direkt hinter dem Kopf bis auf die Mittelgräte einschneiden (1). Wahlweise den Kopf auch ganz abtrennen. Nun zunächst das obere Filet dicht an der Gräte entlang von der Kopfseite beginnend Richtung Schwanz abschneiden (2), dabei die Bauchhöhlengräten durchtrennen. Anschließend unterhalb der Rückengräten und der Mittelgräte – wieder vom Kopf Richtung Schwanz – das Skelett vom unteren Filet abschneiden (3). Auch dabei wieder die Bauchhöhlengräten durchtrennen. Diese dann von beiden Filets mit dem flach gehaltenen Messer wegschneiden (4).

(1) Von beiden Seiten hinter dem Kopf bis zur Mittelgräte schneiden.

(2) Beim Abschneiden des Filets das Messer flach halten.

(3) Um das zweite Filet freizulegen, unterhalb, aber auch hier dicht an der Rücken- und Mittelgräte arbeiten. Vom Kopfende Richtung Schwanz schneiden.

(4) Die Bauchhöhlengräten mit einem flachen Schnitt vom Filet lösen.

Zuletzt die Filets von der Haut schneiden. Hierzu vom Schwanz Richtung Kopf arbeiten: Zunächst das Fleisch ein Stück weit an der Schwanzseite einschneiden, sodass die Fischhaut mit den Fingern fest zu packen ist. Nun mit dieser Hand ziehen, damit die Haut stramm bleibt, und mit dem leicht schräg nach unten gehaltenen Messer das Filet von der Haut lösen (5).

(5) Das Filet von der Haut schneiden, dabei das Messer ganz leicht schräg nach unten halten.

↓ **Den Fisch schuppen oder nicht?** Nur wenn die Haut mitgegessen bzw. mitserviert werden soll, müssen vor dem Garen die Schuppen entfernt werden.

Zum Schuppen gibt es spezielle Werkzeuge. Sie sind rund oder gebogen und haben auf der Unterseite Zacken, mit denen die Fischschuppen abgehoben und abgelöst werden. Unten im Bild wird ein solcher Fischschupper verwendet. Arbeitsrichtung ist immer vom Schwanz zum Kopf. Und weil mit etwas Kraft gearbeitet werden muss, sollte der Fisch am Schwanz mit einem Tuch festgehalten werden.

Man kann aber auch einfach mit einem normalen großen Küchenmesser arbeiten, das energisch schabend schräg Richtung Kopf geführt wird.

↓ **Ganze Fische zuerst ausnehmen:** Im Handel bekommen Sie heute fast nur noch bereits ausgenommene Ware. Wenn Sie Ihre Fische aber von Hobbyfischern beziehen, müssen Sie sie vor der Zubereitung selbst ausnehmen. Dazu gehen Sie so vor:

Den Fisch auf der Bauchseite aufschneiden. Arbeiten Sie dabei von hinten (der Afteröffnung) nach vorne. Halten Sie die Messerklinge mit der scharfen Seite nach oben (Fisch »steht« auf der Rückenflosse, und schneiden Sie nicht zu tief, sonst werden die Eingeweide verletzt. Das letzte Stück vorne, in der Nähe der Kiemen, müssen Sie mit einer Schere aufschneiden, weil sich dort ein harter Knorpel befindet. Nun können Sie die Eingeweide vorsichtig entnehmen. Diese zunächst hinten lösen, dann mit einem Schnitt vorne am Schlund.

→ **Wichtig: gut ausspülen!** Im Bild wird die Niere, die man nicht mit den übrigen Eingeweiden entnehmen kann, unter fließendem Wasser entfernt: Man kratzt sie mit dem Daumen vom Rückgrat. Den ausgenommenen Fisch nochmals gut ausspülen und vor der Weiterverarbeitung trocken tupfen. Auch fertig geschnittene Filets vor der Zubereitung abspülen und trocken tupfen.

Frische Meeresfrüchte von A–Z vorbereiten

Austern öffnen: Die Austern mit der gewölbten Seite nach unten halten. Mit dem Austernmesser am Scharnier einstechen und dieses durchtrennen. Mit dem Messer rundherum fahren, die obere Austernschale abheben (1), dabei das Fleisch von der oberen Schale lösen. In der oberen Schale verbliebenes Austernfleisch in die untere Schalenhälfte schaben, dann vorsichtig etwas in der unteren Schalenhälfte nachschaben (2), um die Schließsehne sauber von der Schale zu lösen. Die Auster in der tiefen Schale roh servieren (s. S. 113) oder gratinieren.

Rohe Garnelen auslösen: Zuerst den Kopfteil abdrehen, dann die Unterseite des Schwanzteils aufschneiden (3). Die Schale mit den Fingern rundum ablösen. Den Schwanzfächer nach Belieben daran belassen. Den Darmfaden, wenn er am oberen Ende des Schwanzes herausragt, fassen und behutsam herausziehen. Oder die Garnele am Rücken längs einschneiden, den frei gelegten Darm mit der Messerspitze am Ende anheben und vorsichtig herausziehen (4).

Jakobsmuscheln öffnen: Die Muschel mit der flachen Seite nach oben halten. Mit einem stabilen Messer mit flacher Klinge zwischen die Schalen fahren und den Schließmuskel innen oben von der Schale

schneiden (5). Die obere Schale abheben. Dann mit dem Messer am grauen Rand das Muschelfleisch rundum auslösen und aus der unteren, gewölbten Schale heben. Den grauen Rand vom weißen Muskelfleisch und – gegebenenfalls – dem orangefarbenen Rogen (Corail) abziehen. Weißes Fleisch und Rogen vorsichtig voneinander trennen. Beides kann gebraten oder in der Schale gratiniert werden.

(1) Mit dem Messer an der Austernspitze hineinbohren und vorsichtig die Schale aufhebeln.

(2) Das Austernfleisch vorsichtig schabend von der unteren Schale lösen und die Auster in der tiefen Schale servieren.

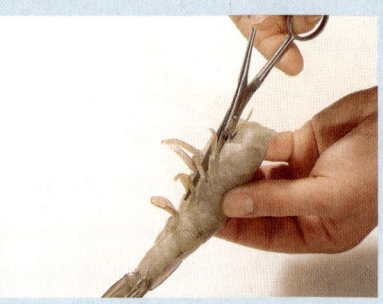

(3) Den Garnelenschwanzpanzer mit einer Schere längs aufschneiden oder mit einem Messer auf einer Arbeitsplatte liegend aufschneiden.

(4) Die Garnele mit einem scharfen Messer am Rücken längs einschneiden und den Darm vorsichtig entfernen.

(5) Jakobsmuscheln sind mit einem Küchenmesser mit stabiler flacher Klinge leicht zu öffnen.

Nur Fangarme und Körperbeutel (hier geöffnet) sind die verwertbaren Teile des Tintenfischs.

(1) Aus optischen und geschmacklichen Gründen sollte die Haut von Tintenfischen abgezogen werden.

Tintenfische vorbereiten: Bei küchenfertigen größeren Tintenfischen beginnt man mit dem Abziehen der Haut (1), denn sie reißt beim Garen, was unschön aussieht, und kann obendrein zäh sein. Vor dem Abziehen der Haut sollte man sie eventuell vorher einsalzen. Dann den Beutel oberhalb der Augen und die Fangarme unterhalb der Augen abschneiden (2) und den Mittelteil wegwerfen. Den Körper nach Belieben in Ringe oder Stücke schneiden. Die Fangarme umstülpen, die Kauwerkzeuge mit den Fingern auf die andere Seite durchdrücken und wegschneiden (3). Der Innenknochen, Schulp, der dem Körperbeutel großer Tintenfische die Form gibt, ist meist nicht mehr vorhanden, denn man bekommt die Meerestiere hierzulande küchenfertig, d. h. auch die Tinte ist bereits entfernt.

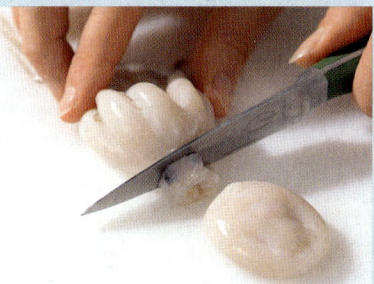

(2) Der Zwischenteil mit den Augen wird nicht mitverwendet.

Delikatessen aus dem Kühlregal: Kaviar und Co.

Fischrogen ist in vielen Ländern eine Spezialität. Und dabei geht es nicht nur um die teuren Eier des Störweibchens, also um den echten Kaviar (Osietra-, Beluga- und Sevruga-Kaviar). In den Kühltheken findet sich auch anderer, ebenfalls sehr schmackhafter Fischrogen, zu durchaus erschwinglichen Preisen, etwa Forellenkaviar oder Lachskaviar.
Viele Fischrogensorten werden heute von Fischen aus Zuchtanlagen gewonnen. Sie eignen sich zum Garnieren von kalten Happen und Vorspeisen und haben alle einen mehr oder weniger kräftigen, erfrischenden – und idealerweise nur wenig salzigen – Geschmack. Nur Seehasenkaviar (Kaviarersatz, Deutscher Kaviar) ist meist sehr stark gesalzen und daher nahezu ohne Eigengeschmack. In Griechenland wird Fischrogen vom Karpfen (inzwischen auch von anderen Fischarten) mit Olivenöl, Knoblauch und Zitrone zu Taramas verarbeitet, eine Paste, die zu Brot und Gemüse gereicht wird.
In Italien und in der Provence kennt man Bottarga bzw. Boutargue, eine Spezialität aus Meeräschen-, Schwertfisch- oder Thunfischrogen. Der Rogen wird gepresst, getrocknet und zu Brot, als Vorspeise oder auch zu Pasta serviert.

(3) Vor dem Garen müssen auch die harten Kauwerkzeuge entfernt werden.

Zubereitungsarten für Fisch und Meeresfrüchte

	Garmethode	Charakteristik	Anmerkungen	geeignete Fische/Meeresfrüchte
	Pochieren bzw. Blaukochen	langsames Garziehen in viel Flüssigkeit (Salzwasser, Fischfond, Brühe); die Temperatur liegt knapp unterhalb des Siedepunkts	Eine besondere Art des Pochierens ist das Blaukochen, bei dem ganzer Fisch mit Schleimschicht auf der Haut (z. B. Forelle und alle Verwandten) in einem sauren Sud gar zieht, wobei die Haut (unter der Einwirkung der Säure) blau wird.	ganze Fische mit Haut (kleine Exemplare in die bereits heiße Flüssigkeit geben, große Fische in kalter Flüssigkeit ansetzen), ganze Krustentiere wie Hummer, Languste, Krebse
	Dämpfen	Garen im Wasserdampf	Gedämpft werden kann auch auf einem Bett von fein geschnittenem Gemüse und unter Zugabe von Wein; das gibt besonders viel Aroma.	ganze Fische unter 1 kg Gewicht und Filets, auch sehr zartfleischige und solche die leicht auseinander fallen; ideale Garmethode für viele Muschelarten
	Dünsten	Garen im eigenen Saft unter Zugabe von wenig Fett und Flüssigkeit – eine Mischung aus Kochen und Dämpfen	Bei dieser Garmethode wird das Fischfleisch sehr zart, das Aroma bleibt optimal erhalten.	für kleinere ganze Fische und alle Arten von Fischfilets geeignet
	Braten in der Pfanne	Garen in wenig Fett bei starker Hitze	Fischfleisch ist sehr schnell gar; darauf achten, dass es rasch bei starker Hitze angebraten wird und dann aber nicht zu lange brät, sonst wird es trocken; besonders aromatisch wird der Fisch, wenn man dem Bratfett Kräuterzweige zugibt.	ganze Portionsfische und Filets, die nicht so leicht auseinanderfallen, Hummer- bzw. Langustenschwanzhälften in der Schale, große Garnelen, Jakobsmuschelfleisch

Zubereitungsarten für Fisch und Meeresfrüchte

	Garmethode	Charakteristik	Anmerkungen	geeignete Fische/Meeresfrüchte
	Braten im Wok	Kurzbraten bei sehr starker Hitze mit wenig Fett	Geeignet für kleinere, mundgerecht zerkleinerte Stücke	vorgeschnittene Stücke von festfleischigem Fischfilet (ohne Haut), Garnelen mit oder ohne Schale, kleine Tintenfische bzw. (vorgegarte) Tintenfischstücke
	Frittieren	Schwimmend in Fett garen; sorgt für eine krosse Hülle und ein zartsaftiges Inneres.	Fischfleisch ist so zart, dass es der starken Hitze des Fetts nur in einer Hülle aus Mehl, Panade oder Teig ausgesetzt werden sollte.	kleine Fische wie Sardellen im Ganzen, größere Fische in Form von Filetstücken bzw. -würfeln; kleine Tintenfische im Ganzen und Stücke von größeren Tintenfischen sowie Muschelfleisch
	Grillen	Garen unter/über Strahlungshitze	Die starke trockene Hitze erzeugt auf der Oberfläche Röststoffe, innen ist das Fleisch zartsaftig.	ganze Fische sowie Fischfilets mit Haut und Fischkoteletts, Garnelen (geschält und ungeschält) und Jakobsmuschelfleisch
	Ofengaren	Je nach Rezept handelt es sich mehr um Braten oder Dünsten oder Dämpfen.	Im Ofen gegart wird Fisch zumeist unter einer Kruste (Salz) bzw. in einer Hülle (Bratfolie, Alufolie, Pergamenthülle), was das zarte Fleisch vor dem Austrocknen schützt und das Aroma optimal erhält.	Je nach Rezept für alle Fische geeignet: ganze große Fische, Fischfilets bzw. -koteletts, Fischfiletstücke (z. B. Aufläufe); zum Gratinieren im Ofen eignen sich Jakobsmuscheln und Austern gut.

Fisch in Hülle garen

Dem zarten Fischfleisch bekommt es besonders gut, wenn es in einer Hülle gegart wird. So wirkt die Hitze nicht direkt auf den Fisch ein, und er bleibt schön saftig.

In Folie: Ein Bratschlauch ist im Nu befüllt und so verschlossen, dass nichts auslaufen kann. Er bläht sich während des Garens auf, daher muss er vorher an mehreren Stellen mit einer Nadel eingestochen werden. Beim Einlegen auf den Ofenrost darauf achten, dass die Folie die Backofenwände nicht berührt.

Im Salzmantel: Eine (Fisch-)Kontur aus mehrfach gefalteter Alufolie formen. Für die Salzmasse (für 1 Fisch für 4 Portionen) 3 kg grobes Meersalz mit 3 Eiweißen und 150–200 ml Wasser zu einer relativ geschmeidigen Masse vermengen. Ein Drittel davon in den Alurahmen füllen und glatt streichen. Den Fisch darauflegen, die restliche Salzmasse gleichmäßig darüber verstreichen. Es geht auch ohne Alufolienrahmen: Dafür in Länge und Breite des Fisches ein Bett formen, Fisch darauf legen und mit Salzmasse komplett zudecken.

Im Speckmantel: Diese Zubereitungsart eignet sich für fettarme Fische wie z. B. Hecht. Den ausgenommenen Fisch innen und außen salzen, pfeffern, nach Belieben füllen und gleichmäßig mit Streifen von durchwachsenem Speck umwickeln. Den Fisch mit gehackten Kräutern bestreuen und so in Alufolie wickeln, dass kein Saft herausfließen kann. Auf dem Rost garen.

Im Bratschlauch befindet sich ein küchenfertiger, gewürzter Fisch (ca. 1 kg) mit Gemüse, Kräutern, Lorbeer, Pfeffer- und Wacholderbeeren. Gartemperatur 200°, Garzeit ca. 30 Min.

Unter der Salzkruste befindet sich 1 küchenfertiger Fisch von gut 1 kg, gewürzt und mit Kräutern gefüllt sowie mit Kräuterzweigen belegt. Gartemperatur 200°, Garzeit ca. 35 Min.

Im Speckmantel befindet sich ein Hecht von ca. 1 kg, gefüllt mit Schalottenringen, Kräutern sowie einigen Butterwürfelchen. Gartemperatur 200°, Garzeit ca. 25 Min.

Meeresfrüchte auslösen und servieren

Sehr elegant kann man das Miesmuschelfleisch mit einer »Miesmuschel-Zange« aus der Schale herauslösen.

Gegarte Garnelen auslösen: Von gekochten oder gebratenen Garnelen die Köpfe abziehen und wegwerfen. Dann die Schale rund um das Schwanzfleisch mit den Fingern ablösen. Eventuell den Schwanzfächer aus dekorativen Gründen daran belassen. Den Darmfaden, wenn er am Kopfende herausragt, mit den Fingern fassen und vorsichtig – ohne dass er reißt – herausziehen. Andernfalls den Darm nach einem Rückenschnitt entfernen wie auf Seite 108 beschrieben.

Nachdem der Kopf entfernt ist, die Schale auf der Bauchseite beginnend Stück für Stück mit den Fingern ablösen.

Gegarte Muscheln auslösen: Bei gedämpften Miesmuscheln eine Muschelschale wie eine Zange verwenden und mit ihr das Fleisch aus den übrigen Exemplaren lösen. Nach Belieben mit den Fingern den leicht zähen grauen Mantelrand abziehen.

Austern richtig essen: Geöffnete (rohe) Austern werden meist auf Eis und mit Zitrone serviert. Ist das Fleisch noch fest mit der Schale verbunden, lösen Sie es mit dem Messer zunächst von der Schale, belassen es dabei aber in der Schale (im Restaurant wurde das bereits vor dem Servieren erledigt). Das Austernfleisch mit Zitronensaft und nach Belieben auch mit wenig Pfeffer würzen und mit dem gegebenenfalls noch in der Schale befindlichen Austernwasser schlürfen. Oder das Fleisch mit der Austerngabel aus der Schale in den Mund befördern.

Sorgfalt beim Muschelverzehr

Sind Muscheln nach dem Garen noch geschlossen, sollten Sie sie auf keinen Fall essen, sondern aussortieren und wegwerfen. Diese Muscheln waren eventuell schon beim Kauf nicht mehr lebendig und können verdorben sein. Der Handel hat inzwischen eine einfache, aber praktikable Lösung zur Verlängerung der Haltbarkeit von Muscheln gefunden: Die Muscheln werden in Plastikschalen luftdicht eingeschweißt; die darin enthaltene feuchte Luft garantiert, dass die darin lebenden Muscheln bis zu 7 Tage frisch bleiben.

Die Schale rund um das Schwanzfleisch mit den Fingern ablösen – den Schwanzfächer nach Belieben daran belassen.

Wenn der Darmfaden herausragt, diesen mit den Fingern vorsichtig herausziehen.

Gegarten Fisch filetieren

Rundfische filetieren: Ob Lachs, Forelle, Wolfsbarsch oder Red Snapper, alle gegarten Fische mit rundem Körper (im Gegensatz zu Plattfischen, siehe rechts) werden auf die gleiche Art und Weise filetiert. Die Bilder zeigen am Beispiel einer Lachsforelle das Filetieren eines Portionsfischs bei Tisch.

Wenn die Rückenflosse entfernt ist (1), die Haut entlang des Rückens vom Kopf bis zum Schwanz mit dem Fischmesser durchtrennen und die Haut abziehen (2). Dann das obere Filet hinter dem Kopf lösen: Dazu das weiche Fleisch mit dem Fischmesser bis auf die Gräten durchtrennen. Das Filet mit Hilfe von Fischmesser und Gabel vorsichtig und mit flach geführter Klinge auf die gesamte Länge von der Mittelgräte lösen (3); ggf. auf einen vorgewärmten Servierteller legen. Anschließend mit dem Fischmesser das untere Filet vom Schwanz trennen (4), dabei die Mittelgräte mit der Gabel etwas abheben und festhalten. Nun das gesamte Skelett so vorsichtig abheben, dass keine Gräten abgerissen werden und im Fleisch verbleiben. Das freigelegte untere Filet von der Schwanzflosse und hinter dem Kopf abtrennen.

(1) Bei Rundfischen zieht man zunächst die Rückenflosse mit Hilfe von Gabel und Messer heraus.

(3) Das obere Filet mit dem Fischmesser von der Gräte lösen und abheben.

(2) Nach einem Schnitt den Rücken entlang die Haut des oberen Filets durch Aufrollen über das Fischmesser abziehen.

(4) Das untere Filet mit dem Fischmesser von der Schwanzflosse abtrennen.

Das zweite Filet mit der Haut nach oben auf den Servierteller legen und die Haut abziehen wie bereits für das obere Filet gezeigt. Zuletzt die Fischbäckchen auslösen, indem die Kiemendeckel von hinten angehoben werden (5).

(5) Die Fischbäckchen sind eine Delikatesse; an sie gelangt man, indem man die Kiemendeckel von hinten abhebt.

(1) Um die Haut abzulösen, wird sie rundum an Kopf, Flossensaum und entlang der Mittelgräte eingeschnitten.

Plattfische filetieren: Wie man gegarte Plattfische bei Tisch serviert, wird hier am Beispiel einer Scholle gezeigt. Genauso verfährt man auch mit Flundern oder Seezungen, die zubereitet, teils auch bereits gehäutet auf den Tisch kommen.

Die Haut am Flossensaum, am Kopf – sofern dieser nicht bereits vor dem Garen entfernt wurde – und über der Mittelgräte lösen (1). Dann die Haut auf der Oberseite des Fischs in zwei Hälften abheben, so lässt es sich leichter arbeiten. Das erste der beiden oberen Filets mit dem Fischmesser an dem am Rand befindlichen Flossensaum von den Gräten lösen. Dann das Fischmesser von der Mittelgräte aus zwischen Filet und Gräten führen und so das Fleisch Stück für Stück vom Kopf Richtung Schwanz arbeitend von den Gräten lösen. Mit Hilfe der Gabel das Filet anschließend vorsichtig im Ganzen abheben (2). Auf diese beschriebene Weise auch das zweite obere Filet lösen und abheben. Dann den Flossensaum rundum abtrennen und – am besten mithilfe eines Löffels – entfernen. Nun die Mittelgräte von Schwanz und Kopf trennen und im Ganzen abheben (3). Die unteren Filets nach Belieben mit dem Messer von der Haut lösen, abheben.

Garprobe bei Fischen

Fisch, der zu lange gegart wurde, verliert Biss und Geschmack – im Extremfall zerfällt er und kann nicht mehr im Ganzen serviert werden. Machen Sie deshalb kurz vor Ende der im Rezept angegebenen Garzeit eine Probe, ob der Fisch gar ist. Während fertig gegarte Fischfilets durchaus noch leicht glasig sein dürfen, muss das Fleisch von ganzen Fischen durchgegart sein, sonst löst sich das Fleisch nicht von den Gräten. Es ist dann weiß bzw. rosaweiß wie bei der Lachsforelle links. Auch aus hygienischen Gründen sollte man ganze Fische unbedingt durchgaren.

Doch wann ist ein Fisch gar? Das können Sie ganz einfach feststellen, wenn Sie die Rückenflosse versuchen herauszuziehen. Lässt sie sich leicht lösen, ist der Fisch fertig. Oder Sie stechen den Fisch mit der Gabel an und schieben das Fleisch ein wenig zur Seite, dann können Sie die Farbe (und auch die Konsistenz) gut erkennen. Bei Plattfischen können Sie auch mit einem Metallspieß die Garprobe machen: In der Nähe der Mittelgräte in das Fleisch stechen, 30 Sek. warten, an der Unterlippe fühlen, ob das Stäbchen heiß ist: Wenn ja, ist das Fischfleisch heiß und damit gar.

(2) Es gibt zwei Filets auf jeder Seite, zunächst die oberen Filets vorsichtig ablösen und abheben.

(3) Die Mittelgräte an Kopf und Schwanz durchtrennen und abheben. So liegen die unteren Filets frei zum Herauslösen.

Fleisch, Geflügel und Wild

Fleischkauf ist Vertrauenssache. Doch nicht nur das »Woher« ist entscheidend,

genauso wichtig ist das »Was-für-ein-Gericht-mache-ich-warum-und-wie-am-besten-

mit-welchem-Stück?« Und in diesem Kapitel folgen die Antworten ...

Fleisch, Geflügel und Wild

118 Rind- und Kalbfleisch	128 Fleisch im Ofen garen
120 Schweinefleisch	129 Braten, schmoren, kochen
122 Lamm- und Ziegenfleisch	130 Innereien
123 Fleisch-Qualität	131 Wildfleisch
124 Fleisch zubereiten	132 Haarwild zubereiten: Garzeiten
125 Schnitzel panieren	133 Haarwild und Wildgeflügel zubereiten
126 Steaks richtig braten	134 Geflügel zubereiten und tranchieren
127 Garstufen bei Steaks	136 Garmethoden auf einen Blick

Rind- und Kalbfleisch

Rindfleisch stammt in der Regel von bis zu zwei Jahre alten Rindern. Fleisch guter Qualität ist weder zu mager, noch zu fett, sondern hat eine gleichmäßig feine Marmorierung. Die besten Fleischqualitäten liefern extensiv gehaltene Färsen (weibliche Tiere, die noch nicht gekalbt haben) und junge Ochsen. Aufgrund der BSE-Problematik gibt es in Deutschland im Handel keine Steaks am Knochen, d. h. Fleisch mit Rippe und Lendenwirbel.

Rindfleisch muss vor dem Verzehr im Kühlhaus abhängen. Während dieser Zeit finden wichtige Umbauprozesse im Fleisch statt, die es zart werden lassen. Für Braten- und Steakfleisch dauert das 4–5 Wochen. Korrekt gereiftes Rindfleisch kann nach dem Kauf durchaus noch weitere 3–4 Tage im Kühlschrank gelagert werden. Am besten legt man es dazu in Öl oder in eine Marinade ein und deckt es mit Folie ab.

Kalbfleisch stammt in Deutschland von jungen Rindern mit einem Maximalgewicht von 150 kg. Das ist je nach Aufzuchtbedingungen mit einem Alter von 3–6 Monaten der Fall. Die Farbe des Fleisches ist abhängig von Alter und Fütterung. Mit Milch und Raufutter (das ist die fachliche Bezeichnung für Grünfutter verschiedenster Art) aufgezogene Kälber entwickeln das heute bevorzugte rosafarbene bis hellrote Fleisch. Es ist zart und weich und benötigt nur wenige Tage zur Reifung.

Rindfleischschnitte

Das Rind im Querschnitt mit wichtigen Teilstücken sowie ihrer Verwendung. 1–Kopf; 2–Kamm, Nacken, Hals; 3–Fehlrippe, Hohe Rippe; 4–Hochrippe, Roastbeef; 5–Filet; 6–Hüfte, Blume; 7–Unter- und Oberschale; 8–Kugel, Nuss; 9–Dünnung, Bauch; 10–Spannrippe, Querrippe; 11–Brust, Brustspitze, Brustkern; 12–Bug, Schulter, Blatt; 13–Vorder- und Hinterhesse; 14–Schwanz

Die Rindfleischschnitte in Österreich

sind detaillierter als die deutschen, sodass es wesentlich mehr Teilstücke gibt. Zum einen wird die hohe Rippe und der Rücken mit dem Roastbeef anders zerlegt, zum anderen werden auch Schulter, Hüfte, Unter- und Oberschale sowie die Nuss noch weiter unterteilt.

Die Rindfleischschnitte in der Schweiz

sind den deutschen etwas ähnlicher und etwas weniger detailliert als die der Österreicher. Auch hier werden Schulter, Hüfte, Unter-, Oberschale und Nuss weiter differenziert und zusätzlich der Bauch anders aufgeteilt in »Federstück«, »Nachbrust«, »dicken« und »dünnen Lempen«.

Die **Querrippe** wird als Suppenfleisch gekocht oder, weil sie etwas durchwachsen ist, zu Gulasch geschmort.

Falsches Filet stammt aus der Schulter. Geschmort wird es für Sauerbraten verwendet, gekocht ergibt es Suppenfleisch.

Das klassische **Filetsteak** wird kurzgebraten, die Filetspitzen zum Beispiel für Bœuf Stroganoff geschnetzelt.

Rindersteaks und **Entrecôte** sind Teile des Roastbeefs, die man kurzgebraten oder gegrillt genießt.

Aus der **Oberschale** des Rinds werden saftige Rouladen geschnitten und in Wein oder Brühe geschmort.

Als **Tafelspitz** (Hüftdeckel) wird in Bayern und Österreich das spitz zulaufende Schwanzstück des Rinds bezeichnet.

Beinscheiben vom Kalb werden mit Gemüse und Kräutern als italienisches Ossobuco geschmort.

Kalbschnitzel aus der Oberschale werden für berühmte Klassiker wie Saltimbocca und Wiener Schnitzel verwendet.

Kalbsnuss oder Kugel kann man als Braten zubereiten oder auch in der Pfanne kurzbraten.

Schweinefleisch

Schweinefleisch stammt in der Regel von Jungtieren im Alter zwischen 6 und 8 Monaten. Fleisch von guter Qualität besitzt eine nicht zu helle, rosarote Färbung und ist feinfaserig und weich sowie leicht mit Fett durchwachsen. Schweinefleisch ist bereits 48 Stunden nach der Schlachtung optimal gereift. Es sollte nicht länger als 3 Tage im Kühlschrank gelagert werden. Tiefgekühlt hält es sich – je nach Fettgehalt – etwa 3–6 Monate.

In Europa und Ostasien ist Schweinefleisch die am häufigsten gegessene Fleischsorte. In beiden Regionen sind domestizierte Schweine schon seit Urzeiten Fleischlieferanten für die Alltagsküche. Das liegt zum einen daran, dass die Tiere genügsam und leicht zu halten sind, zum anderen aber auch daran, dass man nahezu alle Stücke vom Schwein in der Küche verwenden kann – und das auch noch ausgesprochen vielseitig. Von gebratenen Nierchen bis zu gegrillten Rippchen, von zartem Filet bis zur deftigen Haxe oder zum rustikalen Schweinebraten. Auch eine Vielzahl frischer und haltbarer Fleisch- und Wurstwaren können mit vielen Stücken vom Schwein zubereitet werden: beispielsweise luftgetrockneter oder geräucherter Schinken und Bauchspeck oder verschiedenste Würste von Bratwurst bis Salami.

Zunehmend bekommt man in (Bio-)Metzgereien und Restaurants Fleisch alter und nicht für die Intensivzucht geeigneter

Schweinefleischschnitte

Das Schwein im Querschnitt mit wichtigen Teilstücken und ihrer Verwendung. 1–Kopf; 2–Nacken, Hals, Kamm; 3–Schulter, Bug; 4–Rückenspeck, grüner Speck; 5–Kotelett; 6–Filet; 7–Schinken; 8–Vorder- und Hintereisbein; 9–Bauch; 10–Dicke Rippe, Brustspitze; 11–Schwanz; 12–Füße

Schweinerassen. Dazu gehören z. B. das Bunte Bentheimer Schwein, das Wollschwein oder das Angler Sattelschwein. Sie liefern exzellentes, langsam gewachsenes und schön marmoriertes Fleisch.

Hackfleisch – Arten und Verwendung

Mittelgrob durchgedrehtes Schweinefleisch oder eine Mischung aus Schweine- und Rindfleisch ist das meistverwendete Hackfleisch, z. B. für Frikadellen und Hackbällchen aller Art oder Hackbraten. Mageres und sehnenfreies Rindfleisch, durch die feinste Scheibe des Fleischwolfs gedreht, wird z. B. für Tatar, Schabefleisch und Ähnliches verwendet. Kalbfleisch, durch eine mittelfeine Scheibe gedreht, eignet sich für Farcen, Fleischbällchen und Fleischfüllungen.

Kamm- oder **Nackenkotelett** sind ideal zum Braten. Im Sommer werden sie oft schon mariniert zum Grillen angeboten.

Wammerl oder **Bauch** wird für den berühmten Schweinebraten verwendet oder geräuchert als Bacon gebraten.

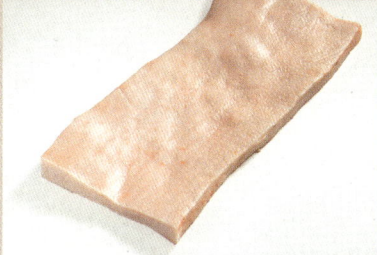

Unbehandelter, **roher Rückenspeck** oder grüner Speck wird zum Spicken oder Bardieren verwendet.

Zarte **Schweineschnitzel** aus der Oberschale können paniert oder geschnetzelt gebraten werden.

Filet eignet sich hervorragend zum Braten, Kurzbraten und für Fondue. Auch zum Braten im Ofen ist es gut geeignet.

Stielkoteletts werden bei mittlerer Hitze in der Pfanne gebraten. Sie brauchen etwas Zeit, da das Fleisch am Knochen gart.

Aus der **Schweinenuss** bereitet man saftige Braten im Ofen oder brät Scheiben in der Pfanne kurz an.

Schinkenspeck oder **Hüfte** wird roh oder geräuchert angeboten und hauchdünn geschnitten serviert.

Aus der **Lende** können Steaks geschnitten werden. Sie eignet sich auch zum Schmoren und Braten im Ganzen.

Lamm- und Ziegenfleisch

Lammfleisch stammt in der Regel von zwischen 6 und 12 Monate alten Tieren, teils auch von Milchlämmern. Je jünger die Tiere, desto heller das Fleisch. Mit zunehmendem Alter wird das Fleisch röter. Bei erwachsenen Schafen intensiviert sich mit zunehmendem Alter auch Geruch und Geschmack des Fleisches.

Qualitativ hochwertiges Lammfleisch ist zart marmoriert und ohne breite Fettadern, es hat eine gleichmäßige, aber nur dünne Fettauflage. Lammfleisch muss nach dem Schlachten noch 5 bis 7 Tage bei 2 bis 4° reifen, bevor es seine optimale Qualität erreicht. Frisches Lammfleisch hält sich im Kühlschrank in Folie verpackt oder in Öl-marinade eingelegt 2–3 Tage. Tiefgekühlt kann es je nach Fettgehalt zwischen 6 und 10 Monaten aufbewahrt werden.

Ziegenfleisch: Vor allem in den Mittelmeerländern ist das Fleisch junger Ziegen sehr beliebt. Bei uns kann man Ziegenfleisch bei Direktvermarktern, über den Internetversand (z. B. www.ziegen-shop.de) und ganz selten beim Metzger (in Bayern am ehesten noch in Franken) kaufen.

Stammt das Ziegenfleisch von Tieren bis zu 6 Monaten, ist es hell und zart und ähnelt im Aroma dem von Milchlämmern. Fleisch von bis zu 2-jährigen weiblichen Tieren gilt ebenfalls als sehr delikat, hat allerdings einen stärkeren Eigengeschmack und verträgt damit gut kräftige Würzungen. Zubereitet werden Zicklein und Ziege wie Lamm, allerdings muss das Fleisch vor dem Austrocknen geschützt werden, weil es fettärmer als Lammfleisch ist. Somit sind Schmorgerichte für Ziegenfleisch eine gute Wahl.

Lammstielkoteletts werden in der Pfanne gebraten oder gegrillt. Den Fettrand zuvor mehrmals einschneiden.

Lammschulter bereitet man meist als (Schmor-)Braten zu oder verwendet sie für Lammhack.

Lammfleischschnitte

Ein Schaf im Querschnitt mit wichtigen Teilstücken : 1–Kopf; 2–Hals, Nacken; 3–Brust; 4–Schulter, Bug; 5–Dünnung, Bauch; 7–Keule; 8–Vorder- und Hinterhaxe

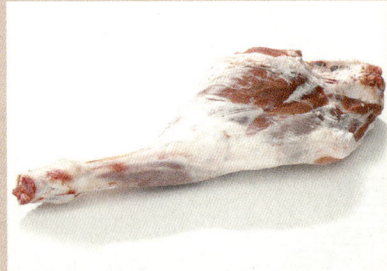

Auch die **Lammkeule** wird gebraten oder geschmort – selbstverständlich mit viel Knoblauch.

Wie sieht gutes Fleisch aus?

Wer Fleisch isst, möchte natürlich beste Qualität kaufen. Aber wo gibt es die, und wie kann ich sie erkennen?

Fleisch einkaufen

Fleisch kann man in der Metzgerei, im Supermarkt an der Selbstbedienungstheke, bei regionalen Vermarktern (Hofladen) sowie im Gourmet- und Internetversand kaufen. Wer eine individuelle Beratung bevorzugt, ausgefallene Fleischstücke zubereiten möchte und sein Fleisch geschnitten oder gerollt braucht, sollte in der Metzgerei einkaufen. Wer schnell und unkompliziert bestimmte Standard-Fleischsorten und -stücke einkaufen will, wird im Supermarkt fündig. Wer Bio-Fleisch den Vorzug gibt, kauft im Bio-Supermarkt oder im Bio-Versand.

Selbstbedienungstheke: Fleisch aus der Selbstbedienungstheke muss von arttypischer Farbe sein. Rind: kräftig rot, weißes Fett; Kalb: dunkelrosa bis hellrot; Schwein: rot, nicht zu blass, weißer Speck; Lamm: kräftig dunkelrot.

Achten Sie darauf, dass das Fleisch eine glatte, kaum feuchte Oberfläche aufweist – nur bei schlechter Qualität tritt Wasser aus. Das Fleisch darf keinesfalls schillernd sein, denn das ist ein Anzeichen für Verderb.

Fleisch lagern

Fleisch ist wegen seines hohen Eiweißgehalts ein empfindliches Lebensmittel. Um es vor Verderb zu schützen, sollte es von der Kühltheke im Laden bis zur Vorbereitung für den Verzehr durchgängig sehr kühl gehalten werden. Daher das Fleisch möglichst rasch nach Hause transportieren – im Sommer idealerweise in einem Kühlbeutel – dann im Kühlschrank in der kältesten Zone, d. h. auf der Platte über dem Gemüsefach, lagern. Oder man friert das Fleisch sofort ein. Schweinefleisch kann je nach Fettgehalt 3 (fettreich) bis 6 Monate (mager) tiefgekühlt gelagert werden. Rindfleisch kann 8 (fettreich) bis 10 Monate (mager) tiefgefroren aufbewahrt werden.

Fleischfehler

Beim Fleischkauf sollte man vor allem auf die Farbe achten, denn Fleischfehler sind daran gut zu erkennen.

PSE-Fleisch: Schweinefleisch, das blass (engl. »pale«), weich (»soft«) und wässrig (»exudative«) ist, hat mindere Qualität, weil es beim Garen viel Fleischsaft verliert, und nicht die der Fleischart eigene Konsistenz aufweist. Man kann es bereits beim Kauf gut an seiner sehr blassen Farbe erkennen.

DFD-Fleisch: Rindfleisch, das sehr dunkel (engl. »dark«), fest (»firm«) und trocken (»dry«) ist, bleibt auch nach der Zubereitung zäh und trocken.

Beide Fleischfehler stellen eine gravierende Qualitätsbeeinträchtigung dar, die u. a. entstehen durch den Stress, dem die Tiere bei Transport und Schlachtung ausgesetzt sind.

Artgerecht und Bio? Logisch!

Eine artgerechte Züchtung und Haltung hat bei Fleisch und Geflügel gravierende Auswirkungen auf den Geschmack und die Konsistenz des Fleischs. Und das hat vielfältige Gründe.

• Bei der Bio-Erzeugung werden oft alte, nicht so schnellwüchsige Rassen verwendet. Es dauert also länger, bis das Tier das Schlachtalter bzw. -gewicht erreicht.

• Es wird nicht so intensiv gemästet, die Tiere wachsen langsamer, werden oft erst später geschlachtet (zu junges Fleisch hat noch keine charakteristischen Eigenschaften ausgeprägt).

• Nicht zuletzt bringt eine artgerechte (Bio-)Haltung für die Tiere auch weit weniger Stressfaktoren mit sich, was sich ebenfalls auf die Fleischqualität auswirkt.

Bio-Qualität hat ihren Preis

Die längere Zeitspanne für die Mast, der größere Flächenbedarf sowohl im Stall als auch auf der Weide und nicht zu vergessen das teurere, der Art entsprechende natürliche Futter (in Bio-Qualität) macht es offenkundig, dass Fleisch aus Bio-Haltung einen deutlich höheren Preis haben muss.

Machen Sie selbst den Test. Sorgfältige und korrekte Zubereitung vorausgesetzt, verspricht Fleisch und Geflügel von Tieren aus Öko-Haltung höchsten Genuss.

Fleisch zubereiten

Fleisch klopfen oder plattieren: Im Gegensatz zu Schnitzelfleisch, das man mit der gezackten Seite des Fleischklopfers bearbeitet, um die Fasern zu zerreißen und das Fleisch mürber zu machen, wird Rindfleisch nur mit Druck plattiert, z. B. um die Höhe bei Steaks gleichmäßig zu bekommen. Für Carpaccio wird das Fleisch ausgestrichen, um möglichst hauchdünne Fleischscheiben zu erhalten. Dafür dünne Rinderfiletscheiben zwischen mit Öl bestrichene Klarsichtfolien legen und das Plattiereisen sanft darüber ziehen.

Fleisch bardieren: Beim Garen im Ofen bleibt ein mageres Stück Fleisch schön saftig, wenn man es in sehr dünne, möglichst breite Scheiben von fettem Speck einhüllt.

Bardieren: Die Speckscheiben kann man zusätzlich noch mit Küchengarn fixieren.

Fleisch marinieren: Marinaden, in die das Fleisch vor der Zubereitung eingelegt wird, verleihen Fleisch nicht nur Geschmack, sondern dienen auch dazu, es noch zarter zu machen und die Oberfläche beim Garen vor dem Austrocknen zu schützen. Fleischstücke, etwa für Ragouts, werden in einer Marinade aus Öl, Kräutern und Gewürzen (außer Salz) nach Geschmack gewendet, bis sie vollständig überzogen sind. Fleischscheiben werden schichtweise mit Öl beträufelt und mit groben Würzzutaten (Kräuter, Knoblauchscheiben, Chiliringen) bestreut. Die marinierten Fleischscheiben während der Marinierzeit mehrmals umschichten. Bei großen Fleischteilen mit Fettauflage (z. B. Spanferkelkeule) die Schwarte erst rautenförmig einschneiden, dann eine Öl-Kräuter-Marinade über die Haut und in die Einschnitte träufeln. Das Fleischstück während des Garens immer wieder mit Marinade bepinseln.

Fleisch richtig schneiden: Im Ganzen gekaufte Fleischstücke, die vor dem Garen in Portionsstücke geteilt werden sollen (z. B. Filet für Medaillons, Kalbs-Oberschale in Schnitzel), sind immer quer zur Fleischfaser zu schneiden. Nur so wird das Fleisch beim Garen schön zart.

Das belegte Rouladenfleisch an den Seiten einschlagen, aufrollen und mit Küchengarn wie ein Paket verschnüren.

Rouladen füllen und rollen: Die klassische Füllung für Rindsrouladen besteht aus einer dünnen, durchwachsenen Speckscheibe, Gurken- und Zwiebelscheiben, Senf als Unterlage oder Paprikapulver zum Bestreuen. Auch in der italienischen Küche kennt man »Involitini«, das sind kleine Rouladen aus dünnen Kalbfleischscheiben, die mit Parmaschinken und Spinat oder mit Pesto gefüllt werden. Rouladen werden vor dem Braten gesalzen und gepfeffert, nach dem Aufrollen rundum scharf angebraten und in Wein oder Brühe zugedeckt geschmort.

Schnitzel panieren: Die Panierung schützt das flache Schnitzelfleisch davor, dass es beim Braten austrocknet. Gleichzeitig bietet die knusprige Umhüllung beim Genießen einen schönen Kontrast zum zarten Fleisch. Eine Panierung sollte keinesfalls zu dick werden, sonst wird sie teigig statt kross. Daher unbedingt überschüssiges Mehl wieder abklopfen und die Bröselschicht nicht zu fest anpressen. Gleichzeitig muss das Fett zum Braten heiß sein, sonst saugt sich der Teigmantel mit Fett voll.

Wiener Schnitzel: Das berühmteste Schnitzel der Welt wird aus der Oberschale des Kalbs geschnitten. Die klassische Umhüllung besteht aus Mehl, verquirltem Ei und Semmelbrösel.

Piccata alla Milanese: Ebenfalls mit Kalbsschnitzeln wird das italienische Schnitzel-Traditionsgericht Piccata alla Milanese zubereitet. Allerdings werden hier die Brotbrösel zusätzlich mit Parmesan vermischt.

Kreative Varianten einer Panierung sind z. B. zerstoßene Tortilla-Chips, gehackte Nüsse, Pistazien oder Kokosraspel statt der Semmelbrösel. Bei diesen Varianten ist es wichtig, dass Sie die Schnitzel schön flach und gleichmäßig dünn klopfen und bei mäßiger Hitze ausbraten. Die Zugabe von zerstoßenen Chilischoten oder von Wasabi zum verquirlten Ei bringt zusätzlich Schärfe ins Schnitzelrepertoire.

(1) Um Schnitzel zu panieren, das Fleisch zuerst gleichmäßig und vollkommen in Mehl wenden, überschüssiges Mehl abklopfen. Es soll nur eine ganz dünne Mehlschicht auf dem Fleisch bleiben.

(2) 2 Eier verquirlen und in eine zweite Schale geben. Die Schnitzel dann so durch die verquirlten Eier ziehen, dass sie vollständig von Ei umhüllt sind. Die Schnitzel herausziehen und abtropfen lassen.

(3) Die Schnitzel zum Schluss in Semmelbrösel wenden und diese mit den Fingern – jedoch nicht zu fest – andrücken. Das panierte Schnitzel nun am besten in Butterschmalz ausbraten.

Steaks richtig braten

Steaks werden aus dem gesamten Rücken des Rinds, dem Roastbeef, geschnitten. Dabei wird von vorne nach hinten gesehen das Fleisch immer flacher und immer weniger stark marmoriert. Aus der Mitte des Roastbeefs stammt das Entrecôte, das Rumpsteak von etwas weiter zur Hüfte hin.

← **Entrecôte double braten:** 5 EL Öl in einer Pfanne erhitzen, das Steak von jeder Seite eine Minute kräftig anbraten und unter gelegentlichem Wenden bis zur gewünschten Garstufe fertig braten.

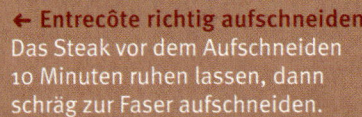

← **Entrecôte richtig aufschneiden:** Das Steak vor dem Aufschneiden 10 Minuten ruhen lassen, dann schräg zur Faser aufschneiden.

→ **Garprobe:** Ein blutiges Steak gibt auf Fingerdruck sowohl am Rand als auch in der Mitte noch elastisch nach. Gibt das Fleisch auf Druck nur noch in der Mitte nach, ist es medium. Ist das Steak durchgebraten, gibt es auf Fingerdruck kaum mehr nach.

Garstufen beim Filetsteak

(1) Blau/roh, very rare/raw, bleu: Das Fleisch wurde ganz kurz angebraten, es ist noch fast roh. Die Kerntemperatur beträgt 45–47°. Nach dem Anschneiden läuft dunkelroter Fleischsaft aus.

(2) Blutig, rare, saignant: Das Fleisch ist im Kern noch leicht blutig, nach außen hin rosa. Die Kerntemperatur des Steaks liegt nun bei 50–52°. Austretender Fleischsaft ist rötlich.

(3) Rosa, medium, à point: Das Fleisch ist im Kern durchgehend rosa. Die Kerntemperatur beträgt 60°. Der austretende Fleischsaft ist rosa. Der rosa Kern kann mehr oder weniger breit sein.

(4) Durch(gebraten), well done, bien cuit: Das Fleisch ist vollständig durchgebraten. Die Kerntemperatur beträgt 70–85°. Die gesamte Schnittfläche ist rötlich-grau, austretender Saft ist hell.

Mindestens 2 cm dick: Achten Sie schon beim Kauf darauf, dass Ihre Steaks nicht zu dünn sind. Dünnere Steaks sind zu schnell durchgebraten und werden sehr leicht zäh und trocken.

Steaks nicht klopfen: Steaks sollten auf keinen Fall wie Schnitzelfleisch geklopft, sondern plattiert werden. Das Klopfen zerstört die Fasern des hochwertigen Fleisches, und zu viel Saft tritt beim Braten aus.

Fett am Rand bleibt dran: Das Fett, z. B. bei Rumpsteaks, kann man beim Braten daran belassen. Es schützt das Fleisch vor dem Austrocknen während des Bratens. Den Fettrand vor dem Braten einschneiden. Wer ihn nicht mitessen möchte, kann den Fettrand nach dem Braten entfernen.

Nicht zu viel Öl: Verwenden Sie nicht allzu viel Öl, und braten Sie bei hoher Temperatur an, sonst schmort das Fleisch im eigenen Saft, statt zu braten, und laugt dabei aus.

Nur Steaks in die Pfanne: In der Steakpfanne nur das Fleisch garen. Zwiebeln oder Pilze sollten separat zubereitet werden, da sie Flüssigkeit absondern, durch die das Fleisch schmort, statt zu braten, und damit zäh werden würde.

Würzen nach dem Braten: Steaks sollten auf jeden Fall immer erst nach dem Braten gewürzt werden. Salz entzöge dem Fleisch schon vorab Saft, Pfeffer würde beim scharfen Braten verbrennen und einen bitteren Geschmack hinterlassen.

Nicht stechen oder schneiden: Während des Bratens nicht mit der Gabel einstechen, etwa zum Wenden, sonst läuft der Fleischsaft aus, das Steak wird trocken.

Das Fleisch sollte auch während des Bratens nicht angeschnitten werden, um den Gargrad zu überprüfen. Machen Sie stattdessen die Garprobe durch Fingerdruck (s. S. 126) .

Fleisch ruhen lassen: Schön saftig wird ein Steak, wenn man es vor dem Anschneiden noch eine Weile ruhen lässt. Dann kann sich der Fleischsaft wieder optimal im Fleisch verteilen. Ideal ist es, das gebratene Fleisch locker in Alufolie eingewickelt im auf 80° vorgewärmten Backofen bis zu 10 Min. ruhen zu lassen.

Fleisch im Ofen garen

Fleischart und -menge	Temperatur Ober-/ Unterhitze	Zeit	Anmerkungen
Rinderschmorbraten (1–1,5 kg)	200°	2–2 1/2 Std.	Vorheizen nicht nötig
Roastbeef oder Rinderfilet (medium)	250–270°	6–8 Min. pro 1 cm Höhe	
Roastbeef oder Rinderfilet (durchgebraten)	210–270°	8–10 Min. pro 1 cm Höhe	
Schweinebraten (Schulter, Nacken, Schinkenstück; 1–1,5 kg)	210–220°	1 1/2–2 Std.	Vorheizen nicht nötig
Hackbraten (750–1000 g)	170–180°	45–60 Min.	Vorheizen nicht nötig
Schweinshaxe (vorgekocht; 750–1000 g)	210–220°	1 1/2–2 Std.	Vorheizen nicht nötig
Kalbsbraten (1 kg)	210–220°	1 1/2–2 Std.	Vorheizen nicht nötig
Kalbshaxe (1,5–2 kg)	210–225°	2–2 1/2 Std.	Vorheizen nicht nötig
Lammkeule/Lammbraten (1–1,5 kg)	210–220°	1 1/4–2 Std.	Vorheizen nicht nötig
Lammrücken (1–1,5 kg)	210–220°	1–1 1/2 Std.	Vorheizen nicht nötig
Geflügelteile (1–1,5 kg)	220–250°	35–50 Min.	Vorheizen nicht nötig
Hähnchenhälften (1–1,5 kg)	220–250°	35–50 Min.	Vorheizen nicht nötig
Hähnchen (1–1,5 kg)	220–250°	3/4–1 1/4 Std.	Vorheizen nicht nötig
Ente (1,5–2 kg)	210–220°	1–1 1/2 Std.	Vorheizen nicht nötig
Gans (3,5–5 kg)	200–210°	2 1/2–3 Std.	Vorheizen nicht nötig
Pute (4–6 kg)	200–210°	2 1/2–4 Std.	Vorheizen nicht nötig

Welche Garmethode für welches Fleisch?

Wie bereitet man Fleisch im Ofen, in der Pfanne oder im Kochtopf zu, und wie muss es dafür vorbereitet werden?

Braten im Ofen

• Fleischstücke, die im Ofen gebraten werden, sollten rundum angebraten werden – auf der Kochstelle oder im Ofen. Dadurch schließen sich die Poren, und während des Bratens läuft nur wenig Saft aus. Außerdem bilden sich aromatische Röststoffe.
• Große Bratenstücke während der Bratzeit immer wieder mit Bratfett/Bratsaft übergießen, kleinere Stücke wiederholt wenden.
• Gebratenes Fleisch vor dem Anschneiden mindestens 10 Minuten in Alufolie ruhen lassen, damit sich der heiße Fleischsaft im Inneren wieder gut verteilen kann und beim Anschneiden nicht ausläuft.
• Achtung: Während die Kerntemperatur bei medium bis durchgebratenen Fleischstücken zwischen etwa 60 und 70° liegt, muss sie bei einem Hackbraten, der aus stark zerkleinertem Fleisch besteht, 80° erreicht haben.

Braten in der Pfanne

• Das Fleisch sehr heiß anbraten; wenn es sich vom Pfannenboden löst (Pfanne leicht ruckeln), mit der Temperatur etwas zurückgehen, vor dem Servieren das Fleisch eine Weile abseits der Kochstelle ruhen lassen.
• Verwenden Sie einen Spritzschutzdeckel: Das feine Lochgitter lässt Dampf entweichen und garantiert so eine gute Krustenbildung, fängt aber Fettspritzer auf.

Garen bei Niedrigtemperatur

• Diese Garmethode eignet sich nur für Elektrobacköfen, denn im Gasbackofen liegen die Mindesttemperaturen über den benötigten 80°.
• Das Fleisch sollte – wie für jede Garmethode – nicht kühlschrankkalt sein. Nehmen Sie es ½–1 Stunde vor dem Braten aus dem Kühlschrank. So werden allzu große Temperaturschocks vermieden, die dazu führen würden, dass beim Anbraten viel Fleischsaft austritt.
• Den Backofen und eine flache Form auf 80° (Ober-/Unterhitze) vorheizen.
• Das Fleisch würzen (auch salzen) und (außer bei ganzem Geflügel) rundum anbraten, damit sich eine schützende Kruste und zudem eine Basis für Sauce bildet.
• Das Fleisch im Ofen nicht abdecken und keine Flüssigkeit angießen.
• Rind- und Lammfleisch sollte eine Kerntemperatur von 55–60° haben, zartes Schweinefleisch schmeckt bei 65–70° am besten, Wildbraten ist bei 75–80° durchgegart, Geflügel sollte im Inneren eine Temperatur von mind. 80° erreichen.

Schmoren

• Schmoren kann man sowohl im Backofen als auch auf der Kochstelle. Im Ofen gart das Fleisch allerdings gleichmäßiger, weil die Hitze von allen Seiten auf Schmortopf und das Gargut darin einwirken kann. So brennt auch nichts an.
• Nehmen Sie das Fleisch 1–2 Stunden vor der Zubereitung aus dem Kühlschrank, sodass es wieder Zimmertemperatur annehmen kann. Zunächst rundum anbraten, das gibt eine aromatische und schützende Kruste. Dann mit heißer Flüssigkeit ablöschen und wiederholt etwas nachgießen, damit immer etwas Flüssigkeit vorhanden ist.

Fleisch kochen

• Weil Gerichte mit Kochfleisch oft sehr schlicht sind, kommt es bei dieser Garart ganz besonders auf beste Fleischqualität an.
• Eine Fettschicht auf dem Fleisch nicht entfernen, sondern mitkochen. So bleibt das Fleisch saftig. Die Brühe vor dem Servieren nach Belieben entfetten.
• 100° muss das Wasser haben, damit sich die zum Garen benötigte Wärme auf große Fleischstücke übertragen kann. So werden viele wertvolle Inhaltsstoffe an die Garflüssigkeit abgegeben: ideal für eine geschmackvolle Basis von Brühen und Saucen.

Richtwerte für Gekochtes und Geschmortes

Fleischgericht	Garzeit
Kalbsragout	45–60 Min. schmoren
Kalbfleisch	½ Std. kochen
Gulasch/Rouladen	2 Std. schmoren
Rindfleisch	2–3 Std. kochen
Schmorbraten	3 Std. schmoren

Innereien zubereiten

Nur ganz frisch: Sicheres Zeichen für Frische bei Innereien ist eine feucht glänzende, leicht schimmernde, klare Oberfläche. Innereien sollten möglichst am Tag des Kaufs zubereitet werden. Zeigen sie Farbveränderungen oder haben einen unangenehmen Geruch, sollten sie nicht mehr verzehrt werden.

Bries ist ein Drüsengewebe des Kalbs und Lamms. Dieses Organ liegt unterhalb der Schilddrüse an der Brustspitze, steuert das Wachstum des Jungtieres und ist beim ausgewachsenen Tier zurückgebildet (es gibt kein Rinder- oder Schafbries). Bries zählt als Delikatesse. Es ist zart, von fester Konsistenz und hat ein feines Aroma. Bries schmeckt am besten angebraten zu Risotto, Pasta oder in Füllungen.

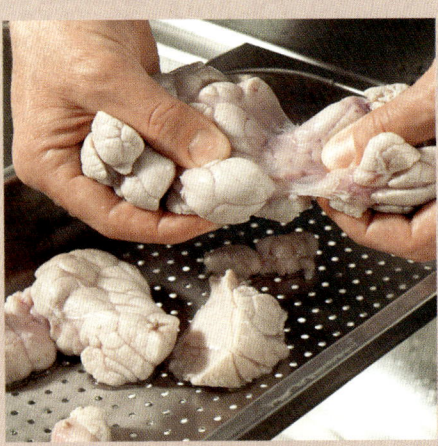

Vor dem Braten das Bries wässern, dann blanchieren, in Stücke zerteilen oder fein schneiden.

Leber: Die zarteste und schmackhafteste ist die Leber vom Kalb; sie ist heller und zarter in der Konsistenz als Rinder- und Schweineleber. Häufig wird auch Geflügelleber (Hühnchen und Pute) angeboten; sie ist dunkel und von kräftigem Aroma. Leber wird kurz und bei milder Hitze gebraten oder ist Zutat für Klößchen und Füllungen.

Niere: Rinderniere ist von fester Konsistenz und hat einen eigenwilligen Geschmack. Kalbsnierchen sind zarter und haben einen feineren Geschmack. Eine besondere Spezialität sind Lammnieren. Vom Schwein werden nur die Nieren von jungen Tieren angeboten. Nieren müssen vor der Zubereitung gewässert werden. Sie werden klein geschnitten (Fett und hartes Röhrengeweben entfernt) und kurz bei mäßiger Hitze gebraten. Nierenscheiben oder ganze Lammnieren eignen sich auch zum Schmoren.

Herz: Rinder- und Kalbsherzen haben ein mageres, festes, feinfaseriges Fleisch (das vom Kalb ist natürlich zarter als das vom Rind). Relativ häufig finden sich Hähnchenherzen im Angebot. Herz wird in der Regel gekocht oder geschmort, Rinder- und Kalbsherz kann man auch braten oder grillen. Aus Hähnchenherzen lassen sich schmackhafte Eintöpfe zubereiten.

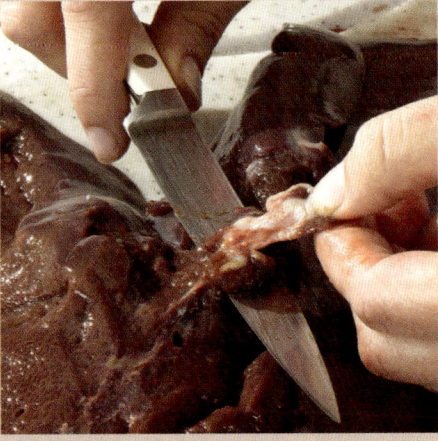

Vor der Zubereitung von Leber die Außenhaut und die festen, hellen Röhren entfernen.

Zunge: Kalbs- und Rinderzunge werden für viele Wurstspezialitäten verwendet, können aber auch darüber hinaus schmackhaft zubereitet werden. Sie bestehen aus feinfaserigem Muskelfleisch mit kräftigem Aroma. Wer Zunge zubereitet, braucht Zeit, denn zunächst muss die Zunge gewässert, mehrere Stunden gekocht und dann von der ledrigen Haut befreit werden.

Hirn: Rinderhirn darf weder verkauft noch verarbeitet werden. Dies dient zum Schutz vor BSE. Kalbs- und Lammhirn dürfen angeboten werden. Für Schweinehirn bestehen keine Einschränkungen. Die zarte, weiche und fettreiche Innerei kann blanchiert, gekocht oder gebraten werden.

Wildfleisch

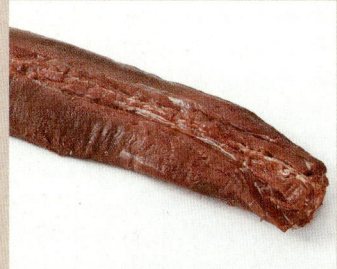

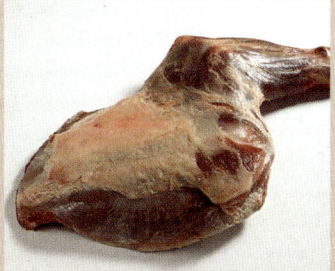

Rehrücken ist ein klassischer Ofenbraten; auch die ausgelösten Filets werden im Ofen am zartesten.

Auch **Wildhasenrücken** wird im Ofen geschmort oder gebraten. Ein Rücken ergibt zwei Portionen.

Wildschweinschulter ist ein hervorragendes Bratenstück, das entbeinte Fleisch ist ideal für Ragouts.

Wildschweinmedaillons aus dem Filet an der Unterseite des Rückens sind perfekt zum Kurzbraten.

Was ist Wild? Als »Wild« werden alle Huf- und Hasentiere, Landsäugetiere und frei lebenden Vogelarten bezeichnet, die für den menschlichen Verzehr gejagt werden. Auch Säugetiere, die in einem geschlossenen Gehege unter ähnlichen Bedingungen wie frei lebendes Wild leben, gehören dazu. Wild lässt sich unterteilen in Haarwild und Federwild.

Federwild: Die hierzulande häufigsten Arten von Vögeln, die dem Jagdrecht unterliegen, sind: Fasane, Wildtauben, Wildenten, Wildgänse, Rebhühner.

Haarwild: Darunter versteht man alle Säugetiere, die dem Jagdrecht unterliegen. Dazu gehören Rehe, Hirschwild (Rotwild, Damwild), Elchwild, Gamswild, Wildschweine, Hasen und Wildkaninchen.

Einheimisches und importiertes Wild: Wildbretlieferant Nr. 1 in Deutschland ist das Wildschwein (Stand 2006), gefolgt von Rehwild, Rotwild und Damwild und schließlich Hasen und Federwild. Das weitaus meiste einheimische Wild stammt tatsächlich aus freier Wildbahn. Gatterhaltung hat nach wie vor nur eine geringe Bedeutung für den nationalen Wildfleischmarkt. Das Wildfleisch von Tieren aus Gehegen wird zudem überwiegend regional vermarktet. Wildfleisch aus dem Ausland, das den überwiegenden Teil im überregionalen Handel ausmacht, stammt hingegen überwiegend von Wild aus Gehegen. Hirsch- und Hasenfleisch kommt auch aus Osteuropa sowie aus Großbritannien, Spanien, Neuseeland (Hirsch) und Argentinien (Hase) zu uns.

Saison: Die erste Jagdsaison für Haarwild beginnt im Mai (Rehwild: Maibock), die zweite Hauptsaison ist nach der Brunft im Herbst. Ab September dürfen in Deutschland nahezu alle Haarwildarten in allen Altersstufen bejagt werden. Ausnahme ist der Feldhase, dessen Schonzeit erst im Oktober endet. Für die meisten Tierarten beginnt die Schonzeit wieder im Februar. Auch bei Tieren aus Gatterhaltung liegen die Hauptschlachtzeiten im Herbst. Ganzjährig bejagt werden dürfen Schwarzwild (Wildschwein) und Wildkaninchen. Beim Wildgeflügel sind Jagd- und Schonzeiten bundesweit relativ uneinheitlich. Über alle Geflügelarten gesehen liegt die Saison zwischen September und Januar. Wildgänse dürfen in vielen Bundesländern auch im August bejagt werden.

Zubereitung von Haarwild

Wildfleisch ist grundsätzlich fettärmer als das Fleisch von Rind, Schwein und Lamm. Es hat einen höheren Muskelfaseranteil. Das bedeutet, dass es relativ langer Zubereitungszeiten bedarf, um angenehm weich zu werden. Gleichzeitig sollte es, aufgrund des geringen Fettanteils, schonender, also bei niedrigeren Temperaturen gegart werden. Geeignete Zubereitungsarten für Haarwild sind große Braten, im Ofen gegart (ganzer bzw. geteilter Rücken, Keule, Schulter, Hals) und Schmorgerichte (Hüftstück, Schulter, Vorderbein, Hals). Zum Kurzbraten eignen sich zartfaserige Stücke aus Rücken, Lende und Keule.

Wildbret immer durchgaren: Wird Fleisch von Rind und Lamm häufig rosa, nahezu blutig verzehrt, sollte man dies aus hygienischen Gründen bei Wild vermeiden. Wildbret serviert man durchgegart. Die etwas längere Bratzeit tut der Saftigkeit und Zartheit des Fleisches keinen Abbruch. Die genaue Garstufe lässt sich mit einem Fleischthermometer feststellen. Durchgegart ist Wild, wenn es für 10 Minuten eine Kerntemperatur von 80° hatte.

Garzeiten für das Ofenbraten von Wild

Wildfleisch	Gewicht	Temp.	Dauer
Keulen- und Halsstücke von Reh/Hirsch	1,5–2 kg	200°	1½–2¼ Std.
Bratenstücke der Schulter	1–1,5 kg	200°	1¼–1¾ Std.
Reh-/Hirschrücken	1,5–2 kg	210°	1¼–1¾ Std
Hasenrücken/Hasenkeulen	bis 1 kg	220°	25–40 Min.

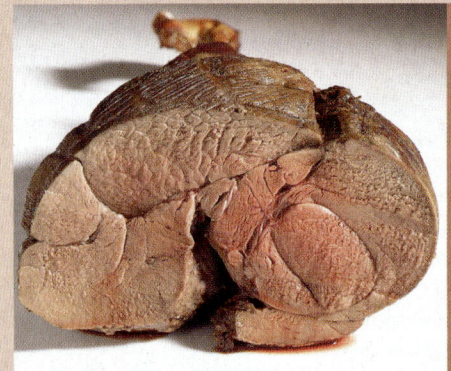

(1) Garbeispiel Rehkeule (2 kg): Nach 65 Minuten Bratzeit ist die Keule noch deutlich rot. Sie hat jetzt eine Kerntemperatur von 60° erreicht.

(2) Nach weiteren 10 Minuten Bratzeit hat die Rehkeule eine Kerntemperatur von 70°. Das Fleisch ist nicht mehr rot, sondern rosa.

(3) Erst nach 105 Minuten hat die Keule eine Kerntemperatur von 80°. Diese sollte jetzt für 10 Minuten gehalten werden.

Garen von Haarwild: Jedes Teilstück sollte vor dem Braten rundum mit Öl eingerieben werden, auch Gulaschfleisch. Das Fleisch vor dem Anschneiden eine Viertelstunde in Alufolie eingewickelt ruhen lassen. Besonders saftig bleibt das Fleisch, wenn man es in Alu- oder Bratfolie gart. Das Garen im Schnellkochtopf ist ideal geeignet für Gulasch oder Schmorgerichte mit Hirschfleisch.

Wildgeflügel zubereiten: Für Wildgeflügel gelten dieselben Regeln wie für die Zubereitung von Geflügel. Auch die Zubereitungsarten unterscheiden sich nicht. Berücksichtigt werden sollte, dass das Fleisch fettarmer als normales Geflügel ist und dass es einen intensiveren Geschmack hat (s. S. 134–135).

Rehmedaillons bleiben – mit Speckscheiben umhüllt – schön saftig.

Wild einfrieren: Wild eignet sich bestens zum Einfrieren, es wird dadurch sogar noch ein wenig mürber. Das fettarme Fleisch kann 9–12 Monate im Tiefkühlgerät gelagert werden.

Beizen und Spicken ist »out«: Als es noch keine Kühlhäuser gab, in denen das Fleisch vor der Zubereitung kontrolliert reifen konnte, war das Beizen von Wildfleisch vor dem Garen sehr gebräuchlich. Das Einlegen in eine säuerlich-würzige Flüssigkeit machte noch nicht ausreichend abgehangenes Fleisch mürber. Es diente aber auch dazu, bei zu lange gelagertem Fleisch den intensiven Geschmack des teilweise abgebauten Eiweißes zu überdecken. Heute bekommen wir korrekt abgehangenes Fleisch, frisch oder tiefgekühlt, was das Beizen überflüssig macht, es sei denn, der Eigengeschmack der säuerlichen Einlegeflüssigkeit ist explizit erwünscht (wie etwa bei einem Sauerbraten).

Auch das Spicken, z. B. eines Hasenrückens, mit Speck ist nicht mehr zeitgemäß. Beim Schneiden der Spicklöcher wird das Gewebe sehr stark verletzt und beim Garen tritt Fleischsaft aus, das Fleisch wird unnötig trocken.

Moderne Wildküche: Besser ist es, das Fleisch in Speckscheiben einzuwickeln, d. h. zu bardieren (s. auch S. 124). So bleibt das Fleisch intakt und ist dennoch bestens vor dem Austrocknen geschützt. Auf diese Weise kann man kleine Rehmedaillons einzeln oder aber auch ganze Wildbratenstücke mit Speck umwickeln, indem man einfach Scheibe an Scheibe, leicht überlappend darumlegt. Der Speck sollte, damit die Oberfläche schön bräunt, vor Ende der Garzeit entfernt werden.

Populäre Wild-Irrtümer

Das Reh ist das Weibchen des Hirsches. Rehwild und Hirschwild gehören verschiedenen Tierfamilien an. Männchen und Weibchen beim Rehwild heißen Bock und Ricke, Männchen und Weibchen beim Hirsch heißen in der Laiensprache Hirsch/(-bulle) und Hirschkuh.

Wildfleisch muss einen »Hautgout« haben. Der als Hautgout bezeichnete Wildgeruch bzw. extreme Geschmack bei Wild, entsteht durch die Zersetzung des Fleischeiweißes bei zu langem bzw. zu warmem Abhängen. Es handelt sich also nicht um den typischen Wildgeschmack, sondern um die Anzeichen eines beginnenden Fäulnisprozesses infolge unsachgemäßer Lagerung. In der modernen Wildküche hat Wildbret mit Hautgout nichts verloren.

Welches Geflügel für welchen Zweck?

Geflügel ist nach Schweinefleisch das beliebteste Fleisch in Deutschland. Die am häufigsten zubereiteten Geflügelarten sind Huhn, Pute, Ente und Gans.

Ganzes Geflügel kann gebraten, geschmort und gekocht werden; wobei sich lediglich die kleinen Wachteln zum Braten in der Pfanne eignen. Ganze Hähnchen, Enten, Gänse und Puten werden im Ofen gebraten oder aber geschmort. Suppenhühner sind Basis für schmackhafte Suppen und Brühen.

Geflügelteile mit Knochen und Haut wie Hähnchenschenkel oder -Flügel sowie Hähnchenbrust, Putenober- und -unterkeulen eignen sich von der Größe und Garzeit her für verschiedene Zubereitungen: Sie können sowohl in der Pfanne gebraten als auch in Eintopfgerichten mitgegart , im Ofen gebraten, frittiert und gegrillt werden.

Geflügelfleisch ohne Haut und Knochen wie Hähnchen- und Putenbrust ist wohl am vielfältigsten einsetzbar. Man kann es wie das Fleisch von Schlachttieren zubereiten, also in Portionsstücken oder klein geschnitten kochen, kurzbraten, im Wok braten oder in Eintöpfen mitschmoren. Weil es so zart und mager ist, eignet es sich auch zum Dämpfen und Dünsten hervorragend. Soll schieres Geflügelfleisch gegrillt werden, muss es unbedingt mit einer Marinade vor dem Austrocknen in der starken Strahlungshitze geschützt werden. Wer es frittieren möchte, sollte das Fleisch mit einer Teighülle oder Panierung

versehen, um es vor den extrem hohen Temperaturen des Fetts zu schützen.

Geflügelfleisch ohne Knochen, aber mit Haut und hier insbesondere Entenbrust wird idealerweise gebraten.

Geflügel und Hygiene

Einkauf: Geflügel ist ein besonders empfindliches Fleisch. Beim Einkauf unbedingt auf Frische (helle, trockene Haut, angenehmer Geruch) achten, Tiefkühlware auf Gefrierbrand untersuchen (Eiskristalle, gelbliche ausgetrocknete Stellen am Fleisch), nur einwandfreie Ware kaufen. Sowohl bei frischem als auch bei gefrorenem Geflügel darauf achten, dass es durchgängig bis zum heimischen Kühl-/Gefriergerät sehr kühl gehalten wird.

Auftauen: Die Folienverpackung vollständig entfernen, das gefrorene Geflügel in ein Sieb geben, dieses in eine Schüssel stellen und das Geflügel abgedeckt im Kühlschrank auftauen lassen. Das Auftauwasser wegschütten. Durch die Kühlschrankkälte können mögliche Salmonellen sich nur schlecht vermehren, durch das Abgießen des Auftauwassers werden mögliche Salmonellen entfernt. Mit sorgfältigem Waschen und anschließendem Durchgaren des Geflügels ist sichergestellt, dass das Fleisch hygienisch einwandfrei ist.

Frisches wie auch aufgetautes Geflügel vor der Weiterverarbeitung mit kaltem Wasser sorgfältig innen und außen waschen.

Unbedingt durchgaren

Garen: Geflügel ist für Salmonellen, die schwere Magen-Darm-Beschwerden auslösen können, ein ideales Keimbett. Niemand kann garantieren, dass gekauftes Geflügel salmonellenfrei ist. Einfachster Schutz neben der absoluten Hygiene bei der Zubereitung (s. S. 30–31) ist das Durchgaren des Fleisches. Ob Geflügel – Filet, Teile oder ganze Tiere – durchgegart ist, erkennen Sie ganz einfach mit dieser Methode: Der beim Anstechen austretende Fleischsaft muss absolut klar sein. Bei Geflügel mit Knochen müssen sich diese leicht vom Fleisch lösen. Wer ein Fleischthermometer hat, kann die Kerntemperatur bei großen Stücken messen. Sie sollte mindestens 10 Minuten lang 80° betragen.

Angebotsformen von Geflügel

Ganzes Geflügel muss in Deutschland ohne Kopf, Füße und Federn verkauft werden. Dennoch gibt es Unterschiede in den Angebotsformen: Schauen Sie beim Kauf aufs Etikett; je nachdem, ob Sie ein ganzes Hähnchen kochen bzw. seine Innereien mitschmoren möchten, ob Sie es braten oder grillen möchten, gibt es verschiedene Angebotsformen:
• teilweise ausgenommen: mit Herz, Leber, Lunge, Muskelmagen, Kopf, Nieren (entfernt sind der größte Teil des Magen-Darm-Trakts inklusive der Galle)
• bratfertig: mit Innereien (in einem Beutel)
• grillfertig: ohne Innereien

Ganze Entenbrust braten

Im Backofen bei 80° gelingt Entenbrust am besten. Dafür den Backofen auf 80° vorheizen. Die Fettschicht gitterförmig einschneiden, das Fleisch mit Salz und Pfeffer einreiben; in einer heißen Pfanne (ohne zusätzliches Fett) erst auf der Fett-, dann auf der Fleischseite scharf anbraten. Die Pfanne in den Backofen stellen, und das Fleisch 30–45 Min. garen.
In der Pfanne: Eine Bratpfanne ohne Fett erhitzen, die vorbereitete Entenbrust (s. oben) mit der Hautseite nach unten hineinlegen, bei mittlerer Hitze 10 Min. kross braten. Das Fleisch wenden, ca. 8 Min. braten, dann in Alufolie gewickelt vor dem Anschneiden 10 Min. ruhen lassen.

Ein küchenfertiges Hähnchen würzen, z. B. mit pikant abgeschmeckter Brot-Leber-Käse-Masse, und nicht zu straff füllen.

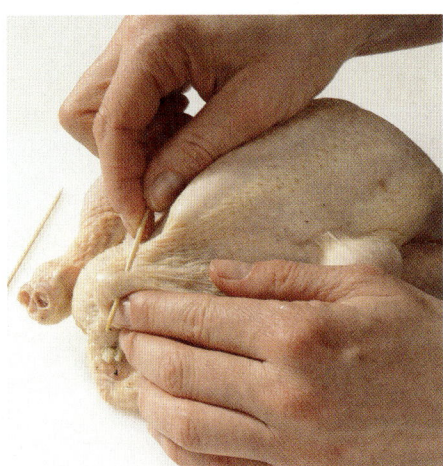

Die Halsöffnung mit Zahnstochern oder Küchengarn verschließen. Die Keulen vor dem Braten am Gelenk zusammenbinden, damit das Geflügel seine Form behält.

Ganzes Geflügel füllen

Ein ganzes Hähnchen, eine ganze Ente oder auch Gans füllt man am einfachsten wie links mit einer Brot-Leber-Käse-Füllung: Dafür 1 altbackenes Brötchen in Scheiben schneiden, in 125 ml lauwarmer Milch einweichen. ½ altbackenes Brötchen klein würfeln und die Würfel in 1–2 EL Butter anbraten. 1 fein geschnittene Schalotte, 40 g fein gewürfelten durchwachsenen Räucherspeck und 1 durchgepresste Knoblauchzehe in 1–2 EL Butter anschwitzen, 50 g fein gewürfelte Hähnchenleber 1 Min. mitbraten. Zum eingeweichten Brötchen 1 Ei, 2 EL gemischte, gehackte Kräuter (Thymian, Petersilie), die Speck-Leber-Mischung sowie 100 g klein gewürfelten Greyerzer und die Croûtons zugeben. Alles gut vermengen, mit Salz und Pfeffer würzen.

Geflügel tranchieren

Zum Zerteilen von Ente, Gans und Hähnchen diese zunächst auf den Rücken legen, dann die Keulen leicht vom Körper weg drücken und mit einem sehr scharfen Messer zum Gelenk herunterschneiden. Das Gelenk zur Seite biegen und durchtrennen. Die Keulen nach Belieben in Ober- und Unterkeule teilen, dazu das Gelenk ertasten und an dieser Stelle durchschneiden. Die Flügel in gleicher Weise abschneiden. Um die Brust herauszulösen, mit einem großen, scharfen Messer in der Mitte längs bis aufs Brustbein herunterschneiden. Das Brustfleisch links und rechts am Brustbein entlang vom Knochen schneiden oder die Brust in Scheiben ablösen.

Zubereitungsarten für Fleisch

	Garmethode	Charakteristik	Anmerkungen	geeignetes Fleisch, Geflügel und Wild
	Kochen	Garen in wallendem Wasser	Brühe: Für eine gute Brühe wird das Fleisch in kaltem Wasser angesetzt. Gekochtes Fleisch: Fleischstücke in sprudelndes Wasser geben und sanft köcheln.	Für Brühe wird bindegewebsreiches, auch fettreiches Fleisch von Rind, Lamm und Schwein verwendet; auch Geflügelteile, ganzes Geflügel, zerkleinerte Knochen oder Schweinsfüße. Für Fleisch, das serviert wird, bindegewebsreiches Fleisch vom Rind.
	Dämpfen	Garen im Wasserdampf	Gedämpft werden kann auch auf einem Bett von sehr fein geschnittenem Gemüse oder in einer Hülle aus aromatischen Blättern (Asia-Laden).	zartes, feinfaseriges Fleisch, z. B. Filet, Geflügelfleisch (mit und ohne Knochen), auch Hackbällchen
	Dünsten	Garen im eigenen Saft mit wenig Fett und Flüssigkeit	Bei dieser Garart bleibt das dezente Eigenaroma zarter Fleischstücke optimal erhalten.	zartfaseriges, bindegewebsarmes Fleisch (ohne Knochen), z. B. Filets, Kaninchenfleisch, Geflügelfleisch
	Braten in der Pfanne/Kurzbraten	Garen auf wenig Fett bei starker Hitze	Weil es so schnell geht und wenig Arbeit macht, ist dies eine der beliebtesten Garmethoden für zartes Fleisch.	bindegewebsarmes, jedoch nicht zu fettarmes Fleisch in nicht zu dicken Portionsstücken wie Schnitzel, Steaks und ähnliche Stücke
	Braten im Ofen	Garen in starker Strahlungshitze	Ideal ist es, bei starker Hitze zunächst die Poren des Fleischs schließen zu lassen, und dann zum Fertigbraten die Temperatur etwas zu reduzieren.	große Fleischstücke mit dadurch entsprechend langen Bratzeiten, idealerweise nicht zu mager, am Knochen (z. B. Hirschrücken) oder ausgelöst (z. B. Rinderschulter), ganzes Geflügel

Zubereitungsarten für Fleisch

	Garmethode	Charakteristik	Anmerkungen	geeignetes Fleisch, Geflügel und Wild
	Niedrig-temperatur-garen	Garen bei niedriger Temperatur	Hier wird das Fleisch bei besonders niedriger Temperatur (je nach Größe 70–80°) und besonders langsam gegart; erhält das Fleisch besonders saftreich und zart.	Zum Niedrigtemperaturgaren eignen sich insbesondere große und zarte Fleischstücke vom Rind, Schwein, Kalb und Lamm, außerdem auch ganzes Geflügel.
	Schmoren	Anbraten in Fett mit anschlie-ßendem ge-schlossenem Garen in Flüs-sigkeit und Dampf	Schmoren im geschlossenen Topf auf der Kochstelle oder im Backofen. Faustregel: Pro Zentimeter Fleisch-dicke 10 Min. Garzeit. Aus hygieni-schen Gründen sollte das Fleisch mindestens 10 Min. eine Kerntem-peratur von 80° erreicht haben.	alle eher bindegewebsreichen Fleischteile, sowohl am Stück als auch grob zerkleinert; auch ganzes Geflügel (etwa im Tontopf geschmort)
	Braten im Wok	Kurzbraten bei sehr starker Hitze	Wok-Braten ist geeignet für mund- bzw. gabelgerecht geschnittene Stücke.	alle zarten, bindegewebsarmen Fleischteile und -arten, insbesondere Filets von Schlachttieren und Geflü-gelfleisch
	Frittieren	in Fett schwimmend garen; sorgt für eine krosse Hülle und ein zartsaftiges Inneres	Fleisch vom Schwein und Rind kann mit und ohne Hülle frittiert werden; das zarte Geflügelfleisch nur in der eigenen Haut bzw. in einer Teighülle.	Geflügelteile mit Haut und Knochen, sonstiges Fleisch am besten mit Panierung oder in Teighülle. Hackbäll-chen können ebenfalls gut frittiert werden.
	Grillen	Garen unter/über Strahlungs-hitze	Die starke trockene Hitze erzeugt auf der Oberfläche Röststoffe, in-nen ist das Fleisch zartsaftig.	Gut marmoriertes Fleisch jeglicher Art, (nicht zu große) Geflügelteile mit Haut; mageres, in Ölmarinade eingelegtes Fleisch/Geflügel; größe-re Stücke (ganzes Geflügel, Haxen von Schlachttieren) kann man am Drehspieß grillen.

Eier, Milch, Käse und Gewürze

Die »Weißen« sind wahre Multitalente. Milch, Eier, Käse und Soja können so ziemlich alles von süß bis salzig, von sauer bis lieblich. Was genau? Das steht hier. Doch auch Stars brauchen Unterstützung, und die bekommen sie von vielen stillen, aber würzigen Begleitern.

Eier, Milch, Käse und Gewürze

140	Milch
142	Milcherzeugnisse
143	Sahneprodukte
144	Käsesorten
145	Käse aufbewahren und servieren
146	Eier: Was steht auf dem Ei?
147	Eier kochen
148	Sojaprodukte
149	Zum Würzen: Salz und Essig
149	Zum Würzen: Senf und Saucen
151	Gewürze
152	Fette und Öle
153	Kalt gepresste Öle auf einen Blick
154	Zucker und Süßstoff
155	Honig und Geliermittel

Wie wird Milch haltbar gemacht?

Milch, die zu Trinkmilch weiterverarbeitet werden soll, wird erhitzt, um mögliche Krankheitserreger abzutöten und um die Haltbarkeit zu erhöhen. Die verschiedenen Verfahren beeinflussen Haltbarkeit, Geschmack und Vitamingehalt unterschiedlich.

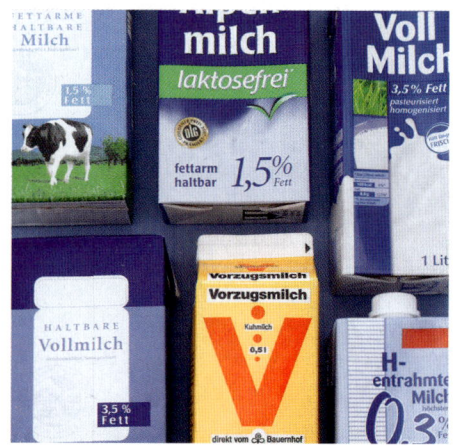

Milch ist ein besonders empfindliches Lebensmittel. Daher ist es gesetzlich vorgeschrieben, dass Milch, die in den Handel kommt, erhitzt wird. Einzige Ausnahme ist Vorzugsmilch (s. S. 141). Der Gehalt an Milchfett und Mineralstoffen bleibt bei allen Arten der Erhitzung übrigens unverändert, das Milcheiweiß wird durch das Erhitzen sogar leichter verdaulich.

Geöffnete Milch in den Kühlschrank

Geöffnete Packungen sollten im Kühlschrank verschlossen bzw. abgedeckt aufbewahrt werden, denn die Milch nimmt leicht Fremdgerüche an. Außerdem schützt ein Verschluss davor, dass Verderbskeime in die Milch gelangen. Geöffnete, wärmebehandelte Milch ist im Kühlschrank 2–3 Tage haltbar. Auch ungeöffnete H-Milch sollte kühl gelagert werden, so

Je länger und stärker die Milch erhitzt wird, desto länger ist sie haltbar. Bei H-Milch werden aber auch wertvolle Vitamine zerstört.

Wärme und Hitze machen die Milch haltbar				
Verfahren	Temperatur/Zeit	Wirkung	Haltbarkeit ungeöffnet	Bemerkungen
Pasteurisierung (Frischmilch)	72–75° C für 15–30 Sek.	tötet Krankheitserreger ab	gekühlt 10 Tage	Nährwerte, Geruch und Geschmack bleiben weitgehend erhalten
Hocherhitzung (»längerfrisch«, »extrafrisch« usw.)	Vorerhitzung auf ca. 80 °C, dann für wenige Sekunden auf 127 °C erhitzt	tötet neben Krankheitserregern auch Verderbskeime ab	gekühlt ca. 3 Wochen	Geschmack und Vitamine bleiben sehr gut erhalten
Ultrahocherhitzung (H-Milch)	135–150 °C für 2–3 Sek.	macht die Milch nahezu keimfrei	6 Wochen bis 4 Monate bei Zimmertemperatur	5–20 % Vitaminverlust, Geschmack ändert sich leicht
Sterilisierung	121 °C für 3 Min.	völlig keimfrei	Bis zu 1 Jahr	Vitamine und Geschmack leiden deutlich; selten im Handel

bleiben die Vitamine am besten erhalten. Achtung: Bei H-Milch kann es sein, dass man den Verderb nicht schmeckt (sie wird nicht sauer), daher diese Milch, einmal geöffnet, auf keinen Fall zu lange im Kühlschrank lagern.

Unbehandelte Milch

Rohmilch und Vorzugsmilch sind Milchsorten, die nicht wärmebehandelt bzw. erhitzt werden. Da sie Krankheitskeime enthalten können, gelten besonders strenge Vorschriften für Tiergesundheit, Personal, Hygiene, Stallungen und Milchqualität. Es finden monatliche Kontrollen statt.

Rohmilch bekommt man nur direkt beim Bauern. Sie wird nach dem Melken nur gefiltert und gekühlt. Der Erzeuger muss seine Kunden darüber informieren, dass die Milch vor dem Verzehr abzukochen ist. Rohmilch muss im Kühlschrank aufbewahrt werden und sollte maximal bis zum Folgetag verbraucht werden.

Vorzugsmilch ist unbehandelte Rohmilch, die im Handel angeboten wird. Sie wird auf dem Hof gleich nach dem Filtern unter strengen Hygienevorschriften abgefüllt. Auf der Verpackung muss der Hinweis angebracht werden: »Rohmilch, zu verbrauchen bis …, aufbewahren bei höchstens +8 °C«, außerdem das späteste Verbrauchsdatum. Dieses darf nicht später als 96 Stunden, also genau 4 Tage, nach der Gewinnung liegen.

Fettgehalt

Der natürliche Fettgehalt von Milch liegt zwischen 3,8 und 4,4 %. Bei der Verarbeitung in der Molkerei wird der Milch Fett entzogen. Je nach verbliebenem Fettgehalt lassen sich folgende Trinkmilchsorten unterscheiden:

Vollmilch: eingestellter Fettgehalt von genau 3,5 %

Fettarme Milch (teilentrahmte Milch): Fettgehalt zwischen 1,5 % und 1,8 %.

Magermilch (entrahmte Milch): Neben der lange als fettärmste Milchvariante im Handel angebotenen 0,5-%-Variante findet man inzwischen von verschiedenen Molkereien auch entrahmte Magermilch mit nur 0,3 bzw. 0,1 % Fett.

Was bedeutet Homogenisierung?

Bei der Homogenisierung wird die Milch unter hohem Druck durch winzige Düsen gepresst. Das bedeutet, dass die Größe der Fetttröpfchen in der Milch deutlich verkleinert wird. Die winzigen Fetttröpfchen können sich so besser in der Milch verteilen. Auf diese Weise wird ein Aufrahmen (Aufsteigen von Fett an die Oberfläche der Milch) verhindert und der Geschmack der Milch deutlich verbessert.

Was ist laktosefreie Milch?

Dies ist eine Milch, bei der der Gehalt an Milchzucker (Laktose) von den natürlicherweise enthaltenen 4,6-4,8 % auf unter 0,1 % reduziert wurde. Laktosefreie Milch ist damit geeignet für Menschen, die an Laktoseintoleranz leiden, also Milchzucker nicht oder nur teilweise verdauen können.

Die Bezeichnung »Milch« ohne weiteren Zusatz ist im rechtlichen Sinne stets Kuhmilch. Bei Milch von anderen Tieren muss die jeweilige Tierart angegeben werden, es muss also z. B. heißen: »Schafmilch« oder »Ziegenmilch«.

Milchmischgetränke

Sie bestehen aus Milch und Geschmack gebenden Zutaten wie z. B. Früchten, Nüssen, Vanille, Kakao oder Schokolade. Meist ist reichlich Zucker zugesetzt, häufig sind die Produkte mit Vitaminen angereichert. Wie reine Milch gibt es sie in verschiedenen Fettgehaltsstufen und unterschiedlicher Haltbarkeit.

Wie Milch selbst sind diese Produkte aufgrund ihres hohen Nährwerts und Kaloriengehalts als flüssige Lebensmittel zu sehen. Sie sind deshalb nicht als Durstlöscher geeignet.

Was wird aus Milch gemacht?

Zu den wichtigsten Milcherzeugnissen gehören Sahneprodukte, gesäuerte Milcherzeugnisse wie Joghurt, Sauermilch, Dickmilch, Kefir und Buttermilch sowie Molke.

Joghurt

Joghurt wird aus Milch hergestellt, die durch Milchsäurebakterien verdickt wurde. Bei Joghurt gibt es dieselben Fettstufen wie bei Milch (s. S. 141): Joghurt aus entrahmter Milch bzw. Magermilchjoghurt enthält höchstens 0,3 % Fett, fettarmer Joghurt zwischen 1,5 und 1,8 % Fett, ohne weitere Bezeichnung wird Joghurt mit mind. 3,5 % Fett verkauft. Bei 10 % Fett und mehr muss der Joghurt als Sahne- bzw. Rahmjoghurt bezeichnet werden.

Stichfest oder cremig? Stichfester Joghurt säuert im Becher bzw. Glas und wird dabei fest. Cremiger Joghurt und auch Trinkjoghurt wird in großen Tanks hergestellt und vor dem Abfüllen gerührt.

Joghurt und Früchte: Das Angebot an Joghurt mit Frucht ist fast unüberschaubar. Dabei gibt es jedoch feine Unterschiede, die man bei genauerem Lesen der Aufschrift feststellen kann.

Fruchtjoghurt oder Joghurt mit Früchten: Der Fruchtgehalt liegt bei mindestes 6 %. Joghurt mit **Fruchtzubereitung:** Der Fruchtgehalt muss mindestens 3,5 % betragen. Nicht ersichtlich aus der Zutatenliste ist, dass die Fruchtzubereitung auch viel Zucker, Wasser und sonstige Zutaten enthält. Joghurt mit **Fruchtgeschmack:** Hier kann

es sein, dass der Geschmack nur durch zugesetzte Aromastoffe entsteht.

Rechts- (L+) und linksdrehend (L–): Ob rechtsdrehende oder vom chemischen Aufbau her nur minimal unterschiedliche linksdrehende Milchsäure in einem Sauermilchprodukt gebildet wird, hängt davon ab, welche Milchsäurebakterien zugesetzt werden. Buttermilch, Sauermilch oder Sauerrahm enthalten v. a. rechtsdrehende Milchsäure, Joghurt meist beide Arten. Im menschlichen Körper kommt natürlicherweise nur rechtsdrehende Milchsäure vor. Dennoch können wir beide Arten verdauen, linksdrehende nur etwas langsamer. Lediglich Säuglinge besitzen noch kein Enzym, mit dem sie linksdrehende Milchsäure abbauen können, daher ist Joghurt im ersten Lebensjahr kein geeignetes Lebensmittel.

Kefir

Kefir wird aus Milch unter Zugabe von Milchsäurekulturen und Kefirhefen hergestellt. Hefen verarbeiten den in der Milch enthaltenen Milchzucker zu Kohlendioxid und Alkohol. Daher enthält Kefir im Gegensatz zu anderen Milchgetränken Alkohol (je nach Gärdauer zwischen 0,2 und 2 %) und Kohlendioxid bzw. Kohlensäure – daher ist der Deckel auch beim noch verschlossenen, frischen Produkt

gewölbt). Mittlerweile bietet der Handel aber auch sogenannten »Kefir mild« an: Er wird meist ohne Hefekulturen hergestellt, ist damit alkohol-, aber auch kohlensäurefrei.

Buttermilch

Buttermilch ist ein Nebenprodukt der Butterherstellung – daher der Name: Sie entsteht, wenn Rahm so lange geschlagen wird, bis sich das Fett zu Butterkörnern verbindet. Die verbleibende Flüssigkeit nennt man »Reine Buttermilch«. Sie ist sehr eiweißreich und enthält viel Kalzium. Der Zusatz »reine« fällt weg, wenn der reinen Buttermilch Wasser oder Magermilch zugesetzt wird. Enthält Buttermilch viel Fett? Ganz im Gegenteil: Buttermilch enthält höchstens 1 % Fett, meistens nur 0,2–0,5 %.

Molke

Molke ist ein gesundes Nebenprodukt der Käseherstellung. Wird Milch zu Käse verarbeitet, bleibt als flüssiger Bestandteil die Molke zurück. Sie besteht aus 94 % Wasser, und enthält 4–5 % Milchzucker. Er ist für die sanft verdauungsfördernde Wirkung von Molke verantwortlich. Molke ist nahezu fettfrei und enthält außerdem B-Vitamine, viel Kalium und Kalzium.

Dickmilch

Dickmilch wird aus pasteurisierter Vollmilch mit 3,5 % Fettgehalt hergestellt: Die Milch wird mit Milchsäurebakterien gesäuert, wodurch sie eine dickliche, löffelfeste Konsistenz bekommt – daher auch der Name.

Sahne, Schmant, Crème fraîche

Bei der Herstellung von fettarmer und Magermilch, bleibt Milchfett, der Rahm übrig. Er ist Ausgangsprodukt für verschiedene Sahneprodukte. Sie enthalten mindestens 10 % Fett. Zu Sauerrahm wird der Rahm, wenn er durch Milchsäurebakterien gesäuert wird. Sahneprodukte werden frisch, ultrahocherhitzt und sterilisiert angeboten. Frische Sahne hält gekühlt 4–6 Tage, ultrahocherhitzte Sahne (H-Sahne) hält ungekühlt bis zu 6 Wochen, sterilisierte Sahne kann man ungekühlt bis zu 1 Jahr lagern. Sahne lässt sich am besten aufschlagen, wenn sie Kühlschranktemperatur hat.

Sahneprodukte und ihre Besonderheiten

Name	Fettgehalt	Charakter/Konsistenz	Verwendung
Saure Sahne/Sauerrahm	10 %	gesäuert, stichfest	als Zutat für und zum Verfeinern von kalten Saucen, Dressings, Dips; zum Verfeinern von warmen, nicht heißen bzw. kochenden Gerichten
Kaffeesahne	mind. 10 % (auch 12 oder 15 %)	nicht gesäuert, flüssig	nicht nur für Kaffee, sondern auch zum Verfeinern von Salatdressings
Crème légère	15 %	gesäuert, cremig	zum Verfeinern von Saucen, darf aber nicht erhitzt werden, sonst flockt die Sahne aus
Schlagsahne	mind. 30 %	nicht gesäuert, flüssig; je höher der Fettgehalt, umso stabiler die geschlagene Sahne	für Schlagsahne; flüssig zum Vollenden von Saucen (auch heißen), die allerdings nicht sauer sein dürfen, sonst gerinnt die Sahne
Schmant/löffelfester Sauerrahm	20–29 %	gesäuert, stichfest	zum Verfeinern von salzigen Saucen, Dressings, als Basis für Dips, Cremes (auch Obstcremes)
Crème fraîche	30–40 %	leicht gesäuert; cremig, in unterschiedlichen Geschmacksrichtungen erhältlich	zum Verfeinern von heißen Gerichten; durch den hohen Fettgehalt kein Ausflocken
Crème double	ca. 43 %	nicht gesäuert, cremig	zum Verfeinern von Saucen zu Fisch- und Fleischgerichten, aber auch Süßspeisen; kann mitgekocht werden, gerinnt nicht bei säurereichen Saucen

Käsesorten

1 Hartkäse sind Käse mit langer Reifezeit (z. B. Emmentaler, Greyerzer, Chester, Parmesan). Sie schmecken pur, gerieben als Würzkäse, viele eignen sich auch zum Überbacken.

2 Schnittkäse wie Edamer, Gouda und Tilsiter eignen sich als Brotbelag, zum Überbacken oder auch zum Schmelzen in Saucen.

3 Halbfeste Schnittkäse sind weicher als Schnittkäse und lassen sich nur in dicke Scheiben schneiden. Zu dieser Gruppe gehören auch die Edelpilzkäse (Blauschimmelkäse). Vertreter sind Butterkäse, Esrom, Gorgonzola.

4 Weichkäse gibt es von mild bis würzig, je nach Reifegrad und Oberflächenschimmel. Diese Käse reifen von außen nach innen, der anfangs feste Kern wird mit der Zeit weicher, das Aroma kräftiger. Vertreter sind Camembert und Brie.

5 Sauermilchkäse wie Harzer, Mainzer Handkäse und Stangenkäse werden aus Sauermilchquark hergestellt.

6 Frischkäse ist die ungereifte, gesäuerte Milch, von der lediglich die Molke abgeschieden wurde. Hierzu zählen Speisequark, Doppelrahmfrischkäse, Hüttenkäse, Ziegenfrischkäse.

7 Schmelzkäse Hart- oder Schnittkäse wird hierfür eingeschmolzen und je nach Sorte mit Nüssen oder Kräutern verfeinert.

Käse aufbewahren und servieren

Aufbewahrung

Weichkäse und Käse mit Innenschimmel lässt man am besten in der Originalverpackung. Gelagert werden sie kühl, nicht zu kalt, am bestem im Gemüsefach des Kühlschranks oder in einem Türfach. Auch Hart- und Schnittkäse fühlen sich im Gemüsefach am wohlsten. Bei großen Stücken braucht man nur die Schnittfläche mit Folie abdecken, die Rinde schützt vor dem Austrocknen. Kleinere Stücke wickelt man ganz in Folie oder legt sie in eine Dose. Käse am Stück ist übrigens länger haltbar als Käse in Scheiben. Diese trocknen sehr schnell aus. Frischkäse lagert man am besten nur kurz, gut abgedeckt in einer kalten Kühlschrankzone. Unter einer Käseglocke sollte man Käse nur kurzfristig aufbewahren (zum Servieren s. unten), er trocknet sonst aus und kann sich mit Schimmel vom Nachbarn infizieren. Zum Einfrieren eignet sich nur geriebener Hartkäse wie Parmesan oder Grana padano.

Käse servieren

Gereifter Käse entfaltet sein volles Aroma, wenn er durch und durch Zimmertemperatur hat. Nehmen Sie ihn deshalb 1 Stunde vor dem Essen aus dem Kühlschrank. Nur Frischkäse schmeckt gekühlt am besten.

Rinde mitessen?

Die Rinde von Schnitt- und Hartkäse ist oft mit Antipilzmitteln behandelt oder mit Wachs überzogen, sodass sie abgeschnitten werden sollte. Bei Weichkäse kann man die Rinde getrost mitessen, sofern sie einem schmeckt.

Fettgehalt von Käse

Fettgehaltsstufe	Fett i. Tr. (Fettgehalt absolut)	Hartkäse	Schnittkäse	Weichkäse	Frischkäse/Quark
Doppelrahmstufe	60 % (−87 %)	42 %	36 %	30 %	18 %
Rahmstufe	50 % (−59 %)	35 %	30 %	25 %	15 %
Vollfettstufe	45 % (−49 %)	32 %	27 %	23 %	14 %
Fettstufe	40 % (−44 %)	28 %	24 %	20 %	12 %
Dreiviertelfettstufe	30 % (−39 %)	21 %	18 %	15 %	9 %
Halbfettstufe	20 % (−29 %)	14 %	12 %	10 %	6 %
Viertelfettstufe	10 % (−19 %)	7 %	6 %	5 %	3 %
Magerstufe	‹ 10 %	‹ 7 %	‹ 6 %	‹ 5 %	‹ 3 %

Was steht auf dem Ei?

Weder die Farbe der Schale noch des Eidotters sagt etwas über die Qualität der Eier aus. Der Stempel ist dagegen sehr wichtig.

Schalenfarbe und Dotterfarbe

Die Farbe der Schale ist abhängig von der Hühnerrasse. Die Farbe des Dotters hängt vom Futter ab. Natürliche Farbstoffe im Futter lassen den Dotter dunkler werden.

Größe

Je nach Größe der Eier werden sie in die Gewichtsklassen S, M, L oder XL eingeteilt:

Eiergrößen	Gewicht
S klein	unter 53 g
M mittel	53 bis unter 63 g
L groß	63 bis unter 73 g
XL sehr groß	73 g und mehr

Was bedeutet die Codierung?

Die erste Ziffer des Codes gibt die Haltung der Hühner an.
- 0 = Biohaltung
- 1 = Freilandhaltung
- 2 = Bodenhaltung
- 3 = Käfighaltung

Die beiden folgenden Buchstaben lassen das Erzeugerland erkennen, z. B. »DE« für Deutschland. Der folgende Code steht für den Legebetrieb. Welcher das ist, können Sie im Internet unter www.was-steht-auf-dem-ei.de herausfinden.

Aufbewahrung von Eiern

Nach dem Kauf sollten die Eier im Kühlschrank aufbewahrt werden. So halten sie sich länger frisch. Nach Ablauf des Mindesthaltbarkeitsdatums sollten die Eier nicht mehr roh (z. B. für Mayonnaise) verwendet werden. Gekocht, gegart oder gebacken sind sie aber durchaus noch verwertbar. Wenn Eigelb mit einer Schicht Öl bedeckt wird, kann es bis zu 2 Wochen im Kühlschrank aufbewahrt werden. Eigelb und Eiklar können auch gut eingefroren werden.

Frischetest im Wasserglas: Frische Eier liegen am Boden, je älter das Ei, umso mehr richtet es sich auf und schwimmt nach oben.

Populäre Ei-Irrtümer

Eier sind bei erhöhtem Cholesterinwert tabu

Nein, diese Empfehlung ist überholt. Das im Ei enthaltene Lecithin verringert die Aufnahme von Cholesterin aus dem Ei ins Blut. Außerdem haben 80 % der Menschen – auch derjenigen mit erhöhten Blutcholesterinwerten – ein intaktes Regulationssystem: Es drosselt die Produktion von körpereigenem Cholesterin, wenn Cholesterin über die Nahrung aufgenommen wird.

Eier lassen sich leichter schälen, wenn man sie kalt abschreckt

Ob sich ein Ei nach dem Kochen leicht schälen lässt oder nicht, ist lediglich abhängig von seiner Frische. Je frischer die Eier sind, umso schlechter lassen sie sich schälen.

»Bauerneier« oder »Landeier« sind Bio-Eier oder Eier aus Freilandhaltung

Solche Bezeichnungen auf der Verpackung ebenso wie auch »Eier frisch vom Bauernhof« treffen keine Aussage über eine artgerechte Haltung. Meist stammen diese Eier aus konventionellen Legebatterien – sehen Sie sich einfach die verpflichtende Codierung auf dem Ei an (siehe links).

Eier kochen

Nach 4 Min. ist das Eiweiß durch und durch geronnen, das Eigelb zum großen Teil noch flüssig.

Nach 5 Min. ist das Eiweiß fest, und das Eigelb besitzt in der Mitte noch einen weichen Kern.

Nach 6 Min. sind Eiweiß und Eigelb fest. Das Eigelb ist in der Mitte noch leicht cremig.

Nach 10 Min. Kochzeit ist auch das Eigelb durch und durch schnittfest, seine Farbe ist etwas blasser.

Woher kommt der dunkle Schimmer?

Ein grünlich blauer Rand entsteht, wenn die Eier zu lange oder bei zu hoher Temperatur gekocht werden. Dabei reagiert das Eisen im Eigelb mit dem Schwefel im Eiklar. Es bildet sich Eisensulfid. Dadurch kommt es zu der Verfärbung rund um den Eidotter. Gesundheitsschädlich ist es nicht, es sieht nur nicht schön aus.

Tipp: Kochen Sie das Ei nicht länger als 10 Min. Die Kochzeit beginnt, wenn die Eier mit Wasser bedeckt sind und das Wasser aufzuwallen beginnt. Die Konsistenz von Eiweiß und Eigelb nach verschiedenen Kochzeiten sehen Sie in der Bildfolge oben. Es wurden dafür Eier der Größe M verwendet.

Gekochte Eier abschrecken?

Um sie besser schälen zu können, braucht man Eier nach dem Kochen nicht abzuschrecken (siehe »Populäre Ei-Irrtümer« links). Es ist allerdings sinnvoll, die Eier mit kaltem Wasser zu übergießen. Dadurch wird der Garprozess gestoppt, der Dotter bleibt wachsweich.

Wie kann man Salmonellen vermeiden?

Eine Salmonelleninfektion erfolgt fast immer durch den Verzehr von kontaminierten Lebensmitteln, meist in Verbindung mit mangelnder Hygiene. Denn Salmonellen können bei jeder Hühnerhaltungsform im Magen-Darm-Trakt des Geflügels und im Kot der Tiere vorkommen. Daher können sich die Keime nicht zuletzt auch auf der Eischale befinden. Dort stellen sie – nachdem die Eischale ja nicht mitgegessen wird – zunächst keine Gefahr für uns dar. Bewahren Sie die Eier allerdings im Kühlschrank auf, hier vermehren sich Salmonellen nur sehr langsam. Trennen Sie Eier sorgfältig, d. h. achten Sie darauf, dass keine Schalenreste ins Ei rutschen und waschen Sie gleich die Hände danach. Bewahren Sie Eier nicht über das Mindesthaltbarkeitsdatum hinaus auf, die Schale wird mit der Zeit porös, und die Keime können damit leicht ins Innere dringen. Durchgaren tötet Salmonellen ab, aber Speisen mit roh verarbeiteten Eiern sollten gekühlt aufbewahrt und so bald wie möglich verzehrt werden.

Sojaprodukte

Sojabohnen enthalten hochwertiges Eiweiß, das vom Körper so gut wie tierisches Eiweiß aus Fleisch, Ei oder Milch, verwertet werden kann. Die Bohnen sind reich an mehrfach ungesättigten Fettsäuren, liefern viel Kalium, Magnesium, Eisen und Folsäure.

1 Sojamilch und Sojamilchprodukte: Sojamilch wird aus pürierten eingeweichten Sojabohnen hergestellt. Der Brei wird gekocht und gefiltert. Der Gehalt an Eiweiß, Kohlenhydraten und Fett kann je nach Sorte unter oder über den Werten der Kuhmilch liegen. Meist wird Sojamilch mit Kalzium und Vitamin B12 angereichert, viele Produkte werden gesüßt und aromatisiert.

2 Tofu (Sojabohnenquark): Basis für Tofu ist Sojamilch, der ein Gerinnungsmittel zugegeben wird. Die entstehenden Eiweißflocken werden mehr oder weniger stark ausgepresst. Tofu gibt es von quarkweich bis schnittfest. Er ist eiweißreich, fettarm und nahezu kohlenhydratfrei.

3 Tempeh: Geschälte, gekochte Sojabohnen werden mit Schimmelpilzen geimpft und bebrütet. Die entstehende Masse ist fest, schmeckt nussig, säuerlich und pilzartig.

Sojafleisch/Sojaschnetzel (nicht abgebildet): Bei der Ölgewinnung aus Soja fällt Sojaschrot bzw. Sojamehl an. Diese eiweißreichen und fettarmen »Reste« werden industriell so weiterverarbeitet, dass sie als Fleischersatz dienen.

Zum Würzen

Die asiatische Küche lehrt uns, wie durch geschickte Zusammenstellung von Gewürzen, Kräutern und Würzsaucen Geschmacksvielfalt erreicht werden kann.

Salz

Salz hat als Würz- und Konservierungsmittel seit jeher in der Küche eine große Bedeutung. Lange Zeit war es ein sehr wertvolles Gut. Erst in modernen Zeiten wurde Salz zum Billigprodukt.

Salz besteht fast ausschließlich aus Natriumchlorid. Aufgrund natürlicherweise enthaltener oder nachträglich zugesetzter weiterer Inhaltsstoffe lassen sich die verschiedenen Salze unterscheiden.

Kochsalz ist fast reines Natriumchlorid, ebenso Speisesalz oder Tafelsalz. Dafür wird Natursalz in vielen Schritten von Begleitstoffen gereinigt.

Meersalz entsteht, indem Meerwasser das Wasser entzogen wird. Es enthält neben Natriumchlorid Spuren von Mineralstoffen.

Jodiertes Speisesalz (Jodsalz) wurde nachträglich mit Kalium- oder Natriumjodat angereichert. Auch Meersalz ist in jodierter Form erhältlich. In Jodmangelgebieten sollte Jodsalz das Standardsalz in der Küche sein.

Jod-Fluor-Salz ist ein jodiertes Speisesalz mit einem Kaliumfluorid-Zusatz. Fluorid dient dem Schutz der Zähne, denn es härtet den Zahnschmelz. Die Anreicherung von Salz mit Fluorid ist allerdings in Fachkreisen umstritten.

Salz mit Folsäure ist seit einigen Jahren im Handel. Ernährungsexperten empfehlen dieses Salz, weil man von einem flächendeckenden Mangel an dem Vitamin Folsäure ausgehen kann. Das Salz hat eine gelbliche Färbung und sieht zunächst etwas ungewöhnlich aus. Dieses vitaminierte Salz eignet sich vor allem als Zubereitungssalz in der Küche.

Gewürzsalze sind mit verschiedenen Gewürzen, Kräutern oder Würzzutaten versetzte Salze.

Essig

Weinessig wird mithilfe von Essigsäurebakterien aus Wein (von Trauben oder anderen Früchten) hergestellt. Sie wandeln Alkohol in

Der Handel bietet Gewürzsalze in unterschiedlichsten Geschmacksrichtungen an: z. B. Chilisalz, Rosensalz oder Lavendelsalz.

Was ist Himalaja-Salz?

Himalaja-Salz kommt nicht aus dem Himalaja, sondern aus dem Flachland in der Mitte Pakistans. Es ähnelt im Aussehen dem ungereinigten Steinsalz aus europäischen Salzbergwerken. Auch von seiner Zusammensetzung her entspricht es ungefähr einem naturbelassenen Stein- oder Meersalz aus Europa, besteht also zu 96–98 % aus Natriumchlorid. Himalya-Salz ist genauso wertvoll wie jedes andere Salz auch. Es gibt geringe Unterschiede gegenüber anderen Salzen in der Mineralienzusammensetzung. Diese gibt es aber zwischen allen Salzen verschiedener Herkunft. Die Ökobilanz für ein Produkt, das in Europa an vielen Stellen selbst gewonnen wird, ist sehr bedenklich.

Essigsäure um. Weinessige gibt es auch mit den verschiedensten Kräutern, Gewürzen oder Extrakten aromatisiert.

Branntweinessig wird aus verdünntem Branntwein (aus Zuckerrüben, Getreide, Kartoffeln) hergestellt. Er schmeckt neutral, ohne charakteristisches Aroma.

Aceto balsamico ist Essig, der aus Traubenmost hergestellt wurde.

Reisessig und Malzessig: Auch aus alkoholisch vergorenen stärkehaltigen Lebensmitteln kann man Essig herstellen. Dazu gehören der in Asien gebräuchliche Reisessig sowie der in England beliebte Malzessig.

149

Was ist Essigessenz?

Essigessenz ist ein rein synthetisches Produkt und enthält hochkonzentrierte Essigsäure. Sie ist keine Alternative zu Naturessig in der Küche, aber ein gutes biologisches Putz- und Desinfektionsmittel.

Aceto balsamico

Die Bezeichnung »Aceto Balsamico Tradizionale« (abgekürzt »ABT«) ist gesetzlich geschützt. Er darf nur in zwei Regionen Italiens hergestellt werden, und zwar in Reggio Emilia (ABT di RE) und in Modena (ABTM). Der echte Aceto Balsamio Tradizionale wird aus dem eingedickten Most der (weißen) Trebbianotraube gewonnen. Er muss mindestens 12 Jahre in Holzfässern lagern und reifen, wodurch er auch seine Farbe erhält. Balsamessig schmeckt immer leicht süßlich, sodass er zur Abrundung vieler Speisen, nicht nur von Salaten, sondern oft auch von Saucen verwendet wird.

Industriell gefertigter Aeto balsamico ohne den Zusatz »Tradizionale« ebenso wie Aceto balsamico bianco wird aus Weinessig und weiteren Zutaten ohne Reifung industriell hergestellt. Das hat nicht nur einen viel geringeren Preis, sondern auch einen völlig anderen Geschmack zur Folge.

Tipp: Ein Blick auf die Zutatenliste lässt schon erkennen, ob es sich um einen echten Balsamico handelt: Beim Original dürfen keine Farb-, Aroma- oder Konservierungsstoffe enthalten sein.

Senf

Das Prinzip der Senfherstellung ist einfach: Die schwarzen oder braunen (bzw. weißen) Senfkörner werden geschrotet, mit Wasser, Gewürzen und Essig langsam und lange vermischt (»vermaischt«). Während der dabei ablaufenden Fermentierung entwickelt sich durch biologische Ab- und Umbauprozesse von natürlichen Inhaltsstoffen das charakteristische Aroma des Senfs. Anschließend wird der Maischebrei mehr oder weniger fein gemahlen.

Klassischerweise lässt sich Senf in folgende Sorten unterteilen:
Milder Senf: aus vorwiegend gelber Senfsaat; feinwürzig
Mittelscharfer Senf: braune und gelbe Senfsaat zu gleichen Teilen; leicht würzig
Scharfer Senf: vorwiegend aus brauner Senfsaat; pikant
Süßer Senf; gelbe und braune Senfsaat; mit Zucker gesüßt
Auf Basis dieser Grundsorten gibt es inzwischen unzählige Senf-Spezialitäten, mit den verschiedensten Gewürz- und Fruchtnoten. Der bekannteste scharfe Senf ist der berühmte französische Dijon-Senf. Er wird aus braunen Senfkörnern hergestellt, die nicht entölt werden, was ihm ein besonders volles Aroma verleiht.

Würzsaucen

Die flüssigen bis pastenförmigen Zubereitungen zeichnen sich durch einen ausgeprägt würzenden Geschmack aus.

Tabasco-Sauce: feurig scharfe Pfeffersauce aus roten Chilischoten
Sambal Oelek: aus gestampften milden oder scharfen Paprikaschoten
Worcester-Sauce: englische, hocharomatische, scharfe Würzsauce aus Essig und vielen Gewürzen.

Sojasauce

Die je nach Sorte und Herkunft mehr oder weniger salzige bis süße, mehr oder weniger flüssige Würzsauce verwendet man in vielen asiatischen Ländern als Basisgewürz.
Für die traditionelle japanische Sojasauce wird eine Maische aus Sojabohnen, Weizen, Wasser und Salz mit Enzymen mehrere Monate lang vergoren. Die Sauce wird in Japan universell wie bei uns das Salz verwendet. Sie ist sehr hell.
Andere Sojasaucen werden industriell und viel schneller hergestellt, indem Hitze eingesetzt wird, aber auch Farbstoffe und Zuckerstoffe zugefügt werden.
Die indonesische Version der Sojasauce, Ketjap manis ist sehr dunkel, dickflüssig und schmeckt eher süßlich.

Tipp: Zwischen den angebotenen Sojasaucen gibt es große Unterschiede. Das Etikett einer Sojasaucen-Flasche gibt bereits Aufschluss über das Produkt: Erstklassige Qualität verbirgt sich hinter der Aufschrift »natürlich gebraut«. Die Zutatenliste sollte eher kurz sein, denn je mehr Stoffe beigemischt werden, desto geringer die Qualität der Sauce.

Wichtige Gewürze: Geschmack und Verwendung

Gewürz	Woraus wird das Gewürz gemacht?	Geschmack	Verwendung
Currypulver	je nach Sorte unterschiedliche Anteile von Chili, Koriander-, Kreuzkümmel-, Bockshornklee-, Senfsamen, Pfefferkörnern, Kurkuma, Ingwer u. a.	je nach Sorte erdig-mild-würzig bis scharf-aromatisch	vielseitig einsetzbar in der indischen, asiatischen, insbesondere südostasiatischen Küche, je nach Zusammensetzung für Gemüse-, Fleisch- und Fischgerichte
Ingwer, frisch oder Ingwerpulver	frische Ingwerwurzel oder getrocknete gemahlene Wurzeln	Die frische Wurzel schmeckt zitronenartig, erfrischend, scharf, das Pulver holzig, leicht süßlich, und scharf.	Frischer Ingwer ist unverzichtbar in der chinesischen und südostasiatischen Küche. Ingwerpulver passt in Fleischmarinaden, in warme Obstspeisen, eignet sich auch als Kuchengewürz und ist Bestandteil von asiatischen Gewürzmischungen.
Kümmel	Samen der Kümmelpflanze	warm und leicht bitter mit einem Hauch von Zitrus	Klassisches Brotgewürz, auch für Wurst und Käse, zu Kohl- und Wurzelgemüse, deftigen, fettreichen Fleischgerichten
Kurkuma (Gelbwurzel)	getrocknete gemahlene Wurzel der Kurkumapflanze.	erdig, im Nachgeschmack bitter, stark gelb färbend	Reisgerichte, Currys (Bestandteil von Currypulver), Fischgerichte, Linsengerichte, Lammgerichte, Gemüseeintöpfe
Muskatnuss (ganz oder gemahlen)	Samen des Muskatnussbaums	aromatisch warm-süß	für süße und salzige Speisen: zu Kartoffeln, Kohl und anderen Gemüsegerichten, für Reis- und Nudelsaucen
Nelken	ungeöffnete Blütenknospen eines immergrünen Baums	warm und aromareich, süßlich, in großen Mengen scharf und bitter	Weihnachtsgebäck, Gewürzbrot, Schmorgerichte (gespickte Zwiebel!), Saucengewürz, Bestandteil von Currypulvern, Fünf-Gewürz-Pulver
Paprika (rosenscharf oder edelsüß)	getrocknetes gemahlenes Fruchtfleisch von Gewürzpaprikaschoten unterschiedlicher Schärfe	paprikaaromatisch mit leicht bitterem Nachgeschmack Rosenscharf: leicht scharf Edelsüß: süßlich mild	für Fleischeintöpfe (Gulasch), Geflügelgerichte, Gerichte mit Kartoffeln, Bohnenkerne, Paprikaschoten; vielerlei spanische Gerichte und Gerichte ungarischer Herkunft
Pfeffer (schwarz oder weiß)	Schwarz: Getrocknete, aber unreife (grüne) Früchte des Pfefferstrauchs Weiß: Eingeweichte und vom Fruchtfleisch befreite reife Früchte des Pfefferstrauchs	Weißer Pfeffer schmeckt schärfer und weniger vielschichtig als schwarzer.	Universalgewürz, ganz zur Verwendung in Suden, gemahlen für alle Anwendungen
Safran (gemahlen oder in Fäden)	leuchtend orangefarbene Blütennarben einer Krokusart	bitter, warm und hocharomatisch, stark gelb färbend	für Fisch- und Reisgerichte (aus Spanien, Frankreich, Italien, Marokko und dem Orient); Backgewürz, Gewürz für Desserts
Vanille(schote)	fermentierte Früchte einer tropischen Kletterpflanze	aromareich, intensiv, exotisch-warm parfümiert, leicht herb, tabakähnlich	für Süßspeisen, z. B. Gebäck, Puddings, Desserts aller Art; harmoniert besonders gut mit Milch und Milchprodukten
Zimt	ganze (gerollte), gebrochene oder gemahlene Rinde des Zimtbaums	exotisch und intensiv holzig-warm-süßlich	zu pikanten Schmorgerichten, zu (süßen und salzigen) Reisgerichten, zu gekochtem Obst, für Gebäck, für Heißgetränke (Schokolade, Kakao)

Welche Fette und Öle gibt es?

Fette und Öle sind Geschmacksträger und liefern dem Körper viel Energie. Umso wichtiger ist es, zu wissen, welche der vielen Produkte wofür am besten geeignet sind.

Tierische Fette

Die einzigen tierischen Fette, die heute regelmäßig in der heimischen Küche verwendet werden, sind Butter und Butterschmalz.

Butter: Bei der Herstellung wird das Milchfett (Rahm) durch Zentrifugieren der Milch gewonnen. Für Süßrahmbutter wird Rahm vor dem Verbuttern kühl bis zu 15 Stunden gelagert. Für mildgesäuerte Butter wird der gereifte Rahm mit Milchsäurebakterien versetzt. Für Sauerrahmbutter werden dem Rahm vor dem Reifen Milchsäurebakterien zugesetzt, danach reift er noch weitere 7–10 Stunden.

Butterschmalz ist durch Entfernen von Wasser gewonnenes Butterreinfett. Es ist hoch erhitzbar und zum Braten bestens geeignet.

Pflanzliche Fette und Öle

Sie werden aus Nüssen, Ölsaaten und Ölfrüchten gewonnen. Produkte aus Palm- oder Kokosfett und Frittierfette (Mischungen aus pflanzlichen Ölen und Fetten) sind industriell bearbeitete Fette, die bei Zimmertemperatur fest sind und die mehrfaches Hocherhitzen ohne Qualitätsverlust überstehen. Die meisten aus Pflanzen gewonnenen Fette sind flüssig und werden daher Öle genannt. Kalt gepresstes Öl enthält das volle Aroma und den größtmöglichen Anteil der Nährstoffe der Ausgangsprodukte. Allerdings sind gerade wegen dieser vielen Inhaltsstoffe kalt gepresste Öle nur begrenzt haltbar, und nicht alle sind hoch erhitzbar (siehe Tabelle S. 153). Alle Öle sind empfindlich gegenüber Licht, Wärme und Sauerstoff und sollten daher dunkel (mindestens in dunklen Flaschen), verschlossen und kühl gelagert werden. Insbesondere Leinöl hält sich nur wenige Monate.

Kalt gepresst oder raffiniert? Kalt gepresste Öle werden (ggf. unter Einwirkung von mäßiger Wärme) aus den Ursprungsprodukten gepresst und dann nur gefiltert. Raffinierte Öle werden in zahlreichen Arbeitsschritten durch Einwirkung von Druck, Hitze und auch chemischen Hilfsmitteln aus den Ursprungsprodukten extrahiert und vollständig von Begleitstoffen (u. a. Farbstoffen, Geschmacksstoffen) befreit. Das macht sie besonders lang haltbar und hoch erhitzbar, nimmt aber auch viel Geschmack. Nicht verändert wird bei der Raffination Zusammensetzung und Gehalt an Fettsäuren.

Gesättigte und ungesättigte Fettsäuren: Jedes Fett bzw. Öl hat seine charakteristische Fettsäurezusammensetzung mit mehr oder weniger gesättigten, einfach oder mehrfach ungesättigten Fettsäuren. Fett, das vor allem gesättigte Fettsäuren enthält, ist bei Zimmertemperatur fest (wie Butter, Kokos- oder Palmfett), sehr unempfindlich und daher gut erhitzbar. Pflanzenöle oder auch Fischöle sind reich an ungesättigten Fettsäuren und damit bei Zimmertemperatur flüssig, außerdem sind sie empfindlicher als Fette aus gesättigten Fettsäuren.

Gesättigte und ungesättigte Fettsäuren haben aber auch einen unterschiedlichen Gesundheitswert: Während gesättigte Fettsäuren hauptsächlich als Energielieferanten dienen, haben ungesättigte Fettsäuern im Körper vielfältige gesundheitliche Wirkungen, unter anderem auf den Fettstoffwechsel, das Herz-Kreislauf-System, das Immunsystem, die Nerven und entzündliche Prozesse. Fette und Öle, die reich an einfach ungesättigter Ölsäure und an mehrfach ungesättigten Omega-3-Fettsäuren sind, sind besonders wertvoll.

Margarine

Das Streichfett wird heute in der Regel aus pflanzlichen Ölen und Fetten und Wasser hergestellt. Außerdem enthält Margarine fast immer natürliche Aromastoffe, fettlösliche Vitamine (A, D, E), Emulgatoren, den natürlichen Farbstoff Beta-Carotin sowie Salz und Milchbestandteile. Normale Margarine (und auch Diätmargarine) liefert genauso viele Kalorien wie Butter. Diätmargarine muss im Fettanteil 50 % Linolsäure (Omega-6-Fettsäure) enthalten. Zweck: Senkung des Cholesterinspiegels. Dreiviertelfettmargarine bzw. Halbfettmargarine enthalten nur 75 % bzw. 50 % des Fetts einer normalen Margarine.

Kalt gepresste Pflanzenöle und ihre Eigenschaften			
Ölsorte	**Geschmack**	**Verwendung**	**wichtige Fettsäuren**
Distelöl	neutral bis mild nussig	v. a. für Salate und Rohkost und Dips, zum Schwenken von Gemüse, Teigwaren, Kartoffeln, auch zum Dünsten und Kochen	reich an mehrfach ungesättigten Omega-6-Fettsäuren
Erdnussöl	mild nussig	hoch erhitzbares Öl zum Braten, Backen, Frittieren; für Wokgerichte	reich an mehrfach ungesättigten Fettsäuren
Haselnussöl	nussig	für Salate, Rohkost, auch für Desserts und zum Backen sowie zum Braten, Dünsten und Garen	reich an einfach ungesättigten Fettsäuren (Ölsäure)
Kürbiskernöl	nussig-würzig	zum Verfeinern von Salaten, Rohkost, Suppen und Saucen, auf Brot, zu Käse	reich an ungesättigten Fettsäuren
Leinöl	feinnussig, leicht »grasig«	zum Verfeinern von Müsli, Quarkspeisen, (Gemüse-)Salaten, für Mayonnaisen	reich an mehrfach ungesättigten Fettsäuren; insbesondere an Omega-3-Fettsäuren
Maiskeimöl	neutral	ideal für kalte Speisen wie Salate, Marinaden, Dips; Raffiniertes Öl ist auch zum Dünsten, Kochen und Backen	reich an mehrfach ungesättigten Fettsäuren
Olivenöl	je nach Sorte von mildfruchtig bis fruchtig-herb	Universalöl zum Kochen, Braten, Frittieren, Backen, für Salate, Rohkost, zum Beträufeln von Brot, Verfeinern von Gemüse	reich an einfach ungesättigten Fettsäuren (Ölsäure)
Rapsöl	neutral bis nussig	Universalöl zum Kochen, Dünsten, Braten sowie für Salate, Marinaden und Dips, auch zum Backen sehr gut geeignet	reich an ungesättigten Fettsäuren, v. a . Ölsäure und Omega-3-Fettsäuren
Sesamöl (hell, aus ungerösteten Samen)	mildnussig	zum Dünsten und Kochen, für Salate/Rohkost, zum Verfeinern von gegartem Gemüse, Kartoffeln, Süßspeisen, Müsli	reich an mehrfach ungesättigten Fettsäuren
Sonnenblumenöl	fruchtig-nussig	für Salate, Rohkost, zum Dünsten und Kochen	reich an ungesättigten Fettsäuren (Ölsäure, Omega-6-Fettsäuren
Traubenkernöl	aromatisch nussig-fruchtig	hoch erhitzbares Öl, das sich auch zum Braten eignet; zum Aromatisieren von rohem und gegartem Gemüse, von Salaten, Dips, Saucen, Müsli; zu Käse	reich an mehrfach ungesättigten Fettsäuren
Walnussöl	aromatisch-nussig	zum Verfeinern von Wurzelgemüse, Kartoffeln, für Salate, Pesto	reich an mehrfach ungesättigten Fettsäuren

153

Womit kann ich süßen und gelieren?

Zucker, Süßstoff, Honig und Geliermittel sind unverzichtbar, wenn es um Süßes wie Cremes, Marmeladen und natürlich um Gebäck und Kuchen geht.

Zucker

Raffinierter Zucker ist der gängigste Zucker (Raffinade). Er wurde in einem vielstufigen chemisch-physikalischen Prozess aus Zuckerrüben extrahiert, gereinigt und durch Trocknen kristallisiert. Es gibt ihn als körnigem Kristallzucker, fein gemahlen als Puderzucker, zu Würfelzucker gepresst oder auch als Hagelzucker (angefeuchtet, gepresst, getrocknet und zu hagelkornähnlichen Stückchen zerstoßen).

Kandiszucker (Kandisraffinade) ist ein Sammelbegriff für sehr grob kristallisierte klare oder karamellisierte Zuckerlösung. Kandis wird zum Süßen von Tee und anderen Getränken verwendet.

Brauner Zucker Den charakteristischen Geruch und Geschmack sowie sein Aussehen erhält brauner Zucker (auch Kandisfarin, Rohzucker) durch karamellhaltige Sirupe oder durch Begleitstoffe aus der Zuckerrübe bzw. dem Zuckerrohr. Er wird nicht künstlich gefärbt. Als brauner Zucker wird im täglichen Sprachgebrauch auch Vollrohrzucker (bzw. Vollzucker) bezeichnet. Er besteht aus dem gereinigten, eingedickten, getrockneten Saft von Zuckerrohr bzw. Zuckerrüben. Dieser Zucker enthält noch alle Mineralstoffe des Zuckerrohrsaftes bzw. des Zuckerrübensaftes. Er schmeckt leicht karamellartig.

Gelierzucker oder Einmachzucker? Gelierzucker besteht aus raffiniertem Zucker, Geliermitteln (Obstpektinen, siehe auch Geliermittel S. 155) und Zitronen- oder Weinsäure. Er süßt und geliert also zugleich. Gelierzucker wird zur Herstellung von Konfitüren, Marmeladen und Gelees verwendet. Bei Einmachzucker handelt es sich um eine sehr grobkörnige Raffinade ohne Gelierhilfe, die sich zum Einmachen von Früchten besonders gut eignet. Sie löst sich langsamer auf und schäumt sehr viel weniger als normaler Zucker.

Süßstoff

Süßstoffe sind chemische Verbindungen mit einem Vielfachen der Süßkraft von normalem Zucker (10- bis 500-fach süßer). Sie liefern keine oder nur sehr wenige Kalorien. Es gibt sie in Tablettenform, flüssig und auch streufähig.

Zuckeraustauschstoffe

Zuckeraustauschstoffe werden meist industriell genutzt. Beim Kochen und Backen im Haushalt hat eigentlich nur Fruktose (Fruchtzucker) Bedeutung, die als weißes Pulver und als Sirup im Handel ist. Fruchtzucker kann genauso wie Zucker oder Honig verwendet werden.

Populäre Zucker-Irrtümer

Zuckeraustauschstoffe haben keine Kalorien
Richtig ist, dass Zuckeraustauschstoffe ca. 40 % weniger Kalorien als normaler Zucker haben. Fruktose hat genauso viele Kalorien wie Zucker. Durch die stärkere Süßkraft wird allerdings nicht so viel benötigt.

Fruchtzucker ist gesünder als normaler
Fruchtzucker wird zwar insulinunabhängig verwertet, was ihn für Diabetiker geeignet macht, er wird aber in größeren Mengen nicht gut vertragen und führt zu Darmbeschwerden.

Brauner Zucker ist gesünder
Die Zusammensetzung ist die gleiche wie bei weißem Zucker, bis auf einen höheren Anteil an Aromastoffen im braunen Zucker. Definitiv mehr Mineralstoffe als weißer Zucker enthält Vollrohrzucker.

Vanillezucker und Vanillinzucker sind dasselbe
Vanillezucker ist eine Mischung aus Kristallzucker und echtem, fein geriebenem Vanillemark. Dagegen enthält Vanillinzucker weißen Zucker mit Vanillin-Aroma. Vanillin ist ein naturidentischer Aromastoff, also eine synthetisch hergestellte Substanz.

Honig

Blütenhonige stammen z. B. aus dem Nektar von Linden-, Akazien-, Heide-, Raps- oder Kleeblüten. Sie sind meist relativ hell.

Honigtauhonige wie Wald-, Tannen- oder Fichtenhonige bestehen nicht aus Nektar, sondern überwiegend aus den Sekreten von Insekten, die sich auf den Bäumen befinden. Diese Honige sind hellbraun, zum Teil grünlich braun, manche fast schwarz. Hauptbestandteile von Honig sind Zucker und 20–25 % Wasser, daneben enthält er viele verschiedene Begleitstoffe in sehr geringen Mengen, u. a. Vitamine, Mineralstoffe, Enzyme, Säuren und Aromastoffe. Das Enzym Glucoseoxidase und bestimmte Säuren sorgen für die antibakterielle Eigenschaft des Honigs. In der Volksheilkunde wird Honig daher z. B. für die Behandlung von Halsschmerzen genutzt. Wichtig ist jedoch, dass der Honig nicht über 40° erhitzt wurde. Gemäß EG-Verordnung darf dem Honig nichts hinzugefügt oder entzogen werden.

Populärer Honig-Irrtum

Mit Honig backen und kochen ist gesund

In der Vollkornbäckerei wird häufig Honig als gesunde Alternative eingesetzt. Erhitzter Honig ist jedoch nicht gesünder als Zucker. Er bewirkt nur einen anderen Geschmack. Wer den gesundheitlichen Nutzen erhalten will, sollte darauf achten, Honig nicht über 40° zu erhitzen.

Geliermittel und Verdickungsmittel

Gelatine wird aus tierischem Eiweiß gewonnen. Sie muss vor der Verwendung erwärmt, darf aber nicht gekocht werden, da sie dadurch ihre Gelierkraft verliert. Instant-Gelatine ist kaltwasserlöslich. Möchten Sie Früchte wie Kiwis, Ananas, Mangos oder Papayas gelieren, sollten Sie diese zuvor kurz dünsten, da sonst eiweißspaltende fruchteigene Enzyme das Gelieren verhindern.

Agar-Agar wird aus verschiedenen Rotalgen hergestellt und ist im Gegensatz zu Gelatine rein pflanzlich. Sie können Agar-Agar als Pulver, Stange, in Streifen oder als Flocken kaufen. Die Verarbeitung ist je nach Hersteller und/oder Qualität unterschiedlich, Speisen mit Agar-Agar werden aber auf jeden Fall gekocht. Die Konsistenz des fertigen Gelees ist nicht von der Temperatur abhängig, sie ist etwas brüchiger, nicht ganz so fein.

Pektin als pflanzliches Geliermittel besitzt ebenfalls ein höheres Geliervermögen als Gelatine und wird ebenfalls gekocht.

Modifizierte Stärke wird im Gegensatz zur herkömmlichen Stärke kalt angerührt. Als Verdickungsmittel ist sie oft in Fertigprodukten wie Suppen, Saucen, Tortenguss und Sahnesteif zu finden.

Johannisbrotkernmehl ist weiß, manchmal leicht beige und vollkommen geschmacksneutral. Es bindet Flüssigkeiten auch in kaltem Zustand und ist deshalb besonders geeignet zum Stabilisieren von Schlagsahne oder Tortenfüllungen, die ihre Konsistenz behalten sollen.

Gelatine gibt es als Pulver und in Blattform. Agar-Agar als Pulver, in Stangen, Streifen und Flocken. Pektin wird auch als Pulver angeboten, ebenso wie Johannisbrotkernmehl.

Alternativen für Lacto-Vegetarier, Veganer und Allergiker

- Statt **Milch**: Sojamilch, Reismilch und Hafermilch, evtl. Ziegen- und Schafmilch
- Statt **Sahne**: Kokosmilch und Soja-Creme
- Statt **Käse**: Tofu
- Statt **Ei**: Backpulver (Pro 1 Ei 2 EL Wasser, 1 EL Pflanzenöl und 1/2 TL Backpulver nehmen), Sojamehl (in Backteigen 1 Ei durch 1 EL Vollsojamehl und 2 EL Wasser austauschen)
- Statt **Gelatine**: Agar-Agar
- Statt **Honig**: Fruchtsüße (z. B. Apfelkraut, Agavendicksaft), Rohr- und Rübenzucker, Ahornsirup, weißer und brauner Zucker

Getränke

Was wäre ein Essen ohne Trinken? Genau – nur halb so gut. Daher steht hier alles

über Ihre Lieblingsgetränke und die, die es noch werden wollen: Vom natürlichen

Wasser über den klassischen Rotwein bis hin zum trendigen und gesunden Tee.

Getränke

158	Wasser
160	Saft und Nektar
162	Limonaden und Co.
163	Wein
164	Bekannte Weintrauben auf einen Blick
165	Weingenuss: Trinktemperatur
166	Weingenuss: Jahrgang und Lagerung
167	Schaum-, Aperitif- und Dessertweine
168	Spirituosen
169	Bier
171	Tee
172	Besondere Teesorten
173	Tee zubereiten
174	Kaffee
175	Kakao

Wasser

Ein Glas Wasser als Durstlöscher, einfacher und gesünder geht's nicht. Und doch gibt es große Unterschiede zwischen den verschiedenen Wässern im Glas.

Woher kommen die verschiedenen Wässer?

Mineralwasser ist Niederschlagswasser, das ins Erdreich eingedrungen und durch die verschiedensten Gesteinsschichten bis zu seiner Quelle gesickert ist. Auf seinem langen Sickerweg wird es auf natürliche Weise gereinigt und gefiltert und mit Mineralstoffen, Spurenelementen und oft auch Kohlensäure angereichert. Menge und Zusammensetzung dieser Inhaltsstoffe werden durch das jeweilige Gestein bestimmt. Ist die Reinheit eines Mineralwassers amtlich geprüft, darf es sich »Natürliches Mineralwasser« nennen. Natürliches Mineralwasser ist übrigens das einzige Lebensmittel, das in Deutschland amtlich zugelassen wird. Es darf mit Kohlensäure versetzt und »enteisent« (von Eisen befreit) werden. Ein hoher Eisengehalt im Wasser kann zu unschönen Eisenflocken in der Flasche führen.

Quellwasser stammt ebenfalls aus unterirdischen Wasservorkommen, es bedarf keiner amtlichen Anerkennung (Reinheitsprüfung), muss aber den allgemeinen Trinkwasseranforderungen genügen.

Heilwasser stammt aus unterirdischen Quellen und darf wie natürliches Mineralwasser nicht bearbeitet werden. Aufgrund des Nachweises einer heilenden, lindernden oder krankheitsvorbeugenden Wirkung ist es als Arzneimittel zugelassen und zählt somit nicht zu den Lebensmitteln. Dennoch sind die meisten Heilwasser für den langfristigen täglichen Genuss geeignet. Der Mineralstoff- und Spurenelementegehalt liegt meist in ähnlicher Größenordnung wie bei Natürlichem Mineralwasser.

Tafelwasser besteht aus Trinkwasser mit Zusätzen wie Sole oder Meerwasser, Mineralstoffen und Kohlensäure, die das Wasser geschmacklich aufbessern sollen. Die Zusätze müssen auf dem Etikett ausgewiesen sein. Es gibt keine Anforderungen an den Mineralstoffgehalt oder die Behandlungsmethoden.

Leitungswasser ist ein nicht abgepacktes Trinkwasser aus der öffentlichen Trinkwasserversorgung.

Wasser aus Flasche oder Leitung?

Legen Sie Wert auf Bequemlichkeit und einen günstigen Preis, liegen Sie bei Leitungswasser richtig. Trinkwasser ist in Deutschland immer zum unbedenklichen Dauerkonsum geeignet. Kommt es Ihnen auf Mineralstoffgehalt und Naturbelassenheit an, ist Mineralwasser das Getränk Ihrer Wahl. Und nicht zuletzt ist die Entscheidung eine des subjektiven Geschmacks.

Sprudel oder Selters?

Kohlensäurehaltiges Mineralwasser wird in Südwestdeutschland auch als saurer Sprudel bezeichnet. Vielerorts wird auch von Selterswasser (kurz Selters) gesprochen. Dies ist

Verwirrende Vielfalt: Mineralwasser, Heilwasser, Tafelwasser und Leitungswasser.

eine Verallgemeinerung der Marke Selters, einem Mineralwasser aus dem gleichnamigen Ort im Taunus.

Was steht auf dem Mineralwasser-Etikett?

Auf dem Etikett muss entweder die amtlich anerkannte Analyse mit Datum oder die Menge der charakteristischen Bestandteile aufgelistet sein. Ab 1.500 mg Mineralstoffen pro Liter kann auf dem Etikett ein »hoher Gehalt an Mineralstoffen« ausgelobt werden. Bicarbonathaltig darf sich ein Mineralwasser mit über 600 mg Hydrogencarbonat pro Liter nennen, sulfathaltig bei mehr als 200 mg Sulfat und chloridhaltig bei mehr als 200 mg Chlorid pro Liter. Calciumhaltig bedeutet mehr als 150 mg Calcium pro Liter, magnesiumhaltig mehr als 50 mg Magnesium, fluoridhaltig mehr als 1 mg Fluorid, eisenhaltig über 1 mg zweiwertiges Eisen, natriumhaltig über 200 mg Natrium. Wasser mit weniger als 20 mg Natrium pro Liter ist »geeignet für die natriumarme Ernährung«. »Geeignet für die Zubereitung von Säuglingsnahrung« bedeutet u. a. höchstens 20 mg Natrium und 10 mg Nitrat.

Wasser zu Speisen und anderen Getränken

Wasser ist nicht nur ein Durstlöscher. Es ist auch ein hervorragender Begleiter durch das Menü, zu Wein und Kaffee. Denn Wasser spült die Geschmacksnerven, sodass die Aromen der verschiedenen Speisen und Weine optimal geschmeckt werden können. Wasser gleicht die entwässernde Wirkung von Alkohol und Kaffee aus. Wird Wasser zum Kaffee getrunken, verdünnt es außerdem die durch das Genussmittel angeregte Magensäure und macht den Kaffee magenverträglicher. Je nach Zusammensetzung hilft Wasser, Eigenschaften des Weines auszugleichen oder hervorzuheben:

Kohlensäurereiches, neutrales Wasser betont die Säure und passt daher zu säurearmen, halbtrockenen oder lieblichen Weinen.

Kohlensäurearmes Wasser mit viel Magnesium, Kalzium und Hydrogencarbonat lässt säurereiche Weißweine (z. B. Riesling) milder wirken.

Wasser mit einem hohen Gehalt an Hydrogencarbonat nimmt Rotweinen die Säure, dafür wirken die Gerbstoffe stärker.

Salzige Wässer, also Wässer mit einem hohen Natrium- und Chloridanteil sowie mit einem hohen Gehalt an Hydrogencarbonat lassen Rotweine bitter schmecken.

Wussten Sie, dass …

• es seit einigen Jahren in Deutschland sogar Wasser-Sommeliers gibt. Sie beraten die Gäste von Nobelrestaurants bei der Wahl des richtigen Wassers zu Wein und Menü.
• Mineralwasser im Restaurant in geschlossenen Flaschen serviert werden muss, wohingegen Tafelwasser offen angeboten werden darf?

Wasser mit Geschmack

Zu kaufen gibt es unzählige Sorten von Wasser mit Geschmack und ohne Kalorien. Zugesetzt werden diesem Wasser Aromastoffe und (kalorienfreie) Süßungsmittel.

Selbst gemacht: Mischen Sie sich einfach eine »Schorle«: Geben Sie Fruchtsaft Ihrer Wahl oder Wein (z. B. Weißwein) zum Wasser. Kalorienarme Version: Ein paar Scheiben Bio-Zitrone oder -Limette in einen Krug mit Wasser geben!

Wasserfilter

Da die Trinkwasserqualität in Deutschland anerkannt hoch ist, empfiehlt sich der Einsatz eines Wasserfilters nur, um Wasser für die Kaffee- und Teezubereitung zu entkalken. Die Filterpatronen sollten ständig in Benutzung sein und regelmäßig erneuert werden, sonst können die Patronen und das gefilterte Wasser mit Keimen belastet sein.

Ist sauerstoffreiches Wasser gesünder?

Seit einigen Jahren finden sich unter den Fitness- bzw. Sportlergetränken Wässer, die mit Sauerstoff angereichert sind. Die vergleichsweise teuren Produkte enthalten ein Vielfaches der Sauerstoffmenge, die in normalem Leitungswasser gelöst enthalten ist. Geworben wird damit, dass das sauerstoffangereicherte Wasser die Leistungsfähigkeit erhöht. Dafür fehlt bislang ein wissenschaftlicher Beweis.

Saft und Nektar

Ein Blick auf die Verpackung lohnt sich, denn Saft ist nicht gleich Saft. In Deutschland kann man bereits am Namen des Getränks den Fruchtsaftgehalt erkennen.

Getränke aus Fruchtsaft unterscheiden sich zum einen in ihrem Gehalt an Fruchtsaft – er kann zwischen 100 % und nur 6 % liegen. Zum anderen kann – zusätzlich zum natürlicherweise im entsafteten Obst enthaltenen Fruchtzucker – weiterer Zucker oder andere Süße zugesetzt sein, außerdem Wasser, Aromen, Säuren und Konservierungsstoffe. Kein Grund zur Verwirrung: Was grundsätzlich in einem Getränk aus Fruchtsaft enthalten ist, können Sie leicht an der Handelsbezeichnung erkennen. Es gibt in Deutschland vier verschiedene Arten von Fruchtsaft bzw. Fruchtsaftgetränken (siehe untere Tabelle).

Was ist der Unterschied zwischen Direktsaft und Saft aus Fruchtsaftkonzentrat?

Beide Säfte haben einen Fruchtsaftgehalt von 100 %, aber

Direktsaft wird direkt nach der Verarbeitung abgefüllt. Bei der Herstellung sind nur physikalische Verfahren zugelassen. Es dürfen keine Zusätze wie Aromastoffe etc. zugesetzt werden.

Saft aus Konzentrat: Dabei wird dem frisch gepressten Saft in einem Vakuum das Wasser entzogen und die Aromen aufgefangen, der Saft wird konzentriert. Vor dem Abfüllen werden dem Konzentrat zur Rückverdünnung die gleiche Menge Wasser und die Aromen wieder zugeführt. An Qualität und Geschmack büßt der Saft dabei nur minimal ein. Dass ein Saft aus Fruchtsaftkonzentrat hergestellt ist, muss auf der Verpackung angegeben sein. Die Konzentratherstellung hat verschiedene Vorteile, die sich letztendlich günstig auf die Verbraucherpreise auswirken: Die Hersteller erreichen höhere Lagerkapazitäten, können die Abfüllung über einen längeren Zeitraum gleichmäßig verteilen und Jahre mit einer schlechten Obsternte durch Lagerreserven ausgleichen.

Säfte			
Name	**Fruchtsaftgehalt**	**Sonstige Inhaltsstoffe**	**Beispiele**
Fruchtsaft ohne Zuckerzusatz	100 %	----	Apfelsaft, Birnensaft, Orangensaft, Traubensaft
Fruchtsaft	100 %	bis zu 15 g Zucker pro Liter zur Geschmackskorrektur	Apfelsaft, Birnensaft, Orangensaft, Traubensaft
Fruchtnektar	mind. 25–50 % (je nach Fruchtart)	Wasser, bis zu 20 % Zucker, Honig oder Süßstoffe, Säuren wie Milch- oder Zitronensäure	Apfel-Kirsch-Nektar, Mehrfruchtnektar, Aprikosennektar
Fruchtsaftgetränk	mind. 30 % bei Kernobst oder Trauben mind. 6 % bei Zitrusfrüchten mind. 10 % bei allen anderen Früchten	Wasser, Zucker oder Süßstoffe (unbegrenzt), Aromen, Konservierungsstoffe	Birne-Sanddorn-Aprikose-Fruchtsaftgetränk, Kirsch-Fruchtsaftgetränk

Was bedeutet »naturtrüb«?

Beim Pressen entstehen natürlicherweise Schwebstoffe, die eine Trübung der Flüssigkeit verursachen. Wird der Saft unmittelbar abgefüllt, bleiben diese Schwebstoffe enthalten. Der Saft ist »naturtrüb«. Im Gegensatz dazu wird der klare Saft vor der Abfüllung zentrifugiert und gefiltert und die Schwebstoffe entfernt.

Was muss bei Säften und Co. auf der Packung angegeben werden?

• Name des Saftes. Sind mehrere Früchte enthalten, werden die Namen in der Reihenfolge des Saftanteils genannt, z. B. Apfel-Mango-Saft
• genaue Bezeichnung (z. B. Fruchtsaft oder Fruchtnektar, s. Tabelle links)
• Zutaten, damit der Verbraucher weiß, ob Zusätze enthalten sind.
• Wird ein Saft aus Konzentrat hergestellt, muss dies ebenfalls vermerkt werden.
• Angabe des Fruchtgehaltes.

Gibt es von allen Früchten Fruchtsäfte?

Aus manchen Früchten lassen sich durch Pressen keine flüssigen Säfte herstellen, weil sie zu wenig Flüssigkeit enthalten. Dazu gehören z. B. Bananen, Aprikosen oder Pfirsiche. Sie können nur zu sogenannten Fruchtnektaren verarbeitet werden: Dabei wird das Fruchtmark mit (Zucker-)Wasser verdünnt. Bei Johannisbeeren oder Sauerkirschen können aufgrund des hohen Säuregehaltes nur Nektare hergestellt werden.

Was sind ACE-Drinks?

ACE-Getränke bestehen meist aus Mineralwasser mit unterschiedlichen Anteilen von Frucht- und Gemüsesäften und Zusätzen von Vitaminen und Mineralstoffen. Ihren Namen haben sie von den zugesetzten Vitaminen A, C und E, die eine nachgewiesene zellschützende Wirkung haben. ACE-Drinks gehören damit zu den funktionellen Lebensmitteln, also zu Lebensmitteln, die für den Körper zusätzliche positive Wirkungen haben (s. S. 162).

Im Trend: Gemüsesäfte

Gemüsesäfte haben eine appetitanregende und verdauungsfördernde Wirkung. Sie sind deswegen eine gute Ergänzung der Mahlzeiten, vor allem des Frühstücks. Als Gemüsenektar müssen sie mindestens einen Gemüseanteil von 40 % aufweisen. Daneben können Trinkwasser, Salz, Zucker, Gewürze und Genuss-Säuren zugesetzt werden. Als Durstlöscher werden Karottensaft und leicht gesalzener Tomatensaft wie auch Mischungen aus den beiden mit Sellerie und/oder Roten Beten verwendet.

Frisch und gesund: Saft selbst auspressen

Wer einen Entsafter hat, kann seine eigenen Frucht- und Gemüsesäfte herstellen. Diese frischen Säfte sind in ihrem Gehalt an gesundheitsrelevanten Inhaltsstoffen wie Vitaminen, aber auch sekundären Pflanzenstoffen nicht durch gekaufte Säfte zu übertreffen, wenn man sie sofort trinkt.

Säfte enthalten viel natürlichen Fruchtzucker und sind damit kalorienreich. Als Durstlöscher sind sie nur mit Wasser gemischt geeignet.

Populärer Saft-Irrtum

Fruchtsaft ersetzt Obst und Gemüse!
Saft kann das ganze Stück Obst oder Gemüse nicht ersetzen. Zwar sind Säfte reich an Vitaminen und Mineralien, doch beim Auspressen bleibt ein Großteil der in der Frucht enthaltenen wertvollen Ballaststoffe zurück. Und diese fehlen dann bei der Verdauung. Außerdem nehmen wir zwar Kalorien zu uns, aber es tritt kein Sättigungsgefühl ein – denn es gibt weder etwas zu Kauen, noch etwas, das den Magen eine Weile füllt. Das kann dazu führen, dass nach dem Saftgenuss zusätzlich viel gegessen wird und langfristig Gewicht zugelegt wird.

Limonaden und Co.

Light-Limonaden verschiedenster Geschmacksrichtungen sind im Trend ebenso wie Erfrischungsgetränke für alle erdenklichen Zielgruppen.

Was ist in der Limonade?

In der Bezeichnung »Limonade« steckt das englische bzw. romanische Wort für Zitrone (lemon, limon-). Limonade besteht heute aus Wasser, Zucker, Aromaextrakten und/oder natürlichen Aromastoffen und in der Regel Zitronensäure (wobei Zitronensäure kein Zitronensaft ist). Als Cola-Getränke werden koffeinhaltige Limonaden bezeichnet.

Limonaden mit Fruchsaftanteil: Hier muss mindestens die Hälfte der bei Fruchtsaftgetränken üblichen Fruchtsaftanteile enthalten sein (s. S. 160), d. h. bei Limonaden aus Kernobst- oder Traubensäften 15 % Fruchtsaftanteil, bei Limonaden aus Zitrussäften 3 % Fruchtsaftanteil, bei Limos aus anderen Fruchtsäften 5 % Fruchtsaftanteil.

Light-Limonaden/Diät-Limonaden: Light-Getränke sind kalorienreduziert, weil statt mit Zucker mit Süßstoff gesüßt wird.

Spezielle Kindergetränke

Bei fast allen angebotenen Kindergetränken ist der Fruchtsaftgehalt sehr gering, der Zuckergehalt dagegen sehr hoch. Meist sind sie mit Nahrungsergänzungsmitteln angereichert, die aber bei einer ausgewogenen Ernährung überflüssig sind. Als gesunde und geeignete Durstlöscher eignen sich am besten verdünnte Fruchtsäfte, Tees (ohne Koffein) und natürlich Wasser.

Alkopops

Alkopops sind gemixte süße Getränke, die mit Spirituosen (Wodka oder Whisky) gemischt sind und in »poppiger« Aufmachung verkauft werden. Der Alkoholgehalt liegt bei 5–6 %. Sie sind nicht nur ungesund, weil süß und kalorienreich, sondern stehen auch als Einstiegsdroge in der Kritik. Denn den Getränken merkt man ihren Alkoholgehalt nicht an. Durch Mischung mit süßem Fruchtsaft oder Limonade wird der typische Bittergeschmack von Alkohol gemildert. So entsteht der Eindruck, dass es sich um ein Erfrischungsgetränk handelt.

Funktionelle Getränke

Funktionelle Getränke sind alkoholfreie Getränke, die zusätzlich gesundheitsfördernd oder anregend auf den Körper wirken sollen.

Gesundheits- und Wellnessgetränke gibt es auf Wasser-, Fruchtsaft- oder Molkebasis. Sie enthalten Vitamine, Mineralstoffe, Probiotika und Ballaststoffe. Die häufigste Vitaminkombination ist die der zellschützenden Vitamine A, C und E. Viele Getränke haben pflanzliche Zusätze wie Aloe vera, Acerola, Gingko und Kombucha.

Sportlergetränke bzw. isotonische bzw. Elektrolytgetränke weisen die gleiche Konzentration an gelösten Teilchen wie das Blut auf, womit sie sehr rasch vom Darm ins Blut aufgenommen werden können. Sie enthalten Wasser, Zucker, Vitamine und Mineralstoffe. Allerdings sind oft auch Proteine, Taurin oder Koffein zugesetzt, deren Nutzen umstritten ist. Der Deutsche Sportbund empfiehlt als isotonisches Getränk Apfelsaftschorle aus einem Drittel Saft und zwei Drittel natriumreichem Mineralwasser.

Energy-Drinks bestehen aus Wasser, Zucker und Zusätzen wie Koffein, Guarana oder Taurin. Sie wirken anregend. Eine leistungssteigernde Wirkung wurde bislang nicht nachgewiesen. Diese Getränke liefern leere Zuckerkalorien und sind aus ernährungsphysiologischer Sicht nicht als Durstlöscher zu empfehlen.

Der Frischekick: Zitronensaft und Wasser sind die Basis jeder Limonade.

Wein

Wein gehört heute selbstverständlich zu gutem Essen und ist Sinnbild gepflegten Genießens. Oft ist es aber gar nicht so einfach, den richtigen zu finden. Hier ein paar Tipps.

Grundregeln für den Einkauf

Lassen Sie sich nicht von großen Namen oder Auszeichnungen beeindrucken. Der Wein muss Ihnen schmecken, unabhängig davon, wie er von Testern bewertet wurde. Lassen Sie sich in einem Fachgeschäft beraten und machen Sie, wenn Sie größere Mengen kaufen wollen, eine Weinprobe. Probieren Sie mit allen Sinnen: Erst den Wein ansehen, dann riechen, dann schmecken. Probieren Sie den Wein ruhig mehrmals. Kaufen Sie Wein nicht in letzter Minute. Viele Weine schmecken besser, wenn sie mindestens 1 Woche ruhen können. Im Herbst werden die neuen Weine geliefert und die alten Weine müssen raus. Hier besteht eine gute Chance auf günstige gute Weine.

Tafelwein, Landwein, Qualitätswein

Deutsche Weine sind nach dem Weingesetz nach steigender Qualität klassifiziert. **Deutscher Tafelwein** muss einen natürlichen Mindestalkoholgehalt von 5 % Vol. aufweisen, **Landwein** 5,9 % Vol. und **Qualitätswein** 8 % Vol. Alle Weine dürfen um 3,5 % Vol. Alkohol angereichert werden. Tafel- und Landwein dürfen dann aber an Gesamtalkohol höchstens 12,5 (bei Rotwein) bzw. 11 % Vol. haben. **Qualitätsweine bestimmter Anbaugebiete (QbA)** dürfen nur von genehmigten An-

bauflächen und von zugelassenen/empfohlenen Rebsorten stammen. Die Weine müssen in einer amtlichen Prüfung auf Geschmack und Zusammensetzung geprüft werden. **Qualitätswein mit Prädikat (QmP)** durchläuft ebenfalls eine amtliche Geschmacksprüfung; nach aufsteigendem Zuckergehalt unterscheidet man die folgenden Prädikate: Kabinett, Spätlese, Auslese, Beerenauslese und Eiswein, Trockenbeerenauslese.

Herkunftsbezeichnungen in Spanien, Italien und Frankreich

Spanien: D.O. (»Herkunftsbezeichnung«) entspricht in etwa dem deutschen QbA, dem italienischen DOC und dem französischen AOC. Für D.O.-Weingebiete sind die zugelassenen Rebsorten geregelt, außerdem der Ertrag, die Dichte der Bestockung, der Rebschnitt und die Herstellungsmethoden. Der Wein muss eine sensorische Prüfung bestehen. D.O.-Weine gibt es sortenrein und als Verschnitt.

Italien: Die Kriterien für DOC-Weine entsprechen denen für spanische D.O.-Weine. Auch sie gibt es als Verschnitt (z. B. Chianti) oder sortenrein (z. B. Nero d'Avola, Pinot grigio).

Frankreich: AOC-Weine müssen spezifisch für das Gebiet sein und die lokale Tradition widerspiegeln. Es gibt hunderte AOC-Weine,

Bei einer Weinprobe wird zunächst Farbe und Klarheit geprüft (Glas gegen das Licht halten), die Blume gerochen (den Wein im Glas kreisen lassen), erst dann der Geschmack geprüft: Mit einem kleinen Schluck prüfen Zunge und Gaumen die Fülle der Geschmacksstoffe.

bei ihnen handelt es sich ausnahmslos um Verschnitte.

Höchste Qualitätsstufen mit noch strengeren Anforderungen heißen in Spanien D.O.C. (das bedeutet »qualifizierte Herkunftsbezeichnung«), in Italien DOCG (»kontrollierte und garantierte Herkunftsbezeichnung«).

Was ist Rosé-Wein?

Rosé wird aus Rotweintrauben nach Weißweinverfahren hergestellt: Das Maischegut wird unmittelbar nach dem Anquetschen gepresst, womit die Schalen abgesondert werden. So kann der rote Farbstoff aus den Beeren nicht ausgelaugt werden, und der Wein bekommt seine typische Rosé-Farbe.

Die bekanntesten Weintrauben der Welt

Rote Traube	Herkunft	Charakteristika	Weine/Sonstiges
Cabernet Sauvignon	Frankreich: Bordeaux	intensiver Geruch nach schwarzer Johannisbeere, konzentrierter Fruchtgeschmack, reichlich Tannine und Säure	wird v. a. für Verschnittweine verwendet, u. a. mit Merlot
Merlot	Frankreich: Bordeaux	ergibt fruchtige, körperreiche und vollmundige Weine die nach wenigen Jahren der Lagerung genussreif sind	eine der sechs Rebsorten, die für Bordeaux verwendet werden dürfen
Nebbiolo	Italien: Piemont, Lombardei	ergibt rubinrote (mit zunehmendem Alter leicht bräunliche), körperreiche Weine	sortenreine Weine aus Nebbiolo sind z. B. Barolo und Barbaresco
Pinot noir (Blauburgunder)	Frankreich: Burgund	ergibt rubinfarbene, vollmundige, samtige Weine mit feinem, an Bittermandeln erinnernden Aroma	Rebe der kühleren Weinbauregionen
Sangiovese	Italien: Toskana, Emilia Romagna, Umbrien, Marken	ergibt relativ alkoholreiche Weine mit fruchtigem Aroma (Sauerkirsch- und Beerennoten), großes Reifepotenzial	Hauptbestandteil des Chianti und des Vino Nobile di Montepulciano; reinsortig aus Sangiovese wird z. B. Brunello di Montalcino gekeltert
Syrah/Shiraz	Frankreich: Rhônetal	kräftiges Johannisbeer-Aroma, hoher Tanningehalt	die Herbheit der Tannine wird durch eine lange Reifezeit in der Flasche gemildert
Tempranillo	Spanien: Rioja-Gebiet; Abstammung vermutlich von der Spätburgunder-Traube	ergibt kräftige Weine von fruchtbetontem Charakter, elegante Weiche, großes Reifepotenzial	bedeutendste Rebsorte in Spanien; wird häufig mit der Garnacha-Traube verschnitten, wie z. B. für Rioja
Zinfandel/ Primitivo	USA: Kalifornien Italien: Primitvo	zuckerreich, ergibt alkoholreiche Weine mit einem Aroma von Zimt und Waldfrüchten	zweitwichtigste amerikanische Weinrebsorte
Weiße Traube			
Chardonnay	Frankreich: Burgund	ergibt körperreiche, relativ alkoholreiche, aber nicht so charakteristische Weine wie Riesling	kann als einer der wenigen Weißweine in Eichenfässern ausgebaut werden
Pinot blanc (Weißburgunder)	Frankreich: Burgund; Mutation aus dem Grauburgunder, der aus dem Spätburgunder entstanden ist	leichte, frische, fruchtige Weine, je nach Lage unaufdringlich rund bis charakterstark und mildwürzig	gute Jahrgänge ergeben Weine höchster Güte
Riesling	Deutschland: Rheinland-Pfalz	vielfältige mehr oder minder starke fruchtige Aromen: Apfel, oft mit Zitrusfruchtnoten, leicht bis mittelschwer, frisch; je nach Sonneneinstrahlung säurebetonter oder weicher und voller	gehört zu den besten Weißweintrauben, bringt die besten Ergebnisse in kühleren Regionen; bringt auch hochwertige Süßweine hervor
Sauvignon Blanc	Frankreich	ergibt alkoholreiche, vollmundige Weine mit aromatisch-würziger Note, die sehr lange lagerbar sind	wird in Frankreich v. a. im Bordeauxgebiet angebaut und z. B. für Sauternes-, Barsac- und Graves-Weine mit Semillon Blanc verschnitten; weltweiter Anbau und häufig reinsortige Verkelterung

Was ist wichtig beim Weingenuss?

Guter Wein verdient eine gute Behandlung, sonst leidet letztendlich der Geschmack.
Finden Sie hier außerdem einige Tipps, die bei der Auswahl im Geschäft helfen.

Weine für Anfänger

Gäste, die nur wenig Erfahrung mit Wein haben, sollten Sie – insbesondere bei Rotwein – nicht mit komplizierten Tropfen überfordern. Der Wein zum Essen muss weder teuer noch viele Jahre gelagert sein. Er sollte einfach nur gut schmecken, klar und unverkünstelt.

Bieten Sie z. B. einen Spätburgunder (bzw. Pinot noir) oder einen Dornfelder, einen Cabernet Sauvigon oder Merlot an – den Sie selbstverständlich vorher verkostet haben. Vielleicht nehmen Sie zur Weinprobe beim Händler auch einen Freund bzw. eine Freundin mit, die in Sachen Wein unerfahren ist, so haben Sie bereits beim Kauf einen idealen Berater für Ihren »Wein für Anfänger«.

Warum ist die Trinktemperatur wichtig?

Bestimmte Inhaltsstoffe im Wein werden bei unterschiedlicher Temperatur unterschiedlich wahrgenommen. Süße und Säure verstärken sich, wenn der Wein warm ist. Gerbstoffe bei Rotweinen dagegen schmecken umso stärker, je kälter der Wein ist. Gleichzeitig ist bei einem zu kalten Wein sein Geruch nicht gut wahrzunehmen, und seine Komplexität erschließt sich den Geschmacksnerven nicht. Letztlich bestimmt die Qualität des Weins seine ideale Serviertemperatur: je einfacher, desto kühler, je komplexer und hochwertiger, desto wärmer.

Im Zweifel servieren Sie den Wein lieber zu kühl als zu warm, da sich der Wein bereits

Weinkühler aus Acryl und Ton. Die Kühlmanschette muss zuvor im Kühlschrank vorbereitet werden.

beim Einschenken um 1–2° erwärmt und anschließend rasch im Glas weitererwärmt. Und Achtung: Zimmertemperatur bedeutet 16–18°, nicht wärmer.

Die beste Temperatur für Wein

Wein	Temperatur	Kühldauer	Beispiele
leichte Weißweine, Sekt, trockener Sherry	8–10°	3–5 Stunden im Kühlschrank	Tafelweine, einfache Qualitätsweine, Riesling, Grüner Veltliner, Pinot Grigio, Orvieto, Frascati, Retsina und die meisten italienischen Weißweine
kräftige Weißweine, Roséweine, halbtrockener Sherry, Portwein	12–14°	2–3 Stunden im Kühlschrank	Chardonnay, Meursault, deutsche Spätlese und Weißherbst
leichte, weiche Rotweine	14°	2–3 Stunden im Kühlschrank; 1 Stunde vor dem Öffnen herausnehmen	Beaujolais, Valpolicella, leichte Merlot-Weine, Pinot Noir
kräftige, üppigere Rotweine	16–18°	im kühlen Schlafzimmer oder 2 Stunden vor dem Servieren aus dem Keller holen	Cabernet-Sauvignon-Weine, Bordeaux, Chianti Classico, Rotweine von der Rhône und aus der Neuen Welt

Ist der Jahrgang von Bedeutung?

Das kommt auf die Beständigkeit des Wetters im Anbaugebiet an. In Weinbaugebieten mit stark schwankendem Wetter kann der Wein manchmal sehr gut werden, bei schlechter Wetterlage können dagegen nur mittelmäßige Weine gekeltert werden. In Weinbaugebieten mit gleichbleibenden Wetterbedingungen (z. B. Kalifornien) gibt es keine großen Unterschiede zwischen den einzelnen Jahrgängen.

Tipps zur Lagerung

Ruhe: Gönnen Sie hochwertigen Weinen nach dem Einkauf wegen der Erschütterungen (etwa beim Transport) 2–3 Wochen Ruhezeit, bevor Sie sie öffnen.

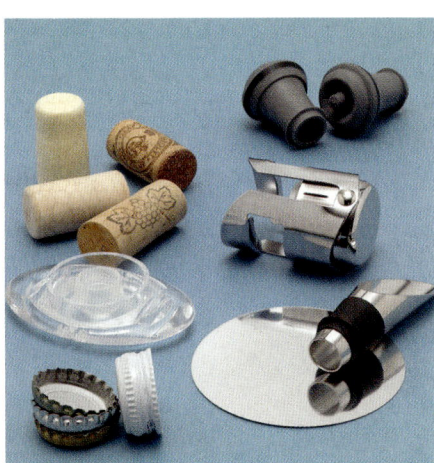

Der Getränkevielfalt entspricht ein riesiges Sortiment an (Spezial-)Verschlüssen und Ausgießhilfen für Wein- und Sektflaschen.

Dunkel und kühl: Die ideale Lagerstätte für Wein ist dunkel und kühl. Temperaturen von 8–14° sind als Faustregel zu empfehlen.

Stehend lagern: Weine mit Nicht-Kork-Verschlüssen sollten Sie aufrecht lagern, ebenso Weine, die für den raschen Verbrauch gedacht und mit Presskork verschlossen sind. Liegend besteht die Gefahr, dass der Wein Korkgeschmack annimmt. Das gilt ebenso für preiswerte und mit Presskork verschlossene Schaumweine/Sekt.

Liegend lagern: Mit echtem Kork verschlossene Rotweine, die lange gelagert werden können bzw. müssen, bewahrt man liegend auf. Denn echter Kork muss feucht bleiben, damit er nicht austrocknet und dicht bleibt.

Welcher Wein zu welchem Essen?

• Harmoniert die Farbe des Gerichtes mit der Farbe des Weines, dann schmeckt es auch meist. Damit passt zu hellem Fleisch in weißer Sauce Weißwein bzw. heller, leichter Rotwein, zu Schmortöpfen mit dunkler Sauce Rotwein.

• Leichte Rot- oder Weißweine, die weder zu intensiv duften noch zu kräftig schmecken, sind die idealen Partner für ein ganzes Menü.

• Traditionelle Gerichte sollten mit einem Wein der entsprechenden Region serviert werden.

• Üppige Weine und leichte Gerichte passen genauso wenig zusammen wie schlanke Weine und deftige Speisen.

• Wein mit viel Säure passt nicht zu saurem Essen, genauso wenig wie zu Salzigem (z. B.

gepökeltem Fleisch). Exotische Früchte gehen nicht mit tanninreichen Rotweinen zusammen. Vermeiden Sie solche Kombinationen. Tipps dazu, welches Glas sich für welchen Wein eignet, finden Sie auf S. 230.

Was ist Barrique?

Barrique ist das französische Wort für Fass. Im Speziellen sind damit die Eichenfässer gemeint, in denen ein Wein lagert. Dabei bildet sich sein Eigenaroma aus, gleichzeitig nimmt er Aromastoffe aus dem Holz auf. Im Fass gereift werden nicht nur Rotweine, sondern auch kräftige Weißweine, u. a. edelsüße wie Spätlesen und Beerenauslesen.

Sortenreine Weine und Verschnitt-Weine

Wein, der aus einer einzigen Rebsorte gekeltert ist, heißt sortenrein. Er hat v. a. in den deutschsprachigen Ländern Tradition und ist in neuerer Zeit zunehmend wieder beliebt. Bekannt sind Cabernet Sauvignon, Chardonnay, Merlot oder Sauvignon Blanc. Das Gegenteil der Sortenreinheit ist der Verschnitt (franz. »cuvée«) von verschiedenen Rebsorten. Dies hatte ursprünglich den Sinn, die Qualität des fertigen Produkts durch Kombination von Eigenschaften mehrerer Rebsorten zu erhöhen. Der Geschmack wird dadurch rund und ausgeglichen. Durch Verschneiden kann man außerdem eine konstante Qualität und einen konstanten Geschmack über mehrere Jahrgänge hinweg erzielen.

Aperitif- und Dessertwein

• Ein Aperitif sollte nur wenig Alkohol haben und herb bis bitter schmecken, damit wird der Appetit angeregt; schmeckt er süß, wird die Zunge abgestumpft.

• Trockene Aperitifweine (z. B. Wermut oder Sherry) serviert man kalt in kleinen Sherry- oder Weißweingläsern, pur oder mit einem Eiswürfel.

• Statt der kräftigen Aperitifweine eignet sich auch ein leichter spritziger Weißwein, Sekt oder Champagner.

• Als Dessertwein und Digestif schmecken süße alkoholangereicherte Weine wie Portwein, Madeira, Sherry, Malaga, Tokajer oder Samos, die kühl, aber nicht kalt serviert werden. Genauso verlockend sind edle Auslesen, Beerenauslesen und Eisweine.

Geschmacksbezeichnung für Schaumweine

Bezeichnung	Charakter
extra brut/extra herb	besonders trocken
brut/herb	trocken
extra dry/extra trocken	feinherb, vollmundiger als »brut«
dry/trocken	fruchtbetonter als »extra dry«
demi-sec/halbtrocken	süßlich

Wie entstehen Schaumweine?

Der Wein wird nach der Hauptgärung nochmals in geschlossenen Behältnissen (beispielsweise in der Flasche) zum Gären gebracht. Das nun entstehende Gas kann nicht entweichen, verbindet sich mit dem Wein und sorgt für den schäumenden Charakter. Schaumweine werden nach ihrem Süßgeschmack bzw. Zuckergehalt eingeteilt. Das Etikett »trocken« bekommt ein Schaumwein bei bis zu 35 g Restzucker pro Liter – ein Wein mit diesem Zuckergehalt müsste als »lieblich« bezeichnet werden. Trockener Schaumwein aber schmeckt ganz und gar nicht lieblich, die Kohlensäure puffert die Süße, schwächt sie also ab.

Bekannte Schaumweine

Name	Herkunft	Charakteristika
Cava	Spanien	Qualitätsschaumwein; Herstellung wie Champagner
Champagner	Frankreich	Schaumwein aus der Champagne, hergestellt im Flaschengärverfahren
Crémant	Frankreich	hergestellt wie Champagner, aber außerhalb der Champagne
Frizzante	Italien	Perlwein (nicht so stark schäumend wie ein Spumante, s. u.); Gärung im Großraumverfahren, d. h. außerhalb der Flasche erlaubt; es gibt aber auch flaschenvergorenen Frizzante.
Krimsekt	Ukraine	aus weißen oder roten Rebsorten hergestellt
Prosecco	Italien	wird aus der gleichnamigen Rebsorte in der italienischen Region Veneto hergestellt
Sekt	Deutschland	Qualitätsschaumwein, in Tanks vergoren, außer es steht auf dem Etikett »traditionelles Flaschengärverfahren«
Spumante	Italien	Schaumwein, in der Flasche vergoren

Spirituosen

Spirituosen enthalten mindestens 15 % Alkohol. Sie lassen sich in vier Gruppen unterscheiden: Liköre, Geiste, aromatisierter Alkohol und Brände.

Brände

Brände entstehen durch Gären und anschließendes Brennen. Man unterscheidet **Brände aus Wein:** Dazu gehören deutscher Weinbrand, Eau-de-vie de vin (wörtlich: Branntwein aus Wein), Armagnac, Cognac und Tresterbrand. **Brände aus Obst:** z. B. Obstler, Calvados, Enzian. **Brände aus Zuckerrohr:** Das ist Rum. **Brände aus Getreide:** Korn, Kornbrand, Whisky und Wodka.

Geiste

Beeren werden in Alkohol eingelegt. Die entstandene aromatisierte Flüssigkeit wird dann destilliert. Es entsteht beispielsweise Himbeergeist oder Brombeergeist.

Liköre

Liköre bestehen aus Wasser, Zucker, Alkohol und Geschmackszutaten. Man unterscheidet dabei Anislikör, Crèmes, Gewürzliköre, Kaffee-, Kräuter- (z. B. Averna, Campari), Kokoslikör (z. B. Batida de Coco), Sahnelikör, Whiskylikör, Zitruslikör (z. B. Cointreau und Grand Marnier) und Sonstige (z. B. Amaretto, Eierlikör).

Aromatisierter Alkohol

Dem aus Getreide oder Kartoffeln gewonnenen Alkohol werden markante Gewürze zugegeben: **Wacholder** wird für Wacholderschnaps, Gin oder Genever verwendet, **Kümmel** für Kümmelschnaps und Aquavit und **Anis** für Pastis, Ouzo und Raki.

Whisky – verwirrende Vielfalt

Whiskys lassen sich nach unterschiedlichen Kriterien einteilen.

Getreideart
- **Malt** wird aus gemälzter Gerste hergestellt.
- **Grain** wird aus Mais, Weizen, ungemälzter Gerste oder Roggen hergestellt.
- **Rye** besteht überwiegend aus Roggen.
- **Corn** besteht überwiegend aus Mais.
- **Bourbon** war ursprünglich eine Herkunftsbezeichnung. Heute ist es eine Bezeichnung für Whisky, der überwiegend aus Mais und teils in neu ausgekohlten Fässern hergestellt wird.

Herstellungsprozess
- **Single** oder (amerik.) **Straight:** Der Whisky stammt aus einer einzigen Brennerei.
- **Blend:** Verschnitt verschiedener Whisky-Sorten aus verschiedenen Brennereien.
- **Pure Pot Still** wird nur aus Gerste und in klassischen Brenngefäßen (»Pot Stills«) hergestellt.

Herkunft
Man unterscheidet irischen, schottischen, kanadischen und amerikanischen Whisky.

Hochprozentiges kommt meist als Digestif oder in Cocktails auf den Tisch.

Bier

Bier wird aus Wasser, Malz und Hopfen gewonnen. Zur Gärung wird meist Hefe zugesetzt. Der Alkoholgehalt liegt in Deutschland und Österreich zwischen 4,5 und 6 %.

Was ist Fastenbier?

Fastenbier ist eine Erfindung der Salvator-Mönche. Sie bevorzugten während der Fastenzeit ein besonders starkes, kräftiges Bier (Bockbier). So konnten sie, ohne die Fastenregeln zu brechen, Nahrhaftes zu sich nehmen, denn »Flüssiges bricht das Fasten nicht«. Um vom Papst die Erlaubnis zum Brauen zu erwirken, wurde ein Fässchen nach Rom geschickt. Dort kam der Trunk aber sauer und fast ungenießbar an. Der Papst befand ihn als grässlich und daher dem Seelenheil seiner Brüder als förderlich und erteilte die gewünschte Braugenehmigung. Alle Namen für Starkbier enden seither auf »-ator«. Das Fasten unterstützen solche Biere allerdings ganz und gar nicht. Im Gegenteil: Mit ihrem hohen Alkoholgehalt liefern sie jede Menge Kalorien. Und Kalorien aus Alkohol werden bevorzugt in Fett umgewandelt.

Biersorten

Bier	Gattung	Stammwürze	Alkoholgehalt	Farbe	Charakteristika
Alt	obergärig	ca. 11,5 %	4,8 % Vol.	dunkelbraun	regionales Bier aus dem Düsseldorfer Raum
Berliner Weiße	obergärig	7–8 %	2,8 % Vol.	dunkelgelb	schwach gehopft
Bock, Bockbier	untergärig	mind. 16 %	ca. 7 % Vol.	hell/dunkel	
Bock, Doppelbock	untergärig	mind. 18 %	bis 12 % Vol.	meist dunkel	Namen enden (ohne Vorschrift) auf »-ator«
Diätbier	untergärig	‹ 11 %–12 %	4–5 % Vol.	hell	wegen geringem Kohlenhydratgehalt für Diabetiker geeignet
Dunkles	untergärig	11 %	ca. 5 % Vol.	tiefbraun	
Export	untergärig	mind. 12 %	ca. 5,5 % Vol.	meist hell	
Kölsch	obergärig	11,3 %	4,8 % Vol.	hell	regionales Bier aus dem Kölner Raum
Lager	untergärig	11–14 %	5–5,5 % Vol.	hell	auch Helles genannt
Malzbier	obergärig	ca. 12 %	max. 1 % Vol., meist ‹ 0,5 % Vol.	dunkel	unvergorenes Vollbier, dem Zucker zugefügt wurde
Märzen	untergärig	13–14 %	5,4 % Vol.	hell/dunkel	wurde früher stärker eingebraut, um es haltbarer zu machen
Pils	untergärig	11–12,5 %	ca. 5 % Vol.	hell	spritzigfrisches Hopfenaroma
Weißbier/Weizenbier	obergärig	11–14 %	5,5 % Vol.	hell/dunkel	klar als Kristallweizen; naturtrüb als Hefeweißbier

Reinheitsgebot

Nach dem ursprünglichen Reinheitsgebot dürfen nur Hopfen, Malz und Wasser zum Bierbrauen verwendet werden. Heute wird auch noch die Hefe genannt, die es zu der Zeit als das Reinheitsgebot entstand, nicht in dieser Form gab. Man verließ sich beim Bierbrauen auf die Hefen, die in der Luft waren. Das erste Reinheitsgebot wurde in Deutschland bereits im 15. Jahrhundert formuliert, schon im frühen 16. Jahrhundert galt das Reinheitsgebot in Bayern landesweit. In nationales Recht wurde es Anfang des 20. Jahrhunderts überführt. Heute ist Bier, das nach »Deutschem Reinheitsgebot« gebraut wurde, in der EU als »traditionelles Lebensmittel« geschützt.

Obergärig und untergärig

Ob ein Bier obergärig oder untergärig gebraut wird, hängt von der verwendeten Hefe

ab: Obergärige Hefe benötigt Temperaturen zwischen 15° und 20°. Sie steigt am Ende der Gärung an die Oberfläche des »Jungbieres«, wo sie dann abgehoben werden kann. Untergärige Hefe benötigt Temperaturen zwischen 4° und 9° und setzt sich nach der Gärung am Boden des Gärgefäßes ab. Untergäriges Bier lässt sich länger lagern als obergäriges.

Stammwürze

Die Stammwürze bezeichnet den Anteil der aus dem Malz gelösten Stoffe vor dem Gären. Das sind Malzzucker, Eiweiß, Vitamine und Mineralien. Bei der Gärung wird daraus mit Hilfe der Hefe rund ein Drittel Alkohol und ein Drittel Kohlensäure; ein Drittel bleibt unvergoren. Je höher der Stammwürzegehalt, desto stärker und alkoholreicher das Bier und desto größer seine Geschmacksfülle. Nach dem Stammwürzegehalt werden Biere in verschiedene Biergattungen unterteilt:

Biergattung	Stammwürze	Alkoholgehalt
Einfachbiere	bis 7 %	0,5–3 % Vol.
Schankbiere	7 bis unter 11%	3–4,5 % Vol.
Vollbiere	11 bis unter 16%	4,5–5,5 % Vol.
Starkbiere	mehr als 16 %	› 6 % Vol.
Die meisten deutschen Biere sind Vollbiere.		

Je höher die Temperatur ist, bei der das Malz getrocknet (»gedarrt«) wird, desto dunkler wird das Bier.

Populäre Bier-Irrtümer

Ein richtiges Pils braucht 7 Minuten.
Ein richtig gezapftes Pils braucht allenfalls 3 Minuten, um eingeschenkt und serviert werden zu können.
Alkoholfreies Bier ist alkoholfrei ...
Diese Biere können bis zu 0,5 % Alkohol aufweisen. Es gibt 2 Produktionsarten:
• Es wird normales Bier gebraut und diesem dann der Alkohol entzogen.
• Es wird so in den Brauprozess eingegriffen, dass (fast) kein Alkohol entsteht.

Was macht der Hopfen im Bier?

Der Hopfen, genauer gesagt seine zapfenartigen Früchte, geben dem Bier das Aroma und seinen frisch-herben Geschmack. Hopfen macht also das typische Bier-Aroma aus. Außerdem sorgt er für die Haltbarkeit des Getränks.

Tee

Die Asiaten sind unübertroffen, wenn es um Teevielfalt geht. Aber nicht nur in Asien, sondern auch in Südamerika trinkt man traditionell anregenden Tee.

Schwarzer Tee

Die bei uns bekanntesten Schwarzteesorten sind Assam, Ceylon und Darjeeling. Sie werden nach ihrer Herkunft benannt.

Assamtee stammt aus Ostindien und hat ein gehaltvolles, kräftiges Aroma. **Ceylontee** kommt aus Sri Lanka und schmeckt kräftig herb. Beide Sorten sind gegen hartes Wasser bei der Zubereitung unempfindlich. Dagegen ist der feine, aromatische **Darjeeling,** der an den Hängen des Himalaya auf über 2000 Metern wächst, empfindlich gegenüber hartem Wasser.

Herstellung von Tee

Zur Aufbereitung der Teeblätter für schwarzen Tee werden folgende Schritte durchgeführt:

1. Welken: Die Blätter verlieren dabei ca. 30 % ihrer Feuchtigkeit und werden geschmeidig.

2. Rollen: Die Zellen der Blätter werden aufgebrochen, und ätherische Öle werden dadurch freigesetzt.

3. Fermentieren: Die Gerbstoffe oxidieren, wodurch das Teearoma und die kupferbraune Farbe gebildet werden.

4. Trocknen: Dadurch werden die Blätter haltbar gemacht und der Fermentationsprozess gestoppt.

5. Sortieren: Die Blätter werden nach Größe getrennt in:

- Blatt-Tee: große Stücke (sehr selten)
- Broken Tee: kleinblättriger Tee
- Fannings: kleinere Stücke
- Dust: Teestaub, feinste Aussiebung

Spezialtees

Entkoffeinierter Tee wird hergestellt, indem den Blättern bzw. Blattstücken durch spezielle Verfahren das Koffein entzogen wird.

Aromatisierter Tee ist Schwarz- oder Grüntee, der durch Aromen verändert wird. Dazu werden Pflanzenteile, Gewürze, natürliche Aromen wie Pfefferminze, Bergamotte oder naturidentische Aromen verwendet.

Rauchtee: Die Teeblätter werden beim Trocknen im Rauch von harzreichem Holz geräuchert. Der Tee bekommt ein besonderes Aroma mit rauchiger Note und intensivem Duft.

Teeähnliche Erzeugnisse

Werden Heißgetränke aus aromatischen Pflanzenteilen anderer Pflanzen als der des Teestrauches zubereitet, handelt es sich streng genommen um teeähnliche Erzeugnisse. Im Sprachgebrauch wird aber dennoch der Begriff »Tee« verwendet. Dazu gehören:

Lapachotee: Er stammt von einem Baum aus Südamerika.

Matetee: Er stammt aus Südamerika und wird aus dem Mate-Strauch hergestellt.

Anregend oder beruhigend?

Je nachdem, wie lange die Teeblätter im Wasser ziehen, hat der Tee eine anregende oder beruhigende Wirkung. Koffein, das anregend wirkt, geht schon nach 1–3 Minuten Ziehdauer ins Wasser über. Tannin, das beruhigt, geht erst nach 4–5 Minuten Ziehdauer ins Wasser.

Rooibos-Tee: Er stammt aus Südafrika und wird ebenfalls aus Sträuchern gewonnen.

Kräutertees: Sie werden z. B. aus Pfefferminze, Kamille oder Fenchel hergestellt.

Gewürztee: Das teeähnliche Aufgussgetränk wird aus Gewürzen zubereitet (z. B. Yogioder Chai-Tee).

Früchtetee besteht aus Fruchtbestandteilen, vor allem Malvenblättern und Hagebutten, hinzu kommen namensgebende Früchte.

Tee-Extrakte: Trockenauszug aus Schwarztee, der als Instant-Produkt angeboten wird.

Weißer, Grüner, Oolong und Pu-Erh-Tee

Weißer Tee: Dabei handelt es sich um un-fermentierten, ursprünglich chinesischen, Tee von sehr mildem Geschmack mit nur wenig Koffein. Er wird aus jungen Blattknospen mit weißem Flaum hergestellt, was ihm seinen Namen gab. Die Knospen werden zunächst an der Luft gewelkt, dann schonend getrocknet. Weißer Tee wird zum Großteil von Hand verarbeitet und sortiert. Er ist einer der edelsten und teuersten Tees. Er wird pur und inzwischen sogar als aromatisierter Beuteltee angeboten.

Grüner Tee: Grüner Tee wird nicht fermentiert, die Teeblätter werden lediglich gewelkt und erhitzt, damit die für die Fermentierung verantwortlichen Enzyme zerstört werden. Er enthält wie schwarzer Tee Koffein, außerdem verschiedene sekundäre Pflanzenstoffe mit gesundheitsfördernder Wirkung. Grüner Tee kann im Gegensatz zu schwarzem Tee mehrmals aufgegossen werden, er enthält auch noch im fünften Aufguss nennenswerte Mengen wirksamer Stoffe. Das Wasser für grünen Tee sollte wenig Kalk, Salz und Eisen enthalten.

Oolong und Pu-Erh-Tee: Oolong-Tee ist ein halbfermentierter Tee, der auch vom Koffeingehalt zwischen schwarzem und grünem Tee liegt. Der meist aus China oder Taiwan stammende Tee hat ein angenehm blumiges Aroma. Die Teeblätter können wie grüner Tee mehrmals aufgegossen werden.

Pu-Erh-Tee ist Schwarztee aus der chinesischen Provinz Yunnan. Er durchläuft durch lange Lagerung einen speziellen Reifungsprozess. In China wird dem Tee entgiftende und die Lebensenergie stärkende Wirkung zugeschrieben.

Weißer Tee besitzt einen hohen Gehalt an antioxidativen und immunstimulierenden Inhaltsstoffen. Er wird zubereitet wie grüner Tee und ist von sehr heller Farbe.

Grüner Tee wird folgendermaßen zubereitet: Pro Tasse 1 TL Tee mit 60–80° heißem Wasser übergießen, ziehen lassen wie schwarzen Tee. Nach Belieben mehrmals aufgießen.

Oolong-Tee werden sehr positive Wirkung bei Herzkrankheiten zugeschrieben. **Pu-Erh-Tee** ist als Verdauungsförderer und Schlankmacher (Fatburner) in Mode gekommen.

Tee zubereiten und genießen

Die richtige Wassertemperatur

Tee sollte grundsätzlich nicht mit kochendem Wasser zubereitet werden, sondern mit Wasser, das gekocht hat, aber wieder etwas abgekühlt ist. Die optimale Aufgusstemperatur für die verschiedenen Teesorten finden Sie in der Tabelle. Damit Sie auch ohne Thermometer wissen, wie lange das Wasser im Wasserkocher abkühlen sollte, hier einige Richtwerte:
Frisch aufgekochtes Wasser (97°) hat im geschlossenen Wasserkocher nach 2 Min. 95°, nach 5 Min. 87°, nach 10 Min. 85°, nach 25 Min. 75°, nach 35 Min. 69° und nach 55 Min. 60°. Im offenen Topf geht das Abkühlen deutlich schneller: Nach knapp 1 Minute hat es 95°, nach 5 Min. 78°, nach 10 Min. 69° und nach 25 Min. 55°. Zum genaueren Messen kann man ein Fleischthermometer verwenden.

Wie kann man Tee trinken?

Grüner Tee wird üblicherweise pur getrunken, zum Schwarztee wird oft Zucker, Honig, Milch, Rahm und Zitrone hinzugefügt. Manche Kenner lehnen die Zugabe von säurehaltigen Zutaten grundsätzlich ab; sie raten dazu, sich bei der Zugabe von Zitrone auf die Schale zu beschränken. Weißer Kandiszucker oder brauner Rohrzucker werden als Süßungsmittel sehr geschätzt.

Die Briten nehmen ihren »tea« (eine Mischung aus Assam- und Ceylontee) und den mit Bergamotte aromatisierten »Earl Grey« gerne mit Milch und Zucker zu sich, wohingegen viele Teeliebhaber das Süßen von Tee und die Zugabe von Milch als große Sünde ansehen.

Die Ostfriesen und ihre Teezeremonie

In Ostfriesland ist das Trinken von starkem schwarzem Tee ein Bestandteil des Tagesablaufs – und das seit über 300 Jahren. Jeder echte Ostfriesentee enthält kräftigen Assam. Bei der Zubereitung pro Tasse einen Teelöffel Teeblätter in eine vorgewärmte Porzellankanne geben und eventuell noch einen Extralöffel. Dann wird frisches, kochend heißes Wasser aufgegossen, so dass die Teeblätter gerade bedeckt sind. Der Tee sollte (am besten auf einem Stövchen) 3–5 Minuten ziehen. Anschließend wird Wasser aufgefüllt und der Tee durch ein Sieb in eine vorgewärmte zweite Kanne gegossen. Dabei bleiben die Teeblätter im Sieb zurück und der Tee fließt in die Ser-

Genuss auf ostfriesische Art: Zuerst ein dickes Stück Kandis, dann heißen Tee darübergießen und zum Schluss etwas Rahm vorsichtig dazu.

vierkanne, damit er nicht weiter zieht und immer stärker wird.

Die Ostfriesen genießen ihren Ostfriesentee auf ganz spezielle Weise: Ein dickes Stück Kandis, auch Kluntje genannt, kommt als Erstes in die Tasse. Dann wird der Ostfriesen-Tee eingeschenkt und schließlich ein Löffel Rahm vorsichtig am Rand der Tasse auf dem Ostfriesentee verteilt. Ein echter Ostfriese rührt nun auf keinen Fall um, sondern genießt seinen Tee in drei Schichten: Zuerst das »Wulkie« (Sahnehäubchen), dann den herben Ostfriesentee und zum Schluss das Süße vom Boden der Tasse.

Tee zubereiten			
Sorte	Menge/l	Aufguss-Temperatur	Ziehzeit
Assam	7–8 TL	95°	3–5 Min.
Darjeeling	7–8 TL	95°	2–4 Min.
Ceylon	6–7 TL	95°	3–5 Min.
Grüner Tee	3–5 TL	60°	bis 1 Min.
Weißer Tee	4–5 TL	75°	1–2 Min.
Olong	8–10 TL	80°	2–3 Min.
Roibusch	8- TL	95°	3 Min.
Matetee	7–8 TL	70°	3–5 Min.

Kaffee

Lange Luxusprodukt, zwischenzeitlich zum Alltagsgetränk mittelmäßiger Qualität abgestiegen, wird Kaffee heute wieder als Genuss-Getränk wertgeschätzt.

Die wichtigsten Kaffeesorten

Arabica-Kaffee hat einen Weltmarktanteil von ungefähr 60 % des produzierten Kaffees. Diese Bohnensorte, die nur die Hälfte des Koffeins im Vergleich zur Robusta-Bohne enthält, ist vor allem wegen ihres Aromas beliebt und berühmt geworden.

Robusta: Kaffee dieser Sorte hat ca. 36 % Anteil an der Weltproduktion. Optisch unterscheidet sich diese Bohnensorte durch einen geraden Einschnitt in der Bohne von der Arabica mit gewelltem Einschnitt. Die Robusta-Bohne hat im Vergleich zur Arabica eine größere Widerstandsfähigkeit und eine kürzere Reifungszeit. Der Koffeingehalt ist deutlich höher, der Geschmack bitterer und rauer.

Vielfalt durch Rösten und Mahlen

Wesentlich verantwortlich für den Geschmack und auch für die Inhaltsstoffe eines Kaffees ist die Röstung. Die verschiedenen Röstungen sind Grund für die Vielfalt an Kaffeesorten, von mild bis kräftig. So ist etwa Espresso nicht eine spezielle Kaffeesorte. Er besteht aus einer Mischung von verschiedenen Arabica-Sorten. Aufgrund der kräftigeren Röstung enthält er weniger Koffein als andere Arabica-Kaffees. Je nachdem, auf welche Art Kaffee zubereitet werden soll, sollte er unterschiedlich fein gemahlen werden: Staubfein gemahlen wird er für türkischen (= mit Wasser aufgekochten) Kaffee. Mittelfein gemahlen ist er ideal für klassischen Filterkaffee. Grob bis mittelfein braucht man ihn für Espresso und grob gemahlen für die Presso- oder Filterkanne (mit Filterstößel).

Spezialkaffee

Entkoffeinierter Kaffee enthält höchstens 0,1 % Koffein (nicht entkoffeinierter Kaffee enthält 1–2 % Koffein).

Schonkaffees sind zwar koffeinhaltig, aber der Gehalt an anderen, den Magen reizenden Stoffen (etwa Gerbsäure oder Wachse) wurde verringert. Auch Milch macht Kaffee bekömmlicher, denn sie bindet die Gerbstoffe.

Instant-Kaffee ist in heißem Wasser sofort löslicher Kaffee. Er wird hergestellt, indem konzentriertem Kaffee das Wasser entzogen wird, z. B. durch Gefriertrocknung. Instant-Kaffee wird mit und ohne Koffein angeboten.

Kaffee-Ersatz

Seine Röstnoten erinnern an Kaffee, er ist aber kein Kaffee! Hergestellt wird Kaffee-Ersatz aus einer Mischung gerösteter Getreidearten (Getreidekaffee), Zichorien, Feigen und Gerstenmalz (Malzkaffee). Er enthält im Gegensatz zu echtem Kaffee kein Koffein. Damit ist er unter anderem auch als Kindergetränk geeignet. Kaffee-Ersatz ist meist als Instant-Pulver im Handel, das einfach in heißes Wasser (oder auch in heiße Milch) eingerührt werden kann.

Mittelfein gemahlen ist Kaffee ideal für klassischen Filterkaffee. Grob bis mittelfein braucht man ihn für Espresso und grob gemahlen für die französische Kanne mit Filterstößel.

Kakao

↓ **Kakao** stammt ursprünglich aus dem Amazonasgebiet, wird heute jedoch in tropischen Gebieten rund um den Äquator angebaut. Nur in diesem Gebiet ist das Klima ausreichend warm und feucht, damit die Pflanze optimal gedeiht. Zusätzlich benötigt der Kakao – neben hohen Temperaturen und Niederschlägen – auch Schatten. Das Kakaopulver wird aus den Samenkernen (Bohnen) des Kakaobaumes hergestellt. Die Bohnen werden zuerst geröstet, dann von Schalen befreit und vermahlen. Diese Kakaomasse wird je nach Verwendung schwächer oder stärker entölt, die enthaltene Kakaobutter also teilweise ausgepresst.

↓ **Kakaopulver:** Stark entölter Kakao ist herber als schwach entölter und eignet sich gut zum Backen oder für Süßspeisen. Aufgrund des geringeren Fettanteils ist er zudem besser löslich.

Fair Trade: Um den Kakaobauern (und Kaffeebauern) ihr Existenzminimum zu sichern, kümmern sich heute viele Organisationen um ein sogenanntes »Fair Trade«. Das international gültige Siegel bezeichnet Waren, die fair gehandelt werden und bedeutet, dass den Erzeugern von Rohstoffen höhere Preise als der geltende Weltmarktpreis gezahlt werden. Neben Kakao und Kaffee werden z. B. auch Tee, Schokolade, Bonbons, Honig, Reis und Wein fair gehandelt.

↓ **Klassische heiße Schokolade:** 1 gehäuften TL Kakaopulver mit 1 schwach gehäuften TL Zucker in einer großen Tasse vermischen, etwas Milch zugießen und alles zu einem Brei verrühren. Die übrige Tassenportion Milch erhitzen, aber nicht aufkochen (sonst leidet das Aroma des Kakaos). Die Milch in die Tasse gießen und mit dem Kakaobrei verrühren. Kakao kann gut mit Vanille oder Zimt aromatisiert werden. Schleckermäuler geben noch einen Klecks Sahne drauf.

Grundrezepte

So gehen Sie den Rezepten auf den Grund und Kochen und Backen wird ganz einfach. Hier finden Sie alle wichtigen Grundrezepte von den Bratkartoffeln bis zur Vinaigrette, vom Rührei bis zur Mayonnaise …

Grundrezepte

178	Quark-Öl-Teig; Biskuitteig
179	Rührteig; Mürbeteig
180	Süßer Hefeteig
181	Pizza-Hefeteig; Hefe-Sauerteig für Brot
182	Milchreis; Risotto
183	Grießbrei; Polenta; Pfannkuchenteig
184	Eiernudelteig; Nudeln ausrollen
185	Spätzle
186	Spiegelei; Rührei; Eierstich
187	Bratkartoffeln; Kartoffelbrei
188	Geflügelbrühe
189	Gemüsefond; Rinderfond
190	Salat-Dressings
191	Dips
192	Grünes und rotes Pesto
193	Mayonnaise; Kräuterbutter
194	Béchamelsauce; Weißweinsauce
195	Tomatensauce; Sauce Hollandaise und Béarnaise
196	Vanillesauce
197	Weinschaum-, Schokoladen-, Karamellsauce
198	Saucen binden
200	Umrechnungstabellen: Mengen und Temperaturen

Teige für süßes und pikantes Gebäck

Kuchen und Torten aber auch Brot und Pizza werden aus ganz verschiedenen Teigen hergestellt. Wenn man die richtigen Kniffe dafür kennt, gelingen sie einfach und sicher.

Quark-Öl-Teig

Quark-Öl-Teig kann süß und salzig belegt werden, er eignet sich für Quark- und Obstkuchen, aber auch für Gemüsequiches.
Für 1 Backblech
Zubereitungszeit: 15 Min.
150 g Quark | 100 ml Öl | 1 Ei | 80 g Zucker | Salz | 300 g Mehl | ½ Päckchen Backpulver | Mehl zum Ausrollen | Fett für das Blech

Zubereitung

1. Den Backofen auf 200° vorheizen. Den Quark mit Öl, Ei, Zucker und 1 Prise Salz zu einer homogenen Masse verrühren. Das Mehl mit dem Backpulver mischen und die Hälfte davon unter die Quarkmasse rühren. Den Rest der Mehlmischung rasch unterkneten, bis der Teig eine glatte und gleichmäßige Beschaffenheit hat.

2. Ist der Teig zu fest, etwas Milch zugeben, ist er zu klebrig noch Mehl unterkneten. Den Teig ausrollen, auf das gefettete Blech legen und 20–30 Min. backen (Mitte, Umluft 180°) (ohne Belag z. B. für Butterkuchen).

Biskuitteig

Luftig-zarter Biskuit wird für Torten- und Obstkuchenböden gebacken. Auf dem Blech gebacken, verwandelt er sich in eine Roulade.
Für 1 Backblech | 1 Springform (24 cm ⌀)
Zubereitungszeit: 25 Min.
5 Eier | 125 g Zucker | etwas abgeriebene Schale 1 Bio-Zitrone | 125 g Mehl

Zubereitung

Den Backofen vorheizen (s. Kasten). Die Eier trennen. Die Eiweiße steif schlagen, dabei den restlichen Zucker einrieseln lassen. Eigelbe mit 4 EL Zucker ca. 10 Min. weißschaumig aufschlagen. Den Eischnee auf die Eigelbmasse geben, Zitronenschale zugeben,

→ Biskuitteig backen

Biskuit immer im vorgeheizten Ofen backen: In der Form bei ca. 190° (Mitte, Umluft 170°) ca. 30 Min., auf dem Blech bei 200–220°(Mitte, Umluft 200–180°) ca. 10 Min. Darauf achten, dass der Teig nicht zu dunkel wird, sonst wird er brüchig. Biskuit, der in der Springform gebacken wurde, erst stürzen, wenn er leicht ausgekühlt ist.
Biskuitplatten für eine Rolle direkt nach dem Backen auf ein feuchtes Tuch stürzen, ein zweites feuchtes Tuch kurz auflegen, dann das Backpapier abziehen.

Mehl daraufsieben und alles unterheben. Die Masse in die mit Backpapier ausgelegte Springform oder auf das mit Backpapier belegte Blech geben und backen.

Für den Biskuitteig die Eigelbe mit Zucker 10 Min. weißschaumig aufschlagen.

Rührteig

Rührkuchen gelingt am besten, wenn alle Zutaten Zimmertemperatur haben.

Für 1 Kastenform (30 cm Länge) oder 1 Gugelhupfform (20–22 cm ⌀)
Zubereitungszeit: 15 Minuten
250 g weiche Butter | 250 g Zucker
4–6 Eier | 1 Prise Salz | etwas abgeriebene Schale 1 Bio- Zitrone | 2–6 EL Milch
500 g Mehl | 1–1½ TL Backpulver
Fett und Mehl für die Form

Zubereitung

Den Backofen auf 180° vorheizen. Die Form fetten und mit Mehl ausstreuen. Die Butter schaumig rühren und nach und nach Zucker, Eier, Salz, abgeriebene Zitronenschale und Milch unterarbeiten. Zuletzt das Mehl mit dem Backpulver zufügen. Den Teig in die Form geben und ca. 1 Std. (Mitte, Umluft 160°) backen. Nach 15 Minuten Backzeit die Oberfläche längs mit einem Messer einschneiden. Vor dem Stürzen kurz abkühlen lassen.

Mürbeteig

Mürbeteig eignet sich für Plätzchen und Obstkuchenboden. Ist die Füllung feucht, wird der Teig »blind« vorgebacken.

Für 1 Backblech oder 2 Böden in der Springform von 26 cm ⌀
Zubereitungszeit: 15 Min.
Ruhen: 1 Std.
300 g Mehl | 200 g kalte Butter | 100 g Zucker | 1 Ei | Salz | etwas abgeriebene Schale 1 Bio- Zitrone | Mehl für die Arbeitsfläche

(1) Das Mehl auf die Arbeitsfläche häufen und in der Mitte eine kleine Mulde formen. Butter, Zucker, Ei, Zitronenschale und Salz in die Mulde geben.

(2) Alles mit einer Palette oder einem großen Messer vom Rand zur Mitte hin fein durchhacken. Anschließend alles rasch zu einem geschmeidigen Teig kneten.

Zubereitung

1. Das Mehl auf die Arbeitsfläche häufen und in der Mitte eine Mulde formen. Die Butter in kleinen Flöckchen mit Zucker, Ei abgeriebener Zitronenschale und 1 Prise Salz in die Mulde geben (1).

2. Mit einer Palette oder einem großen Messer alles fein durchhacken – vom Rand her zur Mitte hin (2). Dann alles mit den Händen rasch zu einem glatten Teig kneten und in Folie gewickelt 1 Stunde kühl ruhen lassen.

3. Den Backofen auf 200° vorheizen. Den Mürbeteig auf einer bemehlten Fläche ausrollen und in die Form legen. Der Boden ohne Füllung wird bei 200° (Mitte, Umluft 180°) ca. 20 Minuten gebacken.

(3) Blindbacken. Der ausgerollte Teig wird in die Form eingepasst, mit Backpapier und Hülsenfrüchten belegt und so 10–15 Minuten vorgebacken.

Süßer Hefeteig

Ein Blech mit Streusel- oder Butterkuchen, ein Gugelhupf mit Rosinen oder kleine Nussschnecken für den Kindergeburtstag – mit Hefeteig liegen sie immer richtig.
Für 1 Backblech (dicker Hefeboden)
Zubereitungszeit: 60 Min.
1 Würfel frische Hefe (42 g) | 80 g Zucker
200 ml Milch | 500 g Mehl | 1 Ei | Salz
100 g Butter | Mehl für die Arbeitsfläche

Zubereitung

1. Die Hefe zerbröckeln und mit etwas Zucker in der lauwarmen Milch auflösen. Das Mehl in eine Schüssel geben, in der Mitte eine Mulde formen, das Ei, 1 Prise Salz und die Hefelösung (1) dazugeben. Die Butter in Flöckchen auf dem Rand verteilen.

2. Mit den Knethaken des Rührgeräts zu einem glatten, glänzenden Teig verarbeiten (2). Alles an einem warmen, zugfreien Ort 20 Min. gehen lassen.

> **→ Wussten Sie, dass ...**
>
> man Hefeteig auch im Kühlschrank gehen lassen kann? Der Teig geht dann wesentlich langsamer und wird dadurch feinporiger. Man lässt ihn am besten über Nacht im Kühlschrank gehen. Der Teig ist damit besonders gut geeignet für schwere Hefeteige, also solche mit reichlich Fett und vielen Geschmackszutaten (z. B. Stollenteig).

(1)) Die Hefe zerbröckeln und mit etwas Zucker in der lauwarmen Milch auflösen. Die Lösung zu Mehl, Eiern und Salz geben.

(2) Mit den Knethaken des Rührgeräts zu einem glatten, glänzenden Teig verarbeiten. Mit einem Tuch abdecken.

3. Den Backofen auf 220° vorheizen. Den gegangenen Hefeteig (3) auf der bemehlten Arbeitsfläche nochmals durchkneten und abgedeckt weitere 20 Min. gehen lassen.

4. Je nach Rezept weiterverarbeiten und ggf. noch einmal gehen lassen. Ohne Fruchtbelag, z. B. für einen Bienenstich, wird der Teig im Backofen (Mitte, Umluft 200°) 30 Minuten gebacken.

Tipp

Wenn Sie Trockenhefe verwenden, ist ein Vorteig nicht nötig. Ein Päckchen Trockenhefe entspricht ½ Würfel frischer Hefe.

(3) Den gegangenen Hefeteig gut durchkneten, nochmals abdecken und für weitere 20 Minuten gehen lassen.

Pizza-Hefeteig

Olivenöl macht den salzigen Pizzateig schön geschmeidig, so dass er sich gut ausrollen lässt und nicht reißt.

Für 4 Pizzen mit dünnem Boden à 20 cm ⌀
Zubereitungszeit: 40 Min., Ruhen: 45 Min.
250 g Mehl | ½ TL Zucker | ½ TL Salz
10 g frische Hefe | 2 EL Olivenöl | Mehl für die Arbeitsfläche

Zubereitung

1. Mehl, Zucker und Salz vermischen. Die Hefe zerbröckeln und in 130 ml lauwarmem Wasser auflösen. Das Mehl mit der angerührten Hefe und dem Öl mit dem Knethaken des Rührgeräts ca. 10 Minuten zu einem glatten Teig kneten. Der Teig ist fertig, wenn er sich vom Schüsselrand löst.

2. Den Teig mit einem sauberen Tuch abdecken und etwa 45 Min. gehen lassen. Den Backofen auf 200° vorheizen.

3. Dann den Teig auf einer bemehlten Arbeitsfläche nochmals durchkneten. In vier Teile (oder mehr Teile für kleinere Pizzen) schneiden und ausrollen und mit beliebigen Zutaten belegen. Die Pizzen im Backofen (Mitte, Umluft 180°) ca. 20. Min. backen.

Hefe-Sauerteig für Brot

Mit Sauerteig und Hefe geht Brotbacken kinderleicht. Welche Gewürze und Körner Sie zugeben, ist Geschmacksache.

Für 1 großes Brot oder 3 kleine Brote
Zubereitungszeit: 20 Min.
Ruhen: 30 Min.
1 kg Roggenmehl (Type 1150) | 200 g Weizenmehl (Type 550) | 1 Päckchen Trockenhefe | 350 g Sauerteig | 2 EL Salz | 1 EL Anis, Kümmel Koriander oder Fenchel – gemahlen oder ganz – nach Belieben | ggf. Fett für die Formen

Zubereitung

1. Das Mehl mit der Hefe in einer Schüssel mischen. Sauerteig, Salz, 750 ml lauwarmes Wasser und nach Belieben die Gewürze dazugeben und ca. 10 Min. durchkneten.

2. Den Teig zugedeckt 30 Minuten an einem warmen Ort gehen lassen. Den Backofen auf 180° vorheizen. Danach einen oder mehrere Brotlaibe formen bzw. den Teig in eine gefettete Kastenformen geben. Die Oberfläche mehrmals tief einschneiden, dann das Brot/die Brote im Backofen (Mitte, Umluft 160°) gut 1 Stunde backen.

Tipp

Der Teig geht noch besser auf, wenn Sie eine Tasse oder feuerfeste Form mit heißem Wasser in den Ofen stellen, während das Brot bäckt. Das Brot bekommt dadurch auch eine schöne Kruste.

Hefeteig: Zutatenverhältnisse und Verwendung

	leichter Hefeteig	feiner/mittelschwerer Hefeteig		schwerer Hefeteig	
Verwendung	z. B. Hefekranz oder -zopf, Hefe-Blechkuchen	Brioche	Krapfen	Christstollen	Wiener Gugelhupf (mit Rosinen und Nüssen)
Rezeptzutaten					
Mehl (Type 405)	500 g	500 g	500 g	500 g	500 g
Hefe	40 g	20 g	40 g	60 g	60 g
Milch	250 ml	75 ml	115 ml	400 ml	240 ml
Zucker	50 g	75–100 g	75–100 g	20 g	180 g
Eier	1–2 Eigelb oder 1 Ei + 1 Eigelb	3–4 Eier	3 Eier + 3 Eigelb	5 Eigelb	2 Eier + 6–7 Eigelb
Butter	50 g	300 g	100 g	170 g	200 g

Reis, Grieß und Pfannkuchen

Milchreis, Grießbrei und Pfannkuchen schmecken wie bei Muttern. Polenta und Risotto wie beim Italiener um die Ecke.

Milchreis

Milchreis braucht eine gute halbe Stunde, damit der Rundkornreis gut quellen kann.
Für 4 Portionen
Zubereitungszeit: 35 Min.
1 l Milch | Salz | 1 Stück Bio-Zitronenschale oder Zimtstange | 250 g Milchreis | Zucker zum Abschmecken | 20 g Butter, 1 Eigelb, 1 Eiweiß nach Belieben | Zimtzucker

Zubereitung

Die Milch mit 1 Prise Salz und Zitronenschale bzw. Stangenzimt zum Kochen bringen.

Den Milchreis einrühren und bei schwacher Hitze in etwa 25 Minuten ausquellen lassen. Gegebenenfalls kochende Milch nachgießen. Mit Zucker abschmecken. Nach Belieben Butter, Eigelb oder Eischnee unterziehen. Mit Zimtzucker und Obst servieren.

Risotto

... und immer rühren, rühren, rühren ...
Für 4 Portionen
Zubereitungszeit: 30 Min.
1 Zwiebel | 50 g Butter | 400 g Rundkornreis (z. B. Arborio) | 150 ml Weißwein | 1–1,2 l heiße Brühe | Salz | geriebener Parmesan nach Belieben

Zubereitung

1. Zwiebel schälen und in kleine Würfel schneiden. 20 g Butter in einem Topf zerlassen. Zwiebel und Reis wie in Bild 1 und 2 anschwitzen.

2. Mit Weißwein ablöschen und bei mittlerer Hitze weiterrühren, bis der Reis den Wein weitgehend absorbiert hat. Nach und nach unter Rühren etwas heiße Brühe angießen. Jeweils rühren, bis die Brühe aufgesogen ist (3). Den Reis in 15 Minuten fertig garen. Salzen, die übrige Butter und nach Belieben Parmesan einrühren.

(1) Die Zwiebel unter Rühren bei mittlerer Hitze farblos anschwitzen. Den Rundkornreis auf einmal dazuschütten.

(2) Den Reis unter Rühren anschwitzen, bis die Körner glasig werden. Sie dürfen aber keine Farbe nehmen.

(3) Nach und nach unter Rühren etwas heiße Brühe angießen. Rühren, bis die Brühe jeweils aufgesogen ist.

Süßer Grießbrei

Für Kinder und andere Schleckermäuler kann es davon nie genug geben.
Für 4 Portionen
Zubereitungszeit: 20 Min.
1 l Milch | Salz | abgeriebene Schale von ½ Bio-Zitrone | 100 g Grieß | Zucker zum Abschmecken | 20 g Butter, 1 Eigelb, 1 Eiweiß nach Belieben | Zimtzucker zum Anrichten

Zubereitung

1. Von der Milch etwa 100 ml abnehmen und beiseite stellen. Die übrige Milch mit 1 Prise Salz und der Zitronenschale zum Kochen bringen. Den Grieß mit der zurückbehaltenen Milch glatt rühren und in die kochende Milch einrühren.

2. Den Grieß bei schwacher Hitze unter Rühren in 5–10 Minuten gar kochen lassen. Den Grießbrei mit Zucker süßen, nach Belieben Butter und/oder Eigelb und/oder steif geschlagenes Eiweiß unterziehen.

3. Den Grießbrei mit Zimtzucker, frischem Obst oder Kompott anrichten. Man kann auch klein geschnittenes Obst (z. B. Äpfel) mit in die Milch geben und mitgaren.

Polenta

Polenta wird entweder als würziger Beilagenbrei sofort serviert oder am Vortag vorbereitet und in Schnitten angebraten.
Für 4 Portionen
Zubereitungszeit: 30 Min.

200 g mittelfeiner Maisgrieß (Polenta) | 1 TL Salz | ggf. 50 g Butter | frisch geriebener Parmesan zum Servieren | ggf. Öl zum Anbraten

Zubereitung

1. Den Maisgrieß in 1 l kochendes Salzwasser einrieseln lassen, dabei ständig mit dem Schneebesen rühren.

2. Mit einem Holzlöffel ständig, mindestens 20 Minuten und immer in derselben Richtung rühren. Weil es anfangs spritzt, ein Tuch über den Topf legen.

Für eine **Breibeilage** etwas Wasser und die Butter unterziehen. Dazu Parmesan reichen. Wird die Polenta zu **Schnitten** weiterverarbeitet, den Brei weiter in derselben Richtung rühren, bis sich die Masse vom Topfboden löst. Die Polenta auf ein feuchtes Brett oder Blech geben und 1 cm dick ausstreichen. Vor dem Weiterverarbeiten mindestens 30 Minuten (am besten über Nacht) kühl und mit Folie abgedeckt ruhen lassen. Dann in Rauten oder Streifen schneiden oder Motive ausstechen und in heißem Öl anbraten.

Pfannkuchenteig

Lassen Sie den Teig ruhen, dann werden die Pfannkuchen schön luftig.
Für 2 Pfannkuchen
Zubereitungszeit: 25 Min.
60 g Mehl | 100 ml Milch | 2 Eier | Salz | Pflanzenöl oder Butterschmalz zum Braten

Den Pfannkuchen erst wenden, wenn der Teig oben schon gestockt hat.

Zubereitung

1. Das Mehl in eine Schüssel geben und unter Rühren die Milch nach und nach dazugießen. Die Eier und etwas Salz dazugeben und alles mit dem Rührbesen zu einem glatten, flüssigen Teig rühren. Diesen mindestens 10 Minuten quellen lassen.

2. Etwas Öl oder Butterschmalz in einer großen Pfanne (⌀ 28 cm) erhitzen, die Hälfte des Teiges einlaufen lassen und unten goldbraun braten, der Teig sollte oben gerade gestockt sein.

3. Den Pfannkuchen wenden (siehe Bild) und auch von der anderen Seite in ca. 2 Minuten goldbraun braten. Den Pfannkuchen herausheben und warm halten. Den zweiten Pfannkuchen genauso backen.

Nudeln und Spätzle

Nudeln oder Spätzle kann man auch gut selbst zubereiten. Nudelteig muss gut durchgeknetet werden, Spätzleteig sollte man ordentlich schlagen.

Eiernudelteig

Für 4 Personen als Hauptgericht
Zubereitungszeit: 20 Min.
Ruhen: 30 Min.
300 g Mehl | 3 Eier | 1 EL Olivenöl
½ TL Salz

Zubereitung

1. Das Mehl auf die Arbeitsfläche häufen und in der Mitte eine Mulde formen. Die Eier in die Mulde geben. Das Öl und das Salz hinzufügen. Die Eier mit Öl und Salz verquirlen, dabei immer mehr Mehl vom Rand aus unterrühren, bis ein dickflüssiger Teig entsteht.

2. Nun mit beiden Händen das Mehl von außen nach innen in den Teig einarbeiten. Falls der Teig das Mehl nicht vollständig aufnimmt, tropfenweise Wasser dazugeben. Dann den Nudelteig so lange kräftig durchkneten, bis er glatt, glänzend und elastisch ist. Das dauert ca. 10 Minuten.

3. Den Teig zu einer Kugel formen und in Klarsichtfolie wickeln oder mit einem feuchten Tuch bedecken und bei Zimmertemperatur etwa 30 Minuten ruhen lassen. Anschließend nochmals mit den Händen kräftig durchkneten, dünn ausrollen und nach Wunsch weiterverarbeiten.

Nudelteig ausrollen

Nudelteig immer **portionsweise** weiterverarbeiten. Zu große Mengen lassen sich nicht gut dünn ausrollen. Zurückbehaltenen Teig abgedeckt lassen, sonst trocknet er aus. Wer den Teig **mit dem Nudelholz** ausrollt, sollte ihn nicht ganz so fest zubereiten. Beim Ausrollen mit etwas Mehl arbeiten, damit der Teig nicht an der Arbeitsfläche oder Teigrolle anhängt. Wird zum Ausrollen eine **Nudelmaschine** verwendet, darf der Teig relativ fest sein.

Nudeln schneiden und formen

Sie können die ausgewalzten Teigplatten dann von Hand in Streifen (Bandnudeln) oder mit Hilfe der Aufsätze für die Nudelmaschine zurechtschneiden. Frisch geschnittene oder geformte Nudeln vor dem Kochen immer kurz mit ein wenig Mehl bestäubt antrocknen lassen.

Für **Farfalle** schneiden Sie den Teig mit einem Teigrädchen zu kleinen Rechtecken, die Sie in der Mitte mit Daumen und Zeigefinger zusammendrücken (s. S. 185). **Gefüllte Nudeln** bereiten Sie aus dünnen Teigplatten zu: Auf eine Teighälfte in Abständen kleine Portionen Füllung setzen, die Teigränder rundherum mit Eiweiß bestreichen und die andere Teighälfte locker auflegen. Den Teig zwischen der Füllung mit einem Kochlöffelstiel festdrücken und dann die einzelnen Stücke mit einem Teigrädchen voneinander trennen.

Mit einer Nudelmaschine kann man den zähen Nudelteig ganz leicht zu großen Teigplatten ausrollen.

Farfalle: Zuerst schneiden Sie kleine Rechtecke aus. Diese werden mit Daumen und Zeigefinger zusammengedrückt.

(1) Auf der Spätzlereibe wird der Gummischaber hin und her bewegt. Dadurch bilden sich an der Unterseite Spätzle.

(2) Mit etwas Übung kann man die Spätzle auch von einem Holzbrett schaben. Das ist die ursprünglichste Art.

Nudeln kochen

Frische Nudeln werden in reichlich sprudelndem Salzwasser in einem weiten Topf schwimmend gekocht – so garen die Nudeln am besten. Als Faustregeln gelten:
• 1 l Wasser pro 100 g Nudeln
• 1 schwach gehäufter TL Salz pro 1 l Wasser.
Die Garzeit variiert je nach Dicke des Teiges, dauert aber nur wenige Minuten. Testen Sie in kurzen Abständen: ideal ist gar, aber bissfest, d. h. die Nudeln haben noch einen festen Kern.

Spätzleteig

Spätzleteig muss gut geschlagen werden, am besten bis sich Luftblasen im Teig bilden.
Für 4 Personen als Hauptgericht
Zubereitungszeit: 10 Min. (Teig); 40 Min. (Spätzle)
500 g Mehl | 5 Eier | Salz

Zubereitung

1. Das Mehl in eine Schüssel sieben. Eier, Salz und 200 ml Wasser zufügen und alles zu einem glatten Teig verrühren.

2. Den Teig mit dem Kochlöffel kräftig durchrühren (»schlagen«), bis er in dicken Tropfen vom Löffel fällt und sich Blasen bilden, ggf. noch etwas Wasser zufügen.

3. Nun die Spätzle entweder mit Hilfe des Spätzlehobels (1), mit der Spätzlepresse oder – für Könner – durch Schaben vom Brett formen (2).

4. Die Spätzle in wallend kochendes Wasser hobeln, pressen, reiben oder schaben und mit einem Sieblöffel herausfischen, sobald sie an die Oberfläche steigen. Warm halten, bis der gesamte Teig verarbeitet ist.

→ Bunte Nudeln und Spätzle

Nudel- und Spätzleteig lassen sich leicht einfärben und auch geschmacklich verfeinern. Bei der Teigzubereitung dann zunächst kein Wasser zugeben, die Färbezutaten liefern bereits Flüssigkeit.
Rote Nudeln: 80 ml Rote-Bete-Saft auf 30 ml einkochen. Zusammen mit den übrigen Zutaten des Nudel-Grundrezeptes einen Nudelteig zubereiten.
Gelbe Nudeln: 1 Döschen Safranpulver mit 1–2 EL Wasser anrühren. Ebenfalls mit den Zutaten des Grundrezeptes zu einem Nudelteig verarbeiten.
Grüne Nudeln: Aus 60 g abgetropften und pürierten blanchierten Spinat- oder Petersilienblättern und 1 Grundrezept Nudelteig grüne Nudeln zubereiten.

Eier und Kartoffeln

Wie wird Rührei weder zu trocken noch zu wässrig? Kann man Bratkartoffeln auch aus roh geschnittenen Knollen zubereiten?

Spiegelei

Nichts ist einfacher als das: Spiegelei ist ein schnelles Abendessen oder eine Beilage, die auch Kinder lieben.

Für 4 Stück
Zubereitungszeit: 10 Min.
2 EL Butter | 4 Eier | Salz, Pfeffer

Zubereitung

1. Die Butter in der Pfanne erhitzen. Die Eier behutsam aufschlagen und in die Pfanne gleiten lassen.

2. Sobald die Ränder fest und weiß sind, die Eiweiße mit Salz und Pfeffer bestreuen.

3. Wenn die Eiweiße fest sind, die Eier mit einem Bratenwender aus der Pfanne heben.

Rührei

Ein leichtes Abendessen mit gebutterten Toastscheiben.

Für 4 kleine Portionen
Zubereitungszeit: 10 Min.
4 Eier | Salz, Pfeffer | 2 EL Butter

Zubereitung

1. Die Eier in einer Rührschüssel aufschlagen und kräftig mit dem Schneebesen verquirlen. Mit Salz und Pfeffer würzen.

2. Die Butter in einer Pfanne erhitzen, aber nicht braun werden lassen. Eier hineingeben und bei schwacher Hitze langsam stocken lassen. Ab und zu mit einem Pfannenwender vorsichtig umrühren. Die Eier dabei nicht zerrupfen, sondern nur umklappen.

3. Die Rühreier sind fertig, sobald sie gestockt, jedoch noch cremig und glänzend sind. Dann sofort aus der Pfanne nehmen und servieren.

→ Eierstich zubereiten

2 Eier mit ⅛ l Milch, 1 Prise Salz und Muskatnuss verschlagen. Die Eiermilch in gefettete, hitzebeständige Formen (nur bis zur Hälfte füllen), z. B. in Souffléformen füllen. Diese in eine hohe Deckelpfanne stellen und heißes Wasser angießen, bis die Formen zur Hälfte im Wasser stehen. Den Deckel auflegen und die Eiermilch bei schwacher Hitze 25–30 Minuten stocken lassen (das Wasser sollte sich nur leicht bewegen, nicht kochen, sonst wird der Eierstich löchrig). Vorsicht: Auf keinen Fall den Deckel vor Ende der Garzeit hochheben, sonst fällt der Eierstich zusammen!
Den Eierstich aus den Formen lösen, stürzen und etwas abkühlen lassen, dann in Würfel oder Rauten schneiden. Eierstich passt am besten in klare Brühen oder Suppen (z. B. Hühnerbrühe, Rinderkraftbrühe).
Varianten: Zusätzlich 1 EL fein geschnittene Kräuter oder auch fein geriebenen Käse mit den Eiern verschlagen.

Das fertige Rührei ist cremig und glänzend, aber nicht mehr flüssig.

Bratkartoffeln aus rohen Kartoffeln

Für 4 Portionen
Zubereitungszeit: 40 Min.

750 g festkochende Kartoffeln | 1 Zwiebel
3 EL Butterschmalz | Salz | 1–2 TL Küm-
melsamen | ½ Bund Petersilie

Zubereitung

1. Die Kartoffeln schälen, putzen und waschen. In dünne Scheiben schneiden und mit
Küchenpapier trocken tupfen. Die Zwiebel
schälen und fein würfeln. Das Schmalz in einer Pfanne erhitzen und die Zwiebelwürfel
darin glasig braten. Die Kartoffelscheiben
dazugeben, salzen und 10 Min. bei mittlerer
Hitze zugedeckt braten lassen.

2. Den Kümmel unter die Kartoffeln mischen und alles unter wiederholtem Wenden

(1) Kartoffelbrei. Die Kartoffeln werden mit dem
Kartoffelstampfer zu feinem Mus verarbeitet.

(2) Nach und nach heiße Milch und weiche
Butter unter Rühren zugeben.

in der offenen Pfanne noch weitere 10 Minuten bei geringer Hitze braten. Die Petersilie
abbrausen, trocken schütteln, klein schneiden und zum Servieren darüberstreuen.

→ Bratkartoffeln aus gekochten Kartoffeln zubereiten

750 g festkochende Kartoffeln waschen
und in einen Topf geben. Wasser angießen, salzen, aufkochen lassen und zugedeckt bei mittlerer Hitze 25–30 Min. garen. Die Kartoffeln abgießen, kurz
ausdampfen lassen, pellen und vierteln
oder in Scheiben schneiden. Auskühlen
lassen. 3 EL Butterschmalz in einer Pfanne erhitzen. Kartoffelstücke zufügen, mit
Salz und Pfeffer oder Kümmel bestreuen
und in etwa 10 Min. unter Wenden
rundum goldbraun braten.

Kartoffelbrei

Für 4 Portionen
Zubereitungszeit: 30 Min.

700 g mehligkochende Kartoffeln | 1 TL
Salz | 50 g weiche Butter | 150–200 ml
Milch | geriebene Muskatnuss

Zubereitung

1. Die Kartoffeln schälen, halbieren und in
einen Topf geben. Salz zugeben und mit warmem Wasser bedecken. Zugedeckt aufkochen
und die Kartoffeln bei mittlerer Hitze ca. 15
Minuten garen, bis sie weich sind.

Bratkartoffeln aus rohen Kartoffeln werden in
der Pfanne zugedeckt gebraten.

2. Die Kartoffeln abgießen, kurz ausdampfen lassen und mit dem Kartoffelstampfer
oder der Kartoffelpresse (1) zu Mus verarbeiten. Die Milch erhitzen, nach und nach
unter Rühren (2) zum Mus geben. Die Butter
unterrühren und mit Muskat verfeinern.

Brühe und Fonds

Die aromatischen Geflügel-, Fleisch- und Gemüsesude dienen als Basis für Suppen und Saucen, brauchen allerdings ihre Zeit.

Geflügelbrühe

Diese helle Geflügelbrühe kann mit ihrem milden Geschmack sowohl für Fleisch-, als auch für Gemüsegerichte und sogar für Gerichte mit Fisch eingesetzt werden.

Für ca. 2,5 l
Zubereitungszeit: 3½ Std.
1 Suppenhuhn (ca. 1,2-1,5 kg) | 1 TL Salz
1 Zwiebel | 1 Lauchstange | 2 Karotten
½ Sellerieknolle | 1 Bund Petersilie
2 Lorbeerblätter | 1 TL schwarze Pfefferkörner | Passiertuch oder Haarsieb

Zubereitung

1. Das Huhn von Luft-, Speiseröhre und Fettdrüsen (Bürzel) befreien und mit kaltem Wasser innen und außen abspülen (1). In einen hohen Topf geben und mit 3 l Wasser übergießen (2). Bei starker Hitze zum Kochen bringen und den entstehenden Schaum mit einem Schaumlöffel abnehmen.

2. Inzwischen das Suppengemüse küchenfertig vorbereiten. Die Petersilie waschen und trocken schütteln. Alles zu dem Huhn in den Kochtopf geben (3). Pfefferkörner und Salz zugeben und bei schwacher Hitze zugedeckt 2–2 ½ Stunden sanft köcheln. Dabei den Fond immer wieder abschäumen.

3. Den Topf von der Kochstelle nehmen und die Brühe 20 Min. ruhen lassen. Dann durch ein Tuch oder ein Haarsieb passieren. Den Fond abkühlen lassen, sodass sich das Fett an der Oberfläche sammelt. Dieses abschöpfen oder die Brühe kalt stellen und die Fettschicht abheben.

4. Lässt man die klare Brühe im Topf bei schwacher Hitze um die Hälfte einkochen, erhält man eine Kraftbrühe mit sehr intensivem Geschmack.

(1) Das Huhn innen und außen abwaschen und den Bürzel abschneiden.

(2) Das Huhn in einen großen, hohen Topf geben und mit 3 l Wasser bedecken.

(3) Das Suppengemüse putzen und klein geschnitten zu dem Huhn geben.

Gemüsefond

Ein Gemüsefond ist aromatisch und fettarm, er kann mit verschiedenen Gemüsesorten der jeweiligen Saison zubereitet werden, lediglich mit Kohl und Sellerie sollten Sie zurückhaltend sein. Gemüsefond kann als Basis für fast alle Arten von Suppen und Saucen eingesetzt werden.

Für ca. 1½ l
Zubereitungszeit: ca. 2½ Std.

2½ Zwiebeln | 100 g Brokkolistiele
250 g Lauch | 300 g Möhren | 200 g Staudensellerie | 150 g Zucchini | 20 g Butter
250 ml trockener Weißwein | je 1 Zweig
Thymian und Rosmarin | 1 Lorbeerblatt
1 Gewürznelke | ½ Knoblauchzehe
außerdem: Passiertuch oder Haarsieb

Zubereitung

1. ½ (ungeschälte) Zwiebel auf der Schnittfläche in einer heißen Pfanne (ohne Fett) anbräunen. Die übrigen Zwiebeln schälen und grob schneiden. Das Gemüse waschen, putzen und klein schneiden.

2. Die Butter in einem großen Topf zerlassen und die Zwiebeln darin ohne Farbe anschwitzen, das Gemüse zugeben und kurz mit anschwitzen. Den Weißwein und 3 l Wasser zugießen, die gebräunte Zwiebel sowie die Würzzutaten zufügen und das Ganze aufkochen lassen.

3. Den Fond 30–40 Min. kochen lassen, dabei immer wieder den Schaum von der Oberfläche abschöpfen. Dann den Fond durch ein Tuch oder Haarsieb passieren und auf ca. 1½ l einkochen.

Dunkler Rinderfond

Dieser Fond ist die ideale Grundlage für dunkle Saucen und kräftige Suppen.
Für ca. 2 l
Zubereitungszeit: 2½ Std.

2 kg Rinderknochen (gehackt) | 500 g Markknochen (ohne Mark und in Scheiben) | 8 EL Öl | 1 Zwiebel | je 80 g Möhren, Lauch, Petersilienwurzel und Knollensellerie, geputzt | ½ Knoblauchzehe
1 Lorbeerblatt | 2 Gewürznelken | 6–8 weiße Pfefferkörner | grobes Sieb, Küchengarn, Passiertuch

Zubereitung

1. Backofen auf 180° vorheizen. Knochen waschen und gut abtropfen lassen. 4 EL Öl in einem Bräter erhitzen und die Knochen darin verteilen. Im Ofen (Mitte) 30–40 Min. rösten, dabei mehrmals wenden und den Bratsatz vom Boden lösen.

2. Wenn die Knochen goldbraun sind, in ein grobes Sieb gießen, das Fett abtropfen lassen. In einen großen Topf weitere 4 EL Öl geben, die Knochen einfüllen. So viel kaltes Wasser zugießen, dass die Knochen bedeckt sind. Alles zum Kochen bringen, aufsteigenden Schaum immer wieder abschöpfen.

3. Die Zwiebel (ungeschält) halbieren und die Schnittflächen in einer heißen Pfanne (ohne Fett) bräunen. Zwiebelhälften, das zusammengebundene Gemüse und die Gewürze zugeben. Den Fond 1½ Stunden köcheln lassen, durch ein Tuch passieren, erkalten lassen und das erstarrte Fett abheben.

Gemüse, eine gebräunte Zwiebel, Kräuter und Gewürze geben dem Fond Geschmack.

Salatsaucen und Dips

Wer gerne Salat und Rohkost isst, braucht eine Auswahl an Saucen und Dips mit raffinierten Gewürzen.

Vinaigrette

Der Klassiker schmeckt besonders gut zu knackigen Blattsalaten.

Für 4 Portionen
Zubereitungszeit: 5 Min.
2–3 EL Weinessig (rot oder weiß) | 1 TL Senf | 1 Prise Zucker | Salz, Pfeffer | 6 EL Öl

Zubereitung

Essig und Senf, Zucker und Salz verrühren, bis sich beides ganz aufgelöst hat. Etwas Pfeffer zugeben und das Öl mit einem Schneebesen nach und nach unterrühren, bis die Sauce sämig ist.

Variante: Zitronendressing

Den Essig durch Zitronensaft ersetzen, etwas gepressten Knoblauch zufügen und am besten natives Olivenöl verwenden. Passt besonders gut zu (gegartem) mediterranem Gemüse wie Auberginen, Zucchini oder auch weißen Bohnenkernen. Auch lecker für Meeresfrüchte-Salate.

Joghurt-Dressing

Das Dressing passt zu Tomaten- und Gurkensalat sowie zu Nudel-Gemüse-Salaten.

Für 4 Portionen
Zubereitungszeit: 10 Min.
150 g Joghurt | einige Kräuterstängel nach Belieben (z. B. Petersilie, Schnittlauch, Basilikum) | 1 Zitrone | 1 EL Öl | Salz, Pfeffer

Zubereitung

1. Den Joghurt in eine Schüssel geben. Die Kräuter kurz waschen und gut trocken schütteln. Die Kräuterblätter von den Stielen abzupfen und fein hacken.

2. Die Zitrone halbieren und auspressen. Den Zitronensaft sowie das Öl unter den Joghurt rühren. Mit Salz und Pfeffer abschmecken und zum Schluss die Kräuter unterrühren.

Edelpilzkäse-Dressing

Das bittere Aroma des Käses passt gut zu Romana-Salat, Chicorée und Radicchio.

Für 4 Portionen
Zubereitungszeit: 5 Min.
50 g Roquefort oder anderer Blauschimmelkäse ohne Rinde | 50 g Sahne | 1–2 EL Weißweinessig | Pfeffer | 2 EL Sonnenblumenöl

Zubereitung

Den Käse mit einer Gabel zerdrücken und mit der Sahne cremig verrühren. Essig dazugeben, leicht pfeffern und zuletzt das Öl untermischen.

Tipp

Verfeinern lässt sich das Dressing mit gerösteten Walnüssen oder Haselnüssen.

Frischkäse-Dip

Möhren, Kohlrabi, Staudensellerie und Paprikaschoten sind ideale Dip-Partner.
Für 4 Portionen
Zubereitungszeit: 15 Min.
200 g Frischkäse | 5 EL Milch | ½ Bio-Zitrone | 50 g entsteinte grüne Oliven
Currypulver, Salz, Pfeffer

Zubereitung

1. Den Frischkäse mit der Milch cremig rühren. Die Zitrone heiß waschen und trocken reiben. Die Schale fein abreiben. Die Oliven sehr fein hacken.

2. Die Frischkäsemischung mit Zitronenschale würzen, die Oliven unterrühren. Den Dip mit Currypulver, Salz und Pfeffer abschmecken.

Variante

Für einen Ziegenkäse-Dip ersetzen Sie den (Kuh-)Frischkäse durch Ziegenfrischkäse und den Curry durch frische Kräuter Ihrer Wahl, z. B. gehackten Thymian oder Oregano.

Avocado-Dip (Guacamole)

Den grünen mexikanischen Dip immer ganz frisch zubereiten und servieren.
Für 4 Portionen
Zubereitungszeit: 25 Min.
1 große Fleischtomate | 1 kleine Zwiebel |
2 Knoblauchzehen | 1 frische rote Chilischote | 2 reife Avocados | 2–3 EL Limettensaft | Salz, Pfeffer | gehacktes Koriandergrün oder Petersilie

Zubereitung

1. Die Tomate mit kochendem Wasser überbrühen, dann häuten, entkernen und klein würfeln. Zwiebel und Knoblauchzehen schälen und ebenfalls klein würfeln. Die Chilischote entkernen und fein würfeln.

2. Die Avocados halbieren und den Kern auslösen. Das Fruchtfleisch mit einem Löffel aus der Schale lösen. Sofort mit Limettensaft pürieren und mit Tomate, Zwiebeln, Knoblauch und Chiliwürfeln mischen. Mit Salz und Pfeffer würzen und den gehackten Koriander einrühren.

Kichererbsen-Dip (Hummus)

Passt zu warmem Fladenbrot, Rohkost, gegartem Gemüse und kaltem Geflügelfleisch.
Für 4 Portionen
Zubereitungszeit: 10 Min.
1 Dose gegarte Kichererbsen (Abtropfgewicht 240 g) | 2 Knoblauchzehen
100 g Sesampaste Tahin (aus dem türkischen Lebensmittelladen) | Saft von
1 großen Zitrone | 2 EL Olivenöl | Salz
1 Msp.–1 TL Harissa (arabische Würzpaste) | 2–3 Zweige Petersilie

Zubereitung

1. Die Kichererbsen abtropfen lassen, dann in einen Rührbecher geben, 50 ml Wasser zufügen und mit dem Pürierstab fein zermusen. Knoblauchzehen schälen und klein würfeln und zum Mus geben.

2. Tahin, Zitronensaft und Öl zufügen. Den Dip mit Salz und Harissa abschmecken. Die Petersilie waschen, trocken schütteln und die Blättchen fein hacken. Den Dip mit der Petersilie bestreut servieren.

Kalte Saucen

Kalte Saucen und Pasten werden mit Oliven- und Sonnenblumenöl oder mit Butter geschmeidig und geschmacksstark.

Grünes Pesto

Die klassische Kräuterpaste kann man auch aus Petersilie, Rucola oder Bärlauch herstellen. Hier ist das Original mit Basilikum.
Für 4 Portionen
Zubereitungszeit: 15 Min.
2 EL Pinienkerne | 1 Bund Basilikum
1–2 Knoblauchzehen | Salz | 30 g frisch geriebener Parmesan | 6 EL kalt gepresstes Olivenöl | Pfeffer

Zubereitung

1. Die Pinienkerne in einer Pfanne ohne Fett kurz hellbraun rösten (1), sofort aus der Pfanne nehmen und abkühlen lassen. Vom Basilikum die Blätter abzupfen. Den Knoblauch schälen.

2. Pinienkerne, Basilikum und Knoblauch sowie 1 Prise Salz in einen großen Mörser geben und fein zerstoßen (2). Wem die Prozedur im Mörser zu mühsam ist, der gibt alles in den Mixer und püriert die Zutaten.

3. Anschließend den Parmesan und das Olivenöl unterrühren und das Pesto mit Salz und Pfeffer abschmecken.

(1) Die Pinienkerne in einer Pfanne ohne Fett rösten und sofort herausnehmen.

(2) Im Mörser werden die Zutaten fein zerrieben. Im Mixer geht's noch schneller.

Rotes Pesto

Das Pesto schmeckt sehr gut zu Nudeln oder zu in Öl ausgebratenen Zucchini- oder Auberginenscheiben.
Für 4 Portionen
Zubereitungszeit: 15 Min.
2 EL Pinienkerne | 1 Knoblauchzehe |
10 in Öl eingelegte getrocknete Tomaten |
4 EL Tomaten-Einlegeöl | Salz | 1 getr.
Chilischote | 2 EL geriebener Parmesan |
Pfeffer

Zubereitung

1. Die Pinienkerne in einer Pfanne ohne Fett hellbraun rösten, aus der Pfanne nehmen und abkühlen lassen. Die Knoblauchzehe schälen und würfeln. Die getrockneten Tomaten etwas zerkleinern.

2. Alles mit 4 EL Einlegeöl, 1 Prise Salz und der zerbröselten Chilischote in den Mixer geben und fein pürieren. Oder alle Zutaten in einem hohen Aufschlaggefäß mit dem Pürierstab fein pürieren

3. Anschließend den Parmesan unterrühren und das Pesto mit Salz und Pfeffer pikant abschmecken.

Tipp

Eine jeweils charakteristisch kräuterwürzige Note bekommt das rote Pesto, wenn Sie noch 1 EL fein gehackte Rosmarinnadeln oder Thymianblättchen unterrühren. Aber auch mit Basilikum lässt sich das rote Pesto sehr gut verfeinern.

(1) Mayonnaise. Eigelbe, Senf, Zitronensaft, Salz und Pfeffer gut verrühren.

(2) Das Öl tropfenweise dazugegeben und ständig weiterrühren.

Kräuterbutter. Die Butter auf Pergamentpapier streichen und aufrollen.

Mayonnaise

Mayonnaise passt zu Kartoffelsalat, gedünstetem oder blanchiertem Gemüse, kaltem Fleisch und hart gekochten Eiern.
Für ca. 500 g
Zubereitungszeit: 10 Min.
3 frische Eigelbe | 1 Msp.–1 TL Senf | Salz
1 Spritzer Zitronensaft | weißer Pfeffer
½ l neutrales Öl (z. B. Sonnenblumenöl)

Zubereitung

1. Die Eigelbe in einer Schüssel mit Senf, etwas Salz, Zitronensaft und weißem Pfeffer mit dem Schneebesen verrühren, bis die Mischung etwas dicklich wird (1).

2. Das Öl erst tropfenweise, dann in dünnem Strahl unter ständigem Rühren einlaufen lassen (2). Die fertige Mayonnaise soll halbfest sein.
Die Sauce kalt aufbewahren und wegen des rohen Eigelbs am selben Tag verzehren.

> **→ Profi-Tipp**
>
> Eine Mayonnaise gelingt nur dann perfekt, wenn Eigelb und Öl in etwa die gleiche Temperatur haben.

Kräuterbutter

… zu Kurzgebratenem und Grillfleisch.
Für ca. 300 g
Zubereitungszeit: 20 Min.
½ Bund Petersilie | ¼ Bund Schnittlauch | einige Zweige Basilikum | etwas Liebstöckel, Thymian und Oregano
250 weiche Butter | 2 Knoblauchzehen
1 EL gehackte Schalotten | 2 TL Limettensaft | ¼ TL weißer Pfeffer | 1 TL Salz

Zubereitung

1. Die Kräuter waschen, gut trocken schütteln, die Blättchen abzupfen und fein hacken. Die Butter glatt, aber nicht schaumig rühren.

Den Knoblauch schälen und durch die Knoblauchpresse dazudrücken. Schalotten, Limettensaft, weißen Pfeffer und Salz zugeben und alles unter die Butter rühren.

2. Zuletzt die gehackten Kräuter unterrühren. Nicht zu lange rühren, da sich sonst die Butter durch den Kräutersaft grün verfärbt. Die Butter etwas fest werden lassen.

3. Die Kräuterbutter auf Pergamentpapier geben und vorsichtig zur Rolle formen (s. Bild); bis zur Verwendung kalt stellen, jedoch zimmerwarm servieren, sonst kommt das feine Aroma der Kräuter nicht zur Geltung.

Variante

Für Knoblauchbutter 6 Knoblauchzehen schälen und durch die Knoblauchpresse drücken. 200 g Butter cremig rühren. Den Knoblauch zugeben und unterrühren. Mit Zitronensaft und Salz abschmecken.

Warme Saucen

Béchamelsauce ist ein milder Begleiter zu zartem Fleisch, Fisch und Gemüse. Und was wären Spargel ohne Hollandaise und Nudeln ohne Tomatensauce?

Béchamelsauce

Béchamelsauce ist sehr verwandlungsfähig.
Für 4 Portionen
Zubereitungszeit: 30 Min.
25 g Butter | 30 g Mehl | ½ l kalte Milch
½ TL Salz | weißer Pfeffer | Muskatnuss

Zubereitung

1. Die Butter in einer Kasserolle bei mittlerer Hitze zerlassen, ohne dass sie Farbe bekommt. Das Mehl in der zerlassenen Butter 1–2 Minuten unter Rühren anschwitzen, wobei es keine Farbe nehmen soll (1).

2. Nach und nach die kalte Milch zugießen und immer wieder mit dem Rührbesen zügig glatt rühren, sodass eine homogene Masse entsteht (2).

3. Nun die Sauce etwa 20 Minuten auf kleiner Flamme köcheln lassen, um den Mehlgeschmack zu beseitigen. Dabei sollten Sie sie gelegentlich umrühren, damit sie nicht anbrennt. Mit Salz, Pfeffer und Muskat abschmecken.

(1) Das Mehl zur zerlassenen Butter geben und 1–2 Minuten anschwitzen.

(2) Kalte Milch nach und nach zugießen und zu einer glatten Sauce verrühren.

Weißweinsauce

Diese helle Sauce passt gut zu gekochtem Geflügel sowie zu pochiertem, gedünstetem oder gebratenem Fisch.
Für 300 ml
Zubereitungszeit: 50 Min.
3 Schalotten | 15 g Butter | 300 ml trockener Weißwein | 300 ml Geflügel- oder Fischfond (je nach Verwendung der Sauce)
400 g Crème fraîche | Salz, Pfeffer, Zucker

Zubereitung

1. Die Schalotten schälen und fein würfeln. Die Butter bei schwacher bis mittlerer Hitze in einem Topf erhitzen. Die Schalotten zugeben und glasig andünsten.

2. Den Weißwein zugießen und unter Rühren zum Kochen bringen. Die kochende Flüssigkeit auf die Hälfte reduzieren. Dann den Fond zugießen und das Ganze kochend so weit reduzieren, dass nur noch etwa 100 ml Flüssigkeit übrig sind. Die Crème fraîche einrühren, die Sauce nochmals aufkochen und reduzieren, bis sie eine sämige Konsistenz hat.

3. Ein Sieb mit einem Tuch auslegen und die Sauce passieren. Die Sauce mit Salz, Pfeffer und Zucker abschmecken.

Varianten

Die Saucen können mit verschiedensten Kräutern und Gewürzen verfeinert werden. Auch mit geriebenem Käse, gedünsteten Champignonscheiben oder Zwiebelwürfelchen schmecken sie hervorragend.

Die Tomatensauce kann mit gebratenem Hackfleisch, Oliven oder Sahne verfeinert werden.

(1) Die Eigelbe werden mit etwas Wasser auf dem heißen Wasserbad verquirlt.

(2) Nun die geklärte Butter langsam zugeben und schaumig aufschlagen.

Tomatensauce

Die Tomatensauce ist der Klassiker zu Nudeln und Basis für Bolognese und Lasagne.

Für 4 Portionen
Zubereitungszeit: 30 Min.

1 Zwiebel | 2 Knoblauchzehen | 4 EL Olivenöl | 1 große Dose stückige Tomaten (800 g) | 1–2 Zweige frischer Thymian oder Rosmarin nach Belieben | Salz, Pfeffer

Zubereitung

Zwiebel und Knoblauch schälen, in feine Würfel schneiden. Das Öl in einem Topf erhitzen. Zwiebel und Knoblauch darin 1 Min. bei mittlerer Hitze glasig anbraten. Die Tomaten in den Topf geben. Die Kräuter waschen, trocken schütteln und dazulegen. Die Sauce salzen, pfeffern und 20 Min. sanft kochen lassen, dabei gelegentlich umrühren. Die Kräuterzweige entfernen und die Sauce abschmecken.

Sauce Hollandaise

Die klassische Spargelsauce passt auch zu pochiertem Fisch, Eiern und Gemüse.

Für 4 Portionen
Zubereitungszeit: 20 Min.

175 g Butter | 3 Eigelbe | Salz, Pfeffer, Zitronensaft

Zubereitung

1. Die Butter schmelzen, dabei den weißen Schaum abschöpfen. Die Butter abkühlen lassen (sie muss aber noch flüssig sein). Die Eigelbe zunächst mit 2–3 EL Wasser in einer Metallschüssel auf dem heißen Wasserbad verquirlen (1).

2. Nun die flüssige Butter zuerst nur tropfenweise, dann in ganz feinem Strahl zu den Eigelben tröpfeln lassen und dabei mit den Besen des Rührgeräts schaumig aufschlagen (2). Rühren, bis die Sauce dicklich wird. Mit Salz, Pfeffer und Zitronensaft abschmecken.

Variante: Sauce Béarnaise

Für diese wie eine Hollandaise zubereitete Sauce wird eine Mischung aus 4 EL Weißweinessig, 3 EL trockenem Weißwein, 10 weißen Pfefferkörnern, 3 fein gehackten Schalotten und 1 EL gehacktem Estragon auf eine Menge von nur noch 1 EL Flüssigkeit eingekocht. Die Mischung durch ein feines Sieb passieren, 1–2 EL Wasser zugeben und diese Flüssigkeit statt dem Wasser im Hollandaiserezept den Eigelben zugeben. Die Sauce mit Salz, Cayennepfeffer und gehacktem frischem Kerbel oder gehackter Petersilie abschmecken (keinen Zitronensaft zufügen).

→ Schnelle Bratensauce

Der Bratensatz wird mit Brühe oder Fond (z. B. braunem Kalbsfond) abgelöscht, aufgefüllt und eingekocht, bis die Sauce einen kräftigen Geschmack hat.

Süße Saucen

Dessertsaucen machen aus einem einfachen Nachtisch ein unwiderstehliches Geschmackserlebnis.

Vanillesauce (Englische Creme)

Cremig und mild, warm und kalt begleitet sie viele süße Nachspeisen.
Für 4–6 Portionen
Zubereitungszeit: 25 Min.
1 Vanilleschote | 500 ml Milch | 5 frische Eigelbe | 65 g Zucker

Zubereitung

1. Vanilleschote längs aufschlitzen und das Mark herauskratzen. Mark und Schote in der Milch erhitzen, 10–15 Minuten ziehen lassen.

2. Inzwischen Eigelbe und Zucker in einer Schüssel mit einem Rührbesen cremig rühren, bis der Zucker aufgelöst ist, die Mischung aber nicht schaumig schlagen (1).

3. Die Vanilleschote aus der Milch fischen und die Milch unter Rühren zur Eigelbcreme gießen. Die Mischung zurück in den (sauberen) Topf gießen und unter ständigem Rühren mit einem Kochlöffel bei schwacher Hitze erwärmen, bis die Sauce andickt (2). Dann nicht weitererhitzen.

(1) Eigelbe und Zucker in einer Schüssel mit einem Schneebesen zu einer homogenen Masse cremig, aber nicht schaumig rühren.

(2) Die Mischung unter städigem Rühren mit einem Kochlöffel erwärmen, bis sie andickt, aber nicht weitererhitzen.

→ **Schnelle Vanillesauce**

1 Päckchen Vanillepuddingpulver (für ½ l Milch) mit 1 l Milch zubereiten. Bis auf die Milchmenge nach Packungsanweisung verfahren.

Wann ist die Sauce fertig?

Die Sauce ist fertig, wenn sie den Kochlöffelrücken sämig überzieht und eine mit dem Finger durch diesen Überzug gezogene Spur sichtbar bleibt.

Oder Sie machen folgenden Test: Schräg auf den gut mit Sauce überzogenen Kochlöffel blasen (etwas kräftiger als wenn man etwas zum Abkühlen anpustet): Bilden sich rosenblätterähnliche Wellen, ist die Sauce genügend angedickt. Wegen dieses Tests nennt man den Gar- und Bindungsvorgang bei einer Vanillesauce (und anderen auf Eigelbbindung basierenden Saucen) auch **»zur Rose abziehen«**.

Die Sauce darf nicht mehr als 85° heiß werden, sonst gerinnt das Eigelb. Die Sauce wird grießig und erhält keine gute Bindung. Daher die Sauce nur behutsam erhitzen und sofort, wenn die Bindung erreicht ist, von der Kochstelle nehmen.

Tipp

Nicht ganz so empfindlich ist die Vanillesauce gegen Hitze, wenn Sie eine Messerspitze Speisestärke mit etwas kalter Milch verrühren und vor dem Weiterarbeiten in die Eigelbcreme geben.

Weinschaumsauce (Sauce Sabayon)

Ein Luftikus: Die leichte Sauce schmeckt pur und als Begleiter zu frischen Früchten.
Für 4–8 Portionen
Zubereitungszeit: 15 Min.
6 frische Eigelbe | 200 g sehr feiner Zucker
250 ml sehr trockener Weißwein

Zubereitung

Eigelb und Zucker in einer Wasserbadschüssel cremig, aber nicht schaumig rühren. Dann die Schüssel auf ein heißes Wasserbad setzen. Dabei darf der Schüsselboden den heißen Topfboden nicht berühren. Den Wein dazugießen und einrühren, dann die Creme mit dem Rührbesen kräftig aufschlagen, bis sie gebunden ist und etwa das doppelte Volumen hat.

Tipps

Die Sauce bindet erst bei 70°, also nicht zu bald mit dem Schlagen aufhören. Dass die Masse nach und nach Bindung bekommt, spüren Sie sehr gut, wenn Sie mit dem Hand-rührbesen arbeiten. Wenn Sie die Sauce nicht warm servieren möchten, schlagen Sie sie auf einem Eiswürfel-Wasserbad kalt.

> **→ Schnelle Fruchtsauce**
>
> Frische weiche Früchte (z. B. Pfirsiche, Aprikosen) bzw. Beeren nach Wahl waschen, putzen, schälen oder entsteinen. Das Fruchtfleisch im Mixer pürieren, nach Belieben durch ein feines Sieb streichen, um feine Kernchen zu entfernen. Mit Puderzucker und Zitronensaft abschmecken.

Schokoladensauce

Nehmen Sie am besten Schokolade mit hohem Kakaoanteil für diese feine Sauce.
Für 6–8 Portionen
Zubereitungszeit: 25 Min.
125 g Zartbitterschokolade | 1 TL Vanille-zucker | 3 EL Zucker | 250 ml Milch oder 4 EL Sahne | 1 gestr. EL Speisestärke
1 EL weiche Butter

Zubereitung

1. Die Schokolade reiben. In einem Topf mit 125 ml kochendem Wasser aufgießen und glatt rühren. Vanillezucker und Zucker zugeben und die Mischung unter Rühren erwärmen, bis sich der Zucker gelöst hat.

2. Die Milch oder Sahne mit der Speisestärke verrühren, unter die Sauce rühren und 5 Min. köcheln lassen. Die Butter unterschlagen und die Sauce sofort servieren.

Tipp

Wenn es besonders schnell gehen soll: 100 g Sahne erhitzen und darin 1 Tafel (100 g) Schokolade schmelzen. Die Sauce nach Belieben mit löslichem Kaffeepulver, Weinbrand oder Likör aromatisieren.

Karamellsauce

Die Verführerin aus Sahne und Zucker serviert man zu Vanilleeis.

Karamellsauce: Farbe und Konsistenz versprechen Hochgenuss.

Für 4 Portionen
Zubereitungszeit: 15 Min.
3 EL Zucker | 200 g Sahne | etwas Likör (z. B. Amaretto) nach Belieben

Zubereitung

1. Den Zucker in einem Topf mit gerade so viel Wasser unter Rühren erhitzen, dass sich der Zucker gut rühren lässt. Die Zuckerlösung kochen, bis sie bernsteinfarben ist. Den Topf sofort von der Kochstelle nehmen. Erst wenn keine Blasen mehr aufsteigen, die Sahne zugießen (Vorsicht: Spritzgefahr!)

2. Den Topf zurück auf die Kochstelle setzen, den Karamell unter Rühren erhitzen und in der Sahne auflösen. Dann die Sauce aufkochen, damit eine sirupähnliche Konsistenz erreicht wird. Nach Belieben mit Likör abschmecken und servieren.

Saucen binden

(1) ... durch Reduzieren

(2) ... mit Mehlschwitze

(3) ... mit Mehlbutter

(4) ... mit Speisestärke

Durch Reduzieren (1): Dazu wird die fertige Sauce offen bei starker Hitze möglichst rasch eingekocht, bis sie eine glänzende und sirupartige Konsistenz hat.

Diese Technik wird insbesondere bei Saucen auf Basis von Fisch- und Fleischfonds angewendet.

Mit Mehlschwitze (2): Das Fett im Topf zerlassen, das Mehl auf einmal dazugeben und unter das Fett rühren. Je nach gewünschter Färbung unter Rühren 2–8 Minuten anschwitzen; ergibt entweder eine helle oder eine dunkle Mehlschwitze. Dann mit kalter Flüssigkeit aufgießen, glatt rühren und mindestens 5 Minuten durchkochen lassen, damit eine Bindung entsteht und sich der Mehlgeschmack verliert. Die Mehlschwitze ist Basis für viele Saucen, z. B. Béchamelsauce (s. S. 194) oder auch Senfsaucen. Die dunkle Mehlschwitze eignet sich besonders zur Herstellung von Bratensaucen.

Mit Mehlbutter (3): 100 g Butter mit 120 g Mehl gut verkneten. Die Masse zu haselnussgroßen Kugeln formen. Bei Bedarf die gewünschte Menge in die heiße Flüssigkeit geben und alles verrühren. Mehlbutter eignet sich für (salzige) Saucen aller Art, gibt zusätzlich zur Bindung einen schönen Glanz und einen feinen (Butter-)Geschmack.

Mit Speisestärke (4): Speisestärke wird, damit keine Klümpchen entstehen, mit Wasser kalt angerührt und unter Rühren zu der kochenden Sauce gegeben. Die Bindung ist geeignet für alle Saucen, die klar sein sollen und nur eine kaum merkliche Bindung haben dürfen (z. B. Bratensauce).

Fertige Saucenbinder, auch Instant-Saucenbinder genannt, enthalten zusätzlich Emulgatoren, die ein Verklumpen beim Einrühren in die Sauce verhindern. Die dunkle Farbe der »dunklen Saucenbinder« wird durch Farbstoffe, in der Regel Zuckercouleur, erreicht.

Fertige Saucenpulver gibt es in verschiedenen Geschmacksrichtungen. Sie enthalten Geschmackskomponenten, die der Sauce den Namen geben, meistens allerdings in Form von Aromastoffen und Geschmacksverstärkern. Wenn möglich sollten Sie frische Zutaten (Kräuter, Pilze, Zwiebeln) diesen Zusatzstoffen vorziehen.

(5) ... mit Butter

(6) ... mit Semmelbröseln

(7) ... mit Gempüsepüree/Kartoffel

(8) ... durch Legieren

Mit Butter (5): Dabei werden eiskalte Butterstückchen durch Schwenken, mit einem Rührbesen oder Mixstab in die heiße (aber nicht mehr kochende) Sauce gerührt, sodass Bindung bzw. Sämigkeit entsteht. Das nennt man fachsprachlich »montieren«. Eine so gebundene Sauce darf nicht mehr aufgekocht werden, sonst geht die Bindung verloren. Auf diese Weise können alle Arten von warmen Saucen gebunden werden. Die Butter gibt zugleich einen feinen Geschmack.

Mit Brotkrumen/Semmelbrösel (6): Dazu werden der heißen Sauce fein geriebene altbackene Weißbrotkrumen (oder Semmelbrösel) beigegeben und die Sauce dann so lange unter Rühren gekocht, bis eine Bindung erfolgt. Das ist be-

sonders geeignet für rustikale Saucen, z. B. Biersauce, Zwiebelsauce.

Mit Gemüsepüree (7): Basis des bindenen Pürees sind stärkehaltige Produkte wie Kartoffeln, getrocknete Linsen, Bohnen oder Erbsen, aber auch gekochtes Gemüse wie Zwiebeln, Möhren, Sellerie und Petersilienwurzeln.

Diese kalorienarme Art, Saucen zu binden kann überall dort angewendet werden, wo eine Sauce leicht püreeartig sein darf. Basis dafür kann eine Gemüse- oder Fleischbrühe sein.

Fruchtsaucen lassen sich auf diese Weise ebenfalls eindicken, z. B. mit Trockenfruchtmus aus Aprikosen, Dörrpflaumen oder Datteln. Die Früchte in Wasser einwei-

chen, danach abtropfen lassen; die Einweichflüssigkeit nicht weggießen. Die Früchte mit etwas Einweichflüssigkeit fein pürieren.

Durch Legieren (8): Eigelb mit 1–2 EL Sahne oder Milch verrühren, etwas heiße Sauce unterrühren und das Ganze unter Rühren an die verbliebene heiße Sauce geben. Nicht mehr kochen lassen, da sonst das Ei ausflockt. Legieren eignet sich nicht nur für süße und salzige Saucen, sondern auch zum Binden von Suppen und Pürees.

Umrechnung von Flüssigkeitsmengen

Liter	Deziliter	Zentiliter	Milliliter	EL	TL
	1 dl	10 cl	100 ml		
1 l	10 dl	100 cl	1000 ml		
3/4 l			750 ml		
1/2 l			500 ml		
1/4 l			250 ml		
1/8 l			125 ml		
1/10 l			100 ml	6½ EL	
			20 ml		4 TL
			15 ml	1 EL	3 TL
			10 ml		2 TL
			5 ml		1 TL

Temperatureinstellungen beim Backen

Ober-/Unterhitze	Umluft	Gas
150°	140°	1
175-180°	160°	2
200°	180°	3
225°	200°	4
250°	220°	5

• Als Faustregel kann man rechnen: Ober-/Unterhitze minus 10 % ergibt die geeignete Umlufttemperatur

Umrechnung von Mengenangaben (A, GB, USA)

Österreich

1 dag = 1 Dekagramm (kurz »Deka«) = 10 g

Großbritannien

1 tbsp. = 1 tablespoon (Esslöffel)

1 tsp. = 1 teaspoon (Teelöffel) =   1/4 tablespoon =   4,44 ml

1 cup = 1 Tasse = 284 ml

= ½ pint = 10 fluid ounces (fl. oz) = 2,84 dl

Amerika

1 tbsp. = 1 tablespoon (Esslöffel)

1 tsp. = 1 teaspoon (Teelöffel) =

1/3 tablespoon = 4,93 ml

1 cup (c./cu) = 1 Tasse = 237 ml =

½ pint = 8 fluid ounces (fl. oz.) = 2,37 dl

1 cup Mehl = 120 g

1 cup Puderzucker = 120 g

1 cup Butter = 225 g

1 cup Zucker = 225 g

Großbritannien und Amerika

1 ounce = 28,35 g

1 pound = 16 ounces = 454 g

• Weitere Umrechnungen von cups in Gramm, etwa für klein geschnittene feste Zutaten, finden Sie z. B. im Internet (Suchbegriffe »Umrechnung cups Gramm«).

Löffel-Mengen und Gramm-Angaben

Rezeptzutaten	Gramm
1 TL Backpulver	5 g
1 EL Butter	10 g
1 TL Butter	5 g
1 EL Crème fraîche, Mayonnaise, Senf	15 g
1 EL gekörnte Brühe	3 g
1 EL Gelee/Konfitüre (gestrichen)	20 g
1 EL Gelee/Konfitüre (gehäuft)	35 g
1 EL Grieß (gehäuft)	20 g
1 EL blütenzarte Haferflocken (gehäuft)	5 g
1 EL Honig	20 g
1 EL Joghurt	15–20 g
1 EL geriebener Käse	5 g
1 EL Maiskörner (Dose)	25 g
1 EL Mehl (gestrichen)	10 g
1 EL Mehl (gehäuft)	15 g
1 EL gemahlene Nüsse/Mandeln	5 g
1 EL Öl	10 g
1 EL Reis (roh)	15 g
1 TL Salz	5 g
1 EL Semmelbrösel	10 g
1 EL Tomatenmark/Ketchup	15 g
1 EL Zucker	15 g
1 TL Zucker	5 g

Fett zum Dünsten, Braten, Bestreichen

zum Übergießen/Überstreuen von ...	Menge Fett
1 kg Bratenfleisch (flüssiges Fett)	3 EL
von 1 Auflauf (Butterflöckchen)	1 EL
zum Anbraten von ...	
1 kg Fleisch	2½ EL
zum Kurzbraten von ...	
4 Portionen Fleisch	2½ EL
4 Portionen paniertem Fleisch/Fisch	3½ EL
zum Braten von ...	
1 kg Bratkartoffeln	75 g
1 Omelett/Pfannkuchen	2 EL
4 Fischfilets (leicht bemehlt)	4 EL
10–15 Fischstäbchen	3 EL
4 Spiegeleiern	2 EL
zum Bestreichen von ...	
1 großen Scheibe Bauernbrot/Sauerteigbrot	15 g
1 Scheibe Mischbrot	10 g
1 Scheibe Schwarzbrot/Pumpernickel	10 g
1 Scheibe Toast-/Weißbrot/Baguette	5 g
1 Scheibe Knäckebrot	5 g
1 Brötchen (2 Hälften)	10 g
zum Andünsten von ...	
1 Zwiebel	10 g
500 g Möhren	30 g

Pannenhilfe

Braten zäh geworden? Gemüse verkocht? Salz klumpt? Kuchen geht nicht auf? Und jetzt?

Alle Ihre Fragen bekommen hier Antworten über Antworten. Sortiert von A wie »Auflauf verbrannt« bis Z wie »Zwiebeln zu dunkel gebraten« – damit garantiert nichts mehr anbrennt.

Pannenhilfe

204 Tipps und Tricks rund ums Kochen von A–Z
210 Tipps und Tricks rund ums Backen von A–Z
215 Sonstige Küchentipps und Tricks

? Tricks und Tipps rund ums Kochen von A–Z

Kleine Pannen beim Kochen passieren oft, weil man kurz abgelenkt ist. Wir zeigen Ihnen ein paar Kniffe, um den Schaden zu beheben und nützliche Tipps, damit es beim zweiten Mal klappt.

Auflauf ist verbrannt

➔ Die schwarze Kruste abheben. Sahne (ggf. verquirltes Ei) und geriebenen Käse verquirlen und auf dem Auflauf verteilen. Kurz in den Ofen schieben, bis die Oberfläche schön gebräunt ist.

Braten ist verbrannt

➔ Die verbrannte Schicht mit einem Messer sorgfältig abschneiden. Danach kann man den Braten in Scheiben schneiden und mit Sauce begießen.

Damit es erst gar nicht passiert

Lange Garzeiten bei niedrigerer Temperatur sind nicht nur schonender als kurzes Garen bei hoher Hitze, sondern der Braten verbrennt auch nicht so leicht. Ein gelegentlicher Blick in den Ofen und ein rechtzeitiges Abdecken (Alufolie oder Deckel) verhindert ein zu starkes Bräunen oder Verbrennen.

Braten ist zäh

➔ Schneiden Sie den Braten dünn auf, und lassen Sie die einzelnen Scheiben in der Sauce durchziehen.

➔ Oder Sie begießen ihn mit 1–2 Gläschen Cognac und garen ihn weitere 10 Minuten.

Damit es erst gar nicht passiert

Der Braten wird zart und saftig, wenn er zunächst von allen Seiten gut angebraten wird.

Braten ist zu salzig

➔ Einfach den Braten mit Honig bestreichen – denn der mildert den salzigen Geschmack ab. Dies hilft übrigens auch, wenn zu viel gepfeffert wurde. Der Braten bekommt durch den Honig zudem eine knusprige Haut.

➔ Bei Schmorgerichten 250 ml Wasser angießen, einige geschälte und in große Würfel geschnittene rohe Kartoffeln einlegen und 10 Minuten mitgaren. Vor dem Servieren werden die Kartoffeln wieder entfernt.

Brühe oder Sauce ist trüb

➔ Eiweiß in die kalte Brühe einrühren, die Brühe aufkochen und den Schaum abheben. Dann die Brühe durch ein mit einem Passier- oder Küchentuch ausgekleidetes Sieb gießen. Wenn Sie die Brühe/Sauce nicht sofort benötigen, gießen Sie sie gleich durch ein mit Passier- oder Küchentuch ausgelegtes Sieb. Danach wiederholen Sie den Vorgang mit einem Kaffeefilter. Wichtig ist, dass Sie nicht nachhelfen, sondern die Flüssigkeit einfach laufen lassen, sonst drücken Sie feinste Partikel zurück in die Brühe.

Cannelloni füllen

Die Zutaten für die Füllung möglichst klein schneiden. Geben Sie die Füllung dann in einen Spritzbeutel mit großer Tülle und spritzen Sie die Masse in die Cannelloni (siehe Bild).

Creme mit Gelatine geliert nicht

Die Eier-Zucker-Gelatine-Masse war noch heiß oder zu flüssig als die steif geschlagene Sahne dazugegeben wurde.

Damit es erst gar nicht passiert

➔ Erst die Sahne dazu, wenn die Masse mit Gelatine anfängt, fest zu werden. Ist sie noch zu flüssig, setzt sich die Gelatine ab, ist die Gelatine schon zu fest, dann verbinden sich die Teile nicht mehr richtig miteinander.

Creme mit Kiwi geliert nicht

Cremes mit frischer Ananas oder Kiwi gelieren nicht mit Gelatine. Verwenden Sie daher Apfelpektin oder Agar-Agar.

Cannelloni lassen sich ganz einfach mit einer Spritztülle füllen.

(1) Einen Braten lieber länger und bei niedrigerer Temperatur garen, so verbrennt er außen nicht.

(2) Ist der Braten zäh geworden, schneiden Sie ihn in dünne Scheiben und legen diese in die Sauce.

(3) Wenn Sie den Braten mit Honig bestreichen, mildert es den salzigen Geschmack.

(4) Ist die Bratensauce zu salzig, etwas Wasser zugießen und rohe Kartoffelwürfel zugeben.

Eier platzen beim Kochen

➔ Etwas Essig ins Kochwasser geben. Oder die Eier mit Alufolie umwickeln und weiterkochen.

Damit es erst gar nicht passiert

Stechen Sie das Ei an der stumpfen Seite mit einer Nadel an, damit die Luft aus der Luftblase entweichen kann, während sich das Ei durch das Kochen ausdehnt. Legen Sie das Ei mit einem Esslöffel vorsichtig in das Wasser.

Fisch zerfällt beim Kochen

➔ Gräten auslösen, Fisch zerteilen und mit passender Sauce als Frikassee anrichten. Ist der Fisch zu sehr zerkocht, bereiten Sie daraus Fischfrikadellen zu.

Damit es erst gar nicht passiert

Achten Sie bei Fisch genau auf die Garzeiten.

Kristallisierter Honig ist völlig in Ordnung. Stellen Sie ihn zum Verflüssigen einfach für einige Zeit in ein warmes Wasserbad.

Fleisch klebt in der Pfanne an

➔ Das Fleisch mit einem Pfannenwender lösen. Später mit Flüssigkeit angießen, um den Bratensatz aufzulösen und diesen als Saucengrundlage verwenden.

Damit es erst gar nicht passiert

Die Pfanne zuerst stark vorwärmen. Erst wenn die Pfanne heiß ist, das Fett hineingeben und erhitzen lassen. Zuletzt das Fleisch ins heiße Fett legen.

Fleisch ist grau

➔ Reiben Sie das Fleisch mit Salz ab, und waschen Sie es unter fließendem, lauwarmem Wasser ab. So bekommt das Fleisch seine frische Farbe zurück und der Geschmack hat nicht gelitten.

Damit es erst gar nicht passiert

Decken Sie das Fleisch möglichst luftdicht ab. Denn der Kontakt mit Luft kann die Farbe verändern.

Gemüse einfrieren

Gemüse können Sie gut auf Vorrat einfrieren: Nach dem Waschen, Putzen und ggf. Zerkleinern 2–4 Min. in kochendes Wasser geben (blanchieren), in einem Sieb abtropfen lassen und vor dem Eingefrieren trocken tupfen. Kräuter werden nicht blanchiert, sondern gleich nach dem Waschen und Trocknen in Gefrierdosen abgepackt (s. S. 93).

Gemüse ist verkocht

➔ Das Gemüse abgießen, mit etwas Sahne pürieren und servieren. Oder das Gemüse mit Fleischbrühe aufgießen und daraus eine Suppe bereiten.

Damit es erst gar nicht passiert

Rechtzeitig das Gemüse anstechen oder auch probieren.

Gemüse ohne Farbverlust garen

Gemüse behält seine grüne Farbe, wenn man es nach dem bissfesten Garen in reichlich Eiswasser abschreckt. Dafür eine große flache Schüssel mit Eiswasser füllen und Eiswürfel hineingeben; ständig wieder Eis nachfüllen, da sich das Wasser durch das heiße Gemüse schnell erwärmt. Auch Kühl-Akkus eignen sich gut. Danach das Blanchierte gut abtropfen lassen.

Gemüse und Salat auffrischen

Gemüse und Salat werden wieder frisch, wenn man sie für 5–20 Minuten in kaltes Wasser legt.

Hackbällchen werden locker

Hackfleischteig bleibt beim Braten schön locker, wenn man ihn mit etwas Mehl, eingeweichtem Brötchen, feinen Haferflocken oder zerdrückter gekochter Kartoffel mischt.

Honig ist kristallisiert

➔ Kristallbildung ist kein Verderbsmerkmal! Stellen Sie das Honigglas ohne Deckel ins maximal 40° warme Wasserbad (s. Bild links).

Kartoffeln richtig kochen

Salzkartoffeln müssen nicht im Wasser

schwimmend kochen. Es reicht, wenn die untersten Stücke zur Hälfte im Wasser liegen. Dann aber während der Garzeit den Deckel nicht öffnen, sonst entweicht der heiße Dampf und die oberen Lagen können nicht richtig garen. Damit Pellkartoffeln unterschiedlicher Größe gleichzeitig gar sind, die großen nach unten, die kleinen nach oben in den Topf geben.

Klümpchen bei heißer Schokolade
→ Alles durch ein Sieb abgießen oder die Klümpchen mit einem Löffel glatt streichen.
Damit es erst gar nicht passiert
Erst Zucker und Kakao vermischen, dann die Milch langsam einrühren.

Mayonnaise geronnen
→ Waren Eigelb und Öl zu kalt, müssen sie zuerst auf Zimmertemperatur erwärmt werden. Dann wird die geronnene Masse zunächst tropfenweise zu einem neuen Eigelb eingerührt. Die restliche Masse langsam dazurühren. Gleichermaßen wird verfahren, wenn das Öl zu schnell oder zu viel Öl dazugegeben wurde. Bei zu kalter Lagerung kann die Mayonnaise im warmen Wasserbad wieder glatt gerührt werden.
Damit es erst gar nicht passiert
Eigelb und Öl müssen beide Zimmertemperatur haben. Das Öl zuerst tropfenweise, später in feinem Strahl einrühren. Die Mengenangaben im Rezept beachten. Zu viel Öl lässt die Mayonnaise ebenfalls gerinnen, zu kalte Aufbewahrung auch.

Legen Sie frische Kräuter in Öl ein. Nach ein Paar Tagen hat das Öl eine Kräuternote.

Frittieren Sie frische Kräuter in Öl und gießen Sie das Öl durch eine Filtertüte.

Milch als Allround-Helfer
Milch verfeinert nicht nur, sondern kann auch zu intensiven Geschmack (Salz, Schärfe, Säure) von Saucen, Suppen und Eintöpfen mildern und ausgleichen.

Nudeln (oder Reis) aufwärmen
Kochen Sie in einem Topf reichlich Wasser auf, und lassen Sie die Nudeln kurz darin ziehen, bis sie heiß sind. Dann wie gewohnt abgießen. Oder Sie schwenken die Nudeln kurz in heißer Butter (geht auch gut mit gefüllten Nudeln). Bereits gegarten Reis servieren Sie am besten in Butter oder Öl kross gebraten.

Nudeln beim Kochen aromatisieren
Nudeln bekommen ein feines Aroma, wenn man das Garwasser aromatisiert, je nach Ge-

richt z. B. mit Gemüsebrühe, Lorbeerblatt und Muskat, mit Fischgewürzen oder mit einer Tasse Weißwein.

Nudeln zu weich gekocht
→ Braten Sie die gut abgetropften Nudeln in etwas Butter leicht knusprig an.
Damit es erst gar nicht passiert
Halten Sie sich an die auf der Packung angegebenen Kochzeiten, und testen Sie die Nudeln kurz vor dem Ende der Kochzeit in kurzen Abständen.

Olivenöl ist fest geworden
Das Öl ist nur bei Zimmertemperatur flüssig; wird es zu kühl gelagert, kann es fest werden. Vor Gebrauch einfach wieder in einen warmen Raum stellen.

Öl selbst aromatisieren

Öl kann man nach eigenem Geschmack aromatisieren, wenn man frische Kräuter (z. B. Rosmarin, Thymian) darin einlegt. Verwenden Sie dafür saubere Flaschen und ein neutrales Sonnenblumen- oder Rapsöl.
Oder Sie frittieren frische Kräuter (z. B. Salbei) in heißem Öl. Die Kräuter zum Bestreuen von Kartoffelpüree oder als Dekoration verwenden. Das Aroma-Öl durch eine Filtertüte gießen und zum Braten oder für Salate verwenden (s. Bilder S. 207).

Panierung hält nicht richtig

Lassen Sie paniertes Fleisch nicht zu lange vor dem Braten liegen. Salz zieht Feuchtigkeit und verhindert so ein gutes Haften der Panierung.

Schokospäne kann man ganz leicht mit einem scharfen Messer herstellen.

Paprikaschoten braten

Das Gemüse in nur mäßig heißem Fett braten, sonst wird es bitter.

Pfannkuchen wenden

Eine beschichtete Pfanne verwenden und nicht zu viel Fett hineingeben. Wenn die erste Seite gebacken ist, Deckel auf die Pfanne legen und die Pfanne umdrehen. Den Pfannkuchen langsam vom Deckel zurück in die Pfanne gleiten lassen und von der anderen Seite ebenfalls hellbraun braten.

Pfannkuchen wird luftig

Pfannkuchen werden lockerer, wenn man bei der Zubereitung des Teigs einen Teil der Milch durch Mineralwasser ersetzt.

Pfannkuchenteig hat Klümpchen

→ Den Teig durchseihen oder am Schüsselrand mit einem Löffel glattstreichen.

Damit es erst gar nicht passiert

Zuerst die Eier verquirlen, dann das Mehl zugeben und verrühren. Zum Schluss die Milch langsam einrühren.

Pommes frites selbst gemacht

Die zugeschnittenen Kartoffeln vor dem Frittieren nochmals waschen und trocken tupfen. So kleben sie nicht zusammen und die Pommes bekommen eine knusprige Kruste.

Pudding angebrannt

→ Sofort ohne Umrühren in einen anderen Topf umfüllen und fertig kochen.

Damit es erst gar nicht passiert

Pudding brennt nicht an, wenn man den Topfboden vorher mit Butter einfettet.

Salz klumpt

Damit Salz nicht im Streuer klumpig wird, einfach ein paar Reiskörner dazugeben. Der Reis saugt die Feuchtigkeit auf. Das Salz bleibt streufähig.

Sauce Béchamel hat Klümpchen

→ Sie können die Sauce durch ein feines Sieb streichen. Oder Sie mixen sie kurz mit dem Pürierstab durch und lassen sie dann noch ca. 10 Minuten bei schwacher Hitze durchkochen. Dadurch verschwindet der Mehlgeschmack.

Damit es erst gar nicht passiert

Um Klümpchen zu vermeiden, muss die Flüssigkeit immer nach und nach und unter ständigem Rühren zugegeben werden.

Sauce Hollandaise geronnen

→ Wie eine Mayonnaise kann auch eine Sauce Hollandaise gerinnen, wenn Butter und Eigelb nicht die gleiche Temperatur haben. Fügen Sie dann etwas eiskaltes Wasser hinzu, und schlagen Sie kräftig weiter.

Sauce schmeckt mehlig

→ Die Sauce noch einmal unter Rühren erhitzen und köcheln lassen, bis der mehlige Geschmack verschwunden ist. Dabei die Sauce gelegentlich umrühren, sonst brennt sie noch an.

Damit es erst gar nicht passiert

Saucen, die mit Einbrenne, Mehlschwitze oder Mehlbutter gebunden werden, mindestens 10 Minuten kochen lassen.

Schokospäne herstellen

Legen Sie die kalte Schokolade mit der glatten Seite nach oben auf der Arbeitsfläche längs ganz an Ihren Bauch (Schürze umbinden!). Ziehen Sie mit beiden Händen die Klinge eines breiten Messers über die Schokolade und schaben so die Späne ab (s. Bild S. 208). Oder »schälen« Sie die schmale Seite der Schokolade wie eine Möhre.

Speisen im Topf angebrannt

→ Angebrannte Speisen am besten nie umrühren, sonst verteilt sich der angebrannte Geschmack im ganzen Gericht. Die nicht verbrannte Schicht abtragen bzw. abgießen und das Essen in einem sauberen Topf fertig garen.

Damit es erst gar nicht passiert

Gelegentliches bis häufiges Umrühren verhindert ein Ansetzen und späteres Anbrennen am Topfboden.

Spaghetti beim Kochen zusammengeklebt

→ Wenn nur wenige Spaghetti zusammenkleben, übergießen Sie diese nach dem Kochen mit heißem Wasser. Oder die Nudeln in einem Sieb über Wasserdampf erwärmen.

Damit es erst gar nicht passiert

Teigwaren immer in ausreichend Wasser kochen (s. S. 59 und S. 185).

Spaghetti kleben nach dem Kochen zusammen

→ Etwas Butter oder Öl zu den abgetropften Nudeln in die Schüssel geben.

Damit es erst gar nicht passiert

Servieren Sie die Spaghetti sofort nach dem Abgießen. Verteilen Sie sie auf die vorgewärmten Portionsteller, und geben Sie die Sauce darüber.

TK-Fleisch nicht marinieren

Durch das Tiefkühlen wird das Zellgefüge gelockert. Beim Marinieren würde das Fleisch auslaugen und nach der Zubereitung trocken und strohig schmecken. TK-Fleisch deshalb gleich nach dem Auftauen zubereiten und Wein oder Säure erst nach dem Anbraten zufügen. **Vorsicht: Grundsätzlich darf kein Salz in die Marinade. Es entzieht dem Fleisch den Saft und macht es zäh.**

Zitrone übrig, weil nur ein paar Tropfen benötigt wurden

Die Zitrone ganz auspressen und den Saft in einem Eiswürfelbehälter einfrieren. So kann er portionsweise verwendet werden.

Oder die Zitrone mit einem spitzen Gegenstand nur einstechen, den benötigten Saft auspressen, so können Sie noch einige Tage immer wieder frischen Zitronensaft aus derselben Zitrone pressen.

Zwiebeln sind zu dunkel gebraten

→ Nehmen Sie die Zwiebeln aus der Pfanne, und braten Sie mit neuen Zwiebeln in der gereinigten Pfanne weiter.

Damit es erst gar nicht passiert

Zwiebeln bei mittlerer Hitze anbraten, zwischendurch umrühren.

Zitronensaft kann man portionsweise in Eiswürfelbehältern einfrieren.

Die Zitrone mit einem Zahnstocher anstechen und nur ein paar Tropfen auspressen.

? Tricks und Tipps rund ums Backen von A–Z

Jeder Teig hat seine Besonderheiten. Wenn man sie kennt und beachtet, klappt es beim Backen ganz ohne Pannen.

Ausbackteig zieht zu viel Fett

➜ Gebäck, das in heißem Fett ausgebacken wurde, trieft vor Fett. Deshalb sollte das Backgut gleich nach dem Frittieren zum Abtropfen auf Küchenpapier gelegt werden. Dies saugt zumindest einen Teil davon wieder auf.

Damit es erst gar nicht passiert

Das Fett in einem weiten Topf auf 175° erhitzen. An einem hineingesteckten Holzlöffelstiel sollten viele Bläschen hochsteigen. Geben Sie außerdem niemals zu viel Frittiergut auf einmal ins heiße Fett, sonst kühlt es zu stark ab, und der Teig saugt sich damit voll, bevor sich eine schützende Kruste ausgebildet hat.

Backpapier rollt sich

➜ Backpapier rollt sich auf dem Blech wieder zusammen. Fetten Sie die Ecken des Bleches mit Butter oder Öl ein, und kleben Sie das Backpapier fest. Mit demselben Trick können Sie auch Backpapier an den Wänden einer Kastenform ankleben.

Biskuit ist nicht luftig

➜ Verwenden Sie den Biskuit für ein Dessert mit Creme, nach Belieben mit Likör getränkt (z. B. Trifle).

Damit es erst gar nicht passiert

Der Teig darf beim Zubereiten nicht zu stark gerührt werden. Heben Sie das Eiweiß deshalb zügig unter, sonst fällt es zusammen. Dann den Biskuit sofort in den heißen Backofen geben. Langes Stehen lässt das Eiweiß ebenfalls zusammenfallen.

Bei Springformen nur den Boden, nicht aber den Rand fetten, sonst klettert der Teig nicht nach oben.

Biskuit bricht beim Aufrollen

➜ Möglicherweise lässt sich die Bruchstelle durch Bestreichen mit Creme kaschieren. Ansonsten verwenden Sie die Teigplatten für Tiramisu.

Damit es erst gar nicht passiert

Den Biskuit nicht zu dick backen und möglichst heiß mithilfe eines Küchentuches aufrollen (s. S. 211).

Blätterteig richtig backen

Beim Bestreichen der Oberfläche mit Eigelb, möglichst nicht die seitlichen (senkrechten) Schnittränder bestreichen. An diesen Stellen geht der Teig sonst nicht auf.

Blätterteigreste nur übereinanderlegen und ausrollen. Auf keinen Fall die einzelnen Stücke verkneten; das zerstört die blättrige Struktur.

Zum Backen von Blätterteig muss das Blech vorher nicht gefettet werden. Das Blech einfach kalt abspülen und den Teig auf das feuchte Blech legen.

Brot richtig backen

Brot geht im Backofen gut auf und bekommt eine leckere Kruste, wenn Sie eine feuerfeste Schale mit Wasser auf den Boden des Ofens stellen.

Buttercreme gerinnt

➜ Erwärmen Sie die Masse vorsichtig im heißen Wasserbad, und rühren Sie so lange, bis sie wieder glatt ist. Geben Sie etwas Sahnesteif oder tropfenweise wenig geschmolzenes Kokosfett dazu.

Damit es erst gar nicht passiert

Dicken Sie die Creme mit Stärke an, bevor sie zur Butter gerührt wird. Butter und Creme sollten Zimmertemperatur haben. Dann wird die Creme nach und nach zur Butter gerührt.

Eischnee wird nicht fest

➜ Manchmal lässt sich das Eiweiß mit ein paar Tropfen Zitronensaft oder einer Prise Salz retten. Zu warmes Eiweiß zuerst im Gefrierfach kühlen. Verunreinigtes Eiweiß (mit Eigelb) lässt sich nicht retten. Erneut Eier trennen und diese Eiweiße verwenden.

Damit es erst gar nicht passiert

Schüssel und Quirle müssen fettfrei sein, und es darf kein Eigelb im Eiweiß sein. Zudem muss das Eiweiß kalt sein.

Fettgebackenes

Der Teig bekommt eine lockerere Beschaffenheit, wenn statt ganzer Eier nur Eigelbe in den Teig gegeben werden.

(1) Damit er beim Aufrollen nicht bricht, den Biskuit nicht zu dick backen.

(2) Falls die Rolle nur mit Konfitüre gefüllt wird, diese sofort nach dem Backen aufstreichen.

(3) Soll die Biskuitrolle eine Sahnefüllung bekommen, muss man sie zunächst leer locker aufrollen, ...

(4) ... dann nach dem Abkühlen wieder vorsichtig ausrollen, bestreichen und wieder aufrollen.

Gelatine klumpt beim Einrühren

→ Erwärmen Sie die Creme über dem heißen Wasserbad, und rühren Sie sie langsam und vorsichtig glatt.

Damit es erst gar nicht passiert

Die Gelatine möglichst schnell, am besten mit dem Handrührgerät in dünnem Strahl unterrühren.

Hefeteig geht nicht auf

→ Kneten Sie zusätzliche Hefe unter, und lassen Sie den Teig nochmals gehen.

Damit es erst gar nicht passiert

Verwenden Sie nur frische Hefe oder Trockenhefe innerhalb des Mindesthaltbarkeitsdatums. Zum Gehen stellen Sie den Teig an einen warmen, aber nicht zu warmen Ort. Beachten Sie die Rezeptangaben: Die Menge der Hefe muss der Mehlmenge entsprechen,

Hefeteig klettert am Knethaken hoch: Mit etwas Öl schaffen Sie schnell Abhilfe.

und der Teig darf nicht zu schwer sein (z. B. durch hohen Roggenmehlanteil).

Hefeteig ist beim Backen nicht aufgegangen

→ Eventuell war die Temperatur beim Einschieben in den Ofen zu niedrig.

Damit es erst gar nicht passiert

Backofen so lange vorheizen, bis die im Rezept angegebene Temperatur erreicht ist.

Hefeteig klettert die Knethaken hoch

→ Knethaken aus dem Teig nehmen, abspülen und mit Öl dünn einstreichen.

Damit es erst gar nicht passiert

Streichen Sie vorher die Knethaken mit Öl ein, dann bleibt der Teig unten.

Luftig gebackener Hefeteig

Wenn der Teig sein Volumen verdoppelt hat, muss er weiterverarbeitet werden. Geht er zu lange, kann er beim Backen zusammenfallen.

Luftig-hoher Käsekuchen

Damit Käsekuchen nach dem Backen nicht in sich zusammensinkt, verwenden Sie Gelierzucker statt normalem Zucker. Lassen Sie den Kuchen nach dem Backen noch 5–10 Minuten im ausgeschalteten Backofen stehen.

Kuchen aus Rührteig ist zu fest

→ Möglicherweise wurde nicht lange genug schaumig geschlagen.

Damit es erst gar nicht passiert

Die Butter-Zucker-Eier-Mischung so lange

schaumig schlagen, bis das Volumen der Masse deutlich zunimmt und die Farbe hell wird. Das Mehl mit dem Schneebesen locker unterrühren. Achten Sie auch auf die im Rezept angegebene Backtemperatur.

Kuchen ist angebrannt

→ Die verbrannten Stellen mit einem Messer oder einer Reibe entfernen. Den Kuchen mit einer Glasur überziehen oder dick mit Puderzucker bestäuben.

Tipp: Jeder Backofen bäckt anders. Berücksichtigen Sie die Eigenheiten Ihres Ofens bei den nächsten Rezepten. Verändern Sie entsprechend die Backzeiten. Bäckt der Ofen ungleichmäßig, kann nach der halben Backzeit das Backblech gedreht werden.

Damit es erst gar nicht passiert

Schauen Sie während der Backzeit ein paar Mal in den Backofen. Wenn der Kuchen oder Auflauf zu schnell bräunt, decken Sie ihn ab. Mit Backpapier bräunt der Kuchen langsamer, mit Alufolie bräunt er gar nicht weiter.

Kuchen ist beim Lösen aus der Form gerissen

→ Die gerissenen Stellen mit etwas Eiweiß einpinseln und zusammendrücken. Das Eiweiß wirkt wie Kleber.

Kuchen ist nicht aufgegangen

→ Ist der fertige Teig trotzdem locker, schneiden Sie den Kuchen einmal quer durch und füllen ihn mit angedickten Früchten oder mit Creme.

Damit es erst gar nicht passiert

Je nach Teigart kann das unterschiedliche Ursachen haben, z. B. zusammengefallener Eischnee bei Biskuit oder kein/zu wenig Backpulver bei Rührteig. Beachten Sie genau die Rezeptmengen.

Kuchen ist zu trocken

➜ Stechen Sie mit einem Holzstäbchen mehrere kleine Löcher in den Kuchen und beträufeln Sie ihn mit Fruchtsaft oder Likör.

Damit es erst gar nicht passiert

Mit etwas Erfahrung merkt man schon beim Rühren, dass der Kuchen sehr fest bzw. trocken wird. Geben Sie dann etwas Milch dazu.

Kuchen löst sich nicht aus der Form

➜ Umwickeln Sie die Kuchenform mit einem feuchten Küchentuch, oder decken Sie die umgedrehte Form mit einem feuchten Küchentuch ab.

Damit es erst gar nicht passiert

Die Form vor dem Einfüllen sorgfältig dünn einfetten, ggf. mehlen. Nach dem Backen ca. 10 Minuten auskühlen lassen und dann stürzen. Gugelhupf kann sogar 30–60 Minuten in der Form auskühlen.
Kastenkuchenformen lassen sich zudem gut mit Backpapier auskleiden: Form fetten und zugeschnittenes Backpapier andrücken. Dann kann nichts anhaften.

Makronen missglückt

➜ Zu viel Eiweiß bewirkt, dass die Makronen zerlaufen. Beim nächsten Mal die Menge reduzieren. Zu wenig Eiweiß bewirkt, dass die Makronen zu fest werden. Eiweißmenge erhöhen.

Damit es erst gar nicht passiert

Achten Sie genau auf die Rezeptangaben. Das Verhältnis von Eiweiß zu den übrigen Zutaten muss stimmen.

Mürbeteig ist fleckig

Wenn die Eier beim Teigbereiten direkt aufs Mehl gegeben werden, ergibt das Flecken auf dem Teig, beeinflusst den Geschmack nicht.

Mürbeteig ist krümelig

➜ Kneten Sie wenig (esslöffelweise) eiskaltes Wasser unter oder kneten Sie den Teig mit kalt angefeuchteten Händen zügig durch.

Mürbeteig klebt beim Ausrollen

➜ Den Teig statt Ausrollen in der Form oder auf dem Blech mit den Händen auseinander drücken. Das dauert zwar länger, fällt aber nach dem Backen nicht mehr auf.
Plätzchen: Wie gewohnt ausstechen und mit einem langen Messer von der Arbeitsfläche lösen.
Kuchenboden: Versuchen Sie, den Teig mit einem langen Messer von der Arbeitsfläche zu lösen, um ihn in die Form zu heben; ansonsten formen Sie ihn zu einer Kugel und rollen ihn wie unten beschrieben aus.

Damit es erst gar nicht passiert

Den Teig unbedingt schnell kneten und mit kalten Zutaten zubereiten. Außerdem den Teig zwischen zwei Lagen Backpapier oder Frischhaltefolie ausrollen oder mit den Fingern in der Form zu einem Kuchenboden ausdrücken.

Mürbeteig lässt sich nicht verarbeiten

➜ Mürbteig ist nach dem Kühlen immer sehr hart. Ein paar Minuten bei Zimmertemperatur liegen lassen, dann lässt er sich geschmeidig verarbeiten.

Mürbeteig reißt beim Ausrollen

➜ Stellen Sie den Teig nochmals in den Kühlschrank. Sorgen Sie für eine kühle Arbeitsumgebung. Auch das Nudelholz kann zum Kühlen in das Gefrierfach.

Damit es erst gar nicht passiert

Bereiten Sie den Teig mit kalten Zutaten und kalten Händen zu.

Obstkuchen weicht durch

➜ Vor dem Belegen bestreichen Sie den fertigen Kuchenboden dünn mit durch ein Sieb gestrichener Aprikosenmarmelade oder mit geschmolzener Kuvertüre. Sie können den Boden auch mit Oblaten belegen oder mit gemahlenen Nüssen oder Mandeln bestreuen. Oder den Kuchen vor dem Belegen mit leicht verquirltem Eiweiß bestreichen.

Tipp für Biskuit: Backen Sie den Boden am Vortag, dann wird er etwas fester.

Plätzchen glänzen nicht

Bestreichen Sie die Plätzchen vor dem Backen mit Kondensmilch.

Rosinen/Kirschen sinken ab

Die Früchte erst leicht mit Mehl bestäuben und dann in den Kuchenteig rühren. Oder Sie füllen den Teig in Schichten in die Form. Jede Schicht, bis auf die letzte, wird dünn mit Oblaten belegt.

Sahne wird nicht steif

➜ Ist sie noch nicht geronnen, füllen Sie die Sahne in eine Metallschüssel um und stellen sie in den Kühlschrank. Danach langsam weiterschlagen. Ist sie bereits geronnen, lässt sich nichts mehr retten.

Damit es erst gar nicht passiert

Sahne gut gekühlt verwenden und erst 1 Minute auf kleinster Stufe, danach auf höchster Stufe schlagen. Puderzucker statt normalem Zucker verwenden.

Rosinen oder Kirschen mit Mehl bestäuben und dann erst in den Teig geben.

Kein roter Tortenguss zu Hause

Sie können getrost weißen Tortenguss verwenden, wenn Sie ihn mit rotem Fruchtsaft, z. B. Kirschsaft anrühren.

Schokoguss bricht beim Schneiden

➜ Erhitzen Sie das Messer, indem Sie es in heißes Wasser tauchen. Abtrocknen nicht vergessen! Dann gleich den Kuchen anschneiden. Wenn Sie ihn erst später anschneiden wollen, können Sie auf diese Weise zumindest die Stücke markieren und sozusagen nur die Kuvertüre vorab schneiden.

Damit es erst gar nicht passiert

Rühren Sie einen Esslöffel Naturjoghurt unter die Glasur, dann bleibt die getrocknete Glasur geschmeidiger.

TK-Obst für Obstkuchen

Wer einen Obstkuchenboden mit TK-Obst belegen will, sollte die Früchte immer aufgetaut verwenden. Ansonsten wird die Auftauflüssigkeit vom Kuchenboden aufgesaugt. Das Auftauen dauert ca. 6–8 Std., auch bei Beeren dauert es länger als man glaubt. Wenn es schnell gehen muss, tauen Sie das Obst in der Mikrowelle auf (s. S. 25). Zwischendurch vorsichtig umrühren, damit die Stücke gleichmäßig auftauen. Danach das Obst zum Abtropfen in ein Sieb geben, gegebenenfalls behutsam trocken tupfen.

Vanillemark klumpt

Ausgekratztes Vanillemark klumpt beim Untermischen nicht, wenn man es mit ein

wenig Mehl vermischt. Das gilt übrigens auch für Kakaopulver.

Waffeln haften am Waffeleisen

➜ Möglicherweise sind die Waffeln noch nicht fertig, und das Waffeleisen wurde zu früh geöffnet. Schließen Sie es wieder, und backen Sie kurz weiter. Lässt sich der Teig gar nicht lösen, weil das Waffeleisen nicht gefettet wurde, entfernen Sie den Teig, reinigen das Waffeleisen und beginnen nochmals.

Damit es erst gar nicht passiert

Das Waffeleisen sorgfältig fetten und auf die benötigte Temperatur vorheizen.

Waffeln wieder weich

➜ Backen Sie die weichen Waffeln kurz im Backofen auf.

Damit es erst gar nicht passiert

Lassen Sie die frisch gebackenen Waffeln auskühlen. Erst wenn sie kalt sind, können sie gestapelt werden.

Zucker selbst aromatisieren

Vanillezucker können Sie selbst herstellen: Eine Vanilleschote ausschaben, Mark und Schote mit Zucker in ein Schraubglas geben, alles mischen und einige Tage lang durchziehen lassen.

Zitronen- oder Orangenzucker erhält man, wenn man die Schale einer Bio-Zitrone oder -Orange fein abreibt und mit der gleichen Menge Zucker (in EL/TL gemessen) mischt. Alles gut verschlossen an einem dunklen Ort einige Tage durchziehen lassen.

? Sonstige Küchentipps und Tricks von A–Z

Mit kleinen Kniffen und Tricks kann man sich die Küchenarbeit ganz schön erleichtern. Vor allem, wenn es um Flecken und Angebranntes geht. Aber auch bei der Resteverwertung und -aufbewahrung ist guter Rat manchmal Gold wert.

Altbackene Brötchen verwerten

→ Sie können »Arme Ritter« zubereiten. 4 Brötchen halbieren und in einer Mischung aus 1/4 l Milch, 2 Eiern und 80 g Zucker einweichen, mit Semmelbröseln panieren und in Butter von beiden Seiten braten. Mit Zimtzucker servieren.

→ Croûtons selber machen: Brötchen in feine Würfel schneiden und in etwas Butter zu knusprigen Croûtons backen.

Angebranntes vom Topf lösen

→ Einige Zentimeter Wasser einfüllen, 1 TL Waschpulver oder Salz und Essig hinzugeben und aufkochen, bis sich die Reste vom Topfboden lösen. Danach mit viel klarem Wasser ausspülen.

→ Oder den Topf mit Zitronensaft und Backpulver (oder Soda) über Nacht einweichen lassen und die Reste am nächsten Tag ausspülen, ggf. das Kochgeschirr leicht schrubben.

→ Starke Rückstände mit etwas Salz und einem Drahtschwamm abreiben (nur bei unbeschichtetem Geschirr!).

Im Backofen ist etwas übergelaufen

→ Streuen Sie nach der Backzeit Salz auf das Übergelaufene, und lassen Sie den Ofen auskühlen. Danach können Sie es ganz leicht wegwischen.

Damit es erst gar nicht passiert

Backpapier auf den Rost legen. Läuft eine Kuchenform über, tropft der Teig auf das Backpapier und nicht auf den Ofenboden.

Brötchen knusprig aufbacken

Brötchen (auch TK-Ware) vor dem Backen mit Wasser bestreichen.

Butter für festliche Anlässe

Weiche Butter in Plastikverpackungen von Pralinen, Keksen o. Ä. (Stern-, Blümchenform etc.) streichen und kurz ins Gefrierfach stellen. Kurz vor dem Servieren herausdrücken oder gegebenenfalls zum Dekorieren verwenden.

Butter zu hart

→ Spülen Sie eine kleine Schüssel (oder einen tiefen Teller) mit kochend heißem Wasser aus und legen Sie diese über das Butterstück. Nach wenigen Minuten ist die Butter schön streichfähig.

Chilis schneiden

Ziehen Sie zum Schneiden oder Zerbröseln von Chilis immer dünne Haushaltshandschuhe an. Die Schärfe haftet sonst an den Fingern und kann beim Reiben am Auge sehr unangenehme Reizungen verursachen. Auch wenn Sie häufig Zwiebeln schneiden, helfen Handschuhe prima, um unangenehme Gerüche zu vermeiden.

Arme Ritter kann man aus altbackenen Brötchen oder Weißbrot zubereiten.

Croûtons selber machen: Brötchen oder Weißbrot würfeln und in Butter braten.

Eiweiß ist übrig

Bleibt Ihnen Eiweiß übrig, und Sie haben noch keine Verwendung dafür, dann frieren Sie es am besten in kleineren Portionen (z. B. 1–2 Eiweiß) ein. Bei Bedarf lässt sich so genau die Menge auftauen, die benötigt wird. Vergessen Sie deshalb nicht die Beschriftung der Gefrierdosen mit der Anzahl der Eiweiße! Spätestens in der Weihnachtszeit können Sie es z. B. für Makronen verwenden: Das Eiweiß auftauen, es sollte aber noch sehr kalt sein; und es dürfen ruhig noch kleine Eiskristalle sichtbar sein. So lässt es sich wunderbar zu einem steifen Eischnee schlagen.

Eier kleben im Karton fest

→ Die Eier lösen sich wieder, wenn man den Karton im Wasserbad von außen anfeuchtet.

Damit es erst gar nicht passiert
Schauen Sie die Eier im Laden an, ob Bruchstellen vorhanden sind. Transportieren Sie die Eier stoßfrei nach Hause.

Eier perfekt trennen

Schlagen Sie das Ei über einem Haushaltstrichter vorsichtig auf. Das Eigelb bleibt im Trichter, das Eiweiß kann durch das Rohr nach unten ablaufen.

Fett brennt

→ Flammen mit nassen Tüchern ersticken. Niemals mit Wasser löschen, weil brennendes Fett sonst explodiert (s. S. 40/41).

Damit es erst gar nicht passiert
Fett auf dem Herd nicht unbeaufsichtigt lassen.

Fettflecke

Reiben Sie den Fleck mit Kernseife ein, und lassen Sie die Stelle 10 Minuten einwirken. Danach spülen Sie den Fleck mit heißem Wasser aus.

Gelatine ohne Nebengeschmack

Gelatine immer nur so lange erhitzen, bis sie sich auflöst. Wird sie zu stark erhitzt oder sogar gekocht, wird der Geschmack unangenehm leimig.

Geruch von angebranntem Essen

Lüften Sie die Wohnung zuerst gründlich durch. Dann in einem Topf ca. 250 ml Essig mit Wasser aufkochen und den heißen Topf in die Wohnung stellen. Die Essigdämpfe vertreiben langsam den Geruch. Kleine Schälchen mit Essig während einer Party in der Wohnung aufgestellt, machen Zigarettengestank am Tag danach erträglicher.

Grapefruitsäure mildern

Mit einer Prise Salz bestreut schmeckt Grapefruit milder, denn das Salz bindet die Fruchtsäuren.

Kastenkuchen richtig anschneiden

Besonders Single-Haushalte kennen das Problem: Man isst ein paar Stücke vom Kuchen, und beim Rest trocknet die Schnittfläche aus. Schneiden Sie den Kastenkuchen in der Mitte an. Dann können Sie die beiden Randstücke zum Aufbewahren aneinander schieben. So trocknen die Schnittflächen nicht aus. Ist absehbar, dass auch die Reste erst einmal nicht gegessen werden, frieren Sie diese gleich am ersten Tag ein.

Eier gekonnt trennen: Schlagen Sie das Ei über einem Haushaltstrichter auf.

Kastenkuchen in der Mitte anschneiden und zum Aufbewahren wieder zusammenschieben.

Konservengläser öffnen

Mit der flachen Hand mehrmals auf den Glasboden schlagen. Oder den Deckel mit heißem Wasser umspülen, damit er sich etwas ausdehnt. Oder mit einem spitzen Gegenstand ein Loch in den Deckel stechen, dann kann sich der Unterdruck im Inneren ausgleichen.

Kühlschrank riecht unangenehm

➜ Ein Tellerchen mit Backpulver in den Kühlschrank stellen.
Damit es erst gar nicht passiert
Speisen abgedeckt in den Kühlschrank.

Milch ist übergekocht

➜ Nehmen Sie den Topf sofort vom Herd. Auf die Reste der übergekochten Milch einige Spritzer Essig geben.
Damit es erst gar nicht passiert
Das Überkochen lässt sich verhindern, indem man den Innenrand des Topfes mit etwas Butter bestreicht.
Ein Milchtopf, in dem ausschließlich Milch heiß gemacht wird, lässt die Milch nicht überkochen.

Mineralwasser gegen Flecken

Mineralwasser ist ein tolles Mittel gegen die verschiedensten frischen Flecken: Es hilft bei Rotwein-, Fruchtsaft-, Schokoladen-, Cola-, Saucen- und Fettflecken. Dieses sanfte Hausmittel wendet man insbesondere bei empfindlichen Materialien wie Wollkleidung oder Teppichen an.

Rotweinflecke

Am besten den Wein sofort auswaschen. Ist das nicht möglich, feuchten Sie den Fleck mit Zitronensaft, Weißwein oder Mineralwasser an. Dann geht er beim Waschen raus. Bei nicht waschbaren Textilien wie Teppich oder Sofa den Fleck sofort dick mit feinem Salz bestreuen und dieses leicht einreiben. Eine halbe Stunde einwirken lassen, mit dem Staubsauger entfernen.

Obst- und Fruchtsaftflecke

Salz auf den Fleck streuen und mit heißem Wasser auswaschen. Bei weißen Stoffen geht auch Zitronensaft. Bei Seide und Kunstseide mit lauwarmem Boraxwasser (aus der Apotheke) ausreiben.

Rote-Bete-Verfärbung an den Händen

➜ Mit einer kleinen Menge Vitamin-C-Pulver kurz Hände waschen, und die roten Flecken verschwinden.
Damit es erst gar nicht passiert
Arbeiten Sie mit dünnen Handschuhen.

Reste aufbewahren

Gekochte Nudeln halten sich im Kühlschrank luftdicht verpackt 2 Tage, ebenso **gekochtes Gemüse. Eiweiß** kann in einem Schraubglas oder einer Frischhaltedose bis zu 2 Wochen aufbewahrt werden (dann zum Kochen oder Backen verwenden). **Zitronenhälften** ebenso wie **halbe ungeschälte Zwiebeln** können Sie mit Frischhaltefolie über der Schnittfläche oder mit der Schnittfläche nach unten in ein Döschen gelegt 2–3 Tage im Kühlschrank lagern.

Teeablagerungen auf Geschirr

Das Geschirr mit Backpulver reinigen. Bei hartnäckigen Verschmutzungen Backpulver-Wasser-Mischung einwirken lassen.

Teeflecke

Aus Tischdecken oder Wäsche lassen sich Teeflecke oft schwer entfernen. Weichen Sie das Wäschestück in einer lauwarmen Backpulver-Wasser-Mischung ein.

Thermoskanne reinigen

Ablagerungen von Tee oder Kaffee lösen sich, wenn man eine halbe Portion Spülmaschinenreiniger (oder Tabs) mit heißem Wasser übergießt und in der Kanne über Nacht einwirken lässt.

Reste immer abgedeckt im Kühlschrank aufbewahren.

Menü und Gäste

Besuch kündigt sich an, und Sie möchten Ihre Gäste so richtig verwöhnen? Kein

Grund, um nervös zu werden, denn auf den folgenden Seiten steht alles, damit Sie

als Gastgeber so richtig brillieren und mehr servieren als nur ein perfektes Dinner ...

Menü und Gäste

221 Geschirr und Besteck
222 Einladungen
224 Menü am Tisch: Servietten falten
225 3- und 4-Gänge-Menü
226 Gläser und kleine Helfer
227 Sitzordnung
228 Menüplanung

229 Büfett
230 Getränke zum Menü
231 Wein auswählen und servieren
232 Portionsgrößen Speisen und Getränke
233 Einkaufen und Vorbereiten
234 Kleiner Tischknigge

Geschirr und Besteck für viele

Mit einem schlichten, weißen Geschirr von hoher Qualität sind Sie immer gut beraten: Es ist zeitlos elegant und lässt sich vielseitig kombinieren. So wird es viele Einsätze unbeschadet überstehen. Und sollte doch einmal ein Teil zu Bruch gehen, bekommen Sie bei einem Markenprodukt auch nach Jahren noch Ersatz.

Geschirrschrank für Gastgeber

1 je 12 kleine, große und tiefe Teller, dazu jeweils Suppenschalen bzw. -tassen, 12 Kaffeetassen (am besten mit Untertassen), eventuell extra Brot- und Salatteller

2 1 große Salatschüssel, 2–4 Platten für Fleisch, Fisch oder längeres Gemüse, 2–4 Beilagenschüsseln, Thermoskanne oder Porzellankanne mit Stövchen, Milchkännchen, Zuckerdose, eventuell Saucieren und Suppenterrine, Tranchierbrett, Tortenplatte

3 je 12 Gabeln, Messer, Suppenlöffel, Dessertlöffel und Kuchengabeln; Salatbesteck, Fleischgabeln und Vorlegebestecke, Saucenlöffel, Tortenheber, eventuell auch Buttermesser, Tranchierbesteck, Käsemesser, Essstäbchen, Serviettenringe

4 jeweils 12 Wasser-, Bier- und Weingläser (ideal ist je eines für Weiß- und Rotwein) sowie Sektgläser und Likör- bzw. Schnapsgläser; eventuell spezielle Gläser für besondere Biere, Weine, Brände sowie Karaffen

5 Tischdecken (vorzugsweise in Weiß), Servietten (mindestens 2 pro Gast), 2–3 Brotkörbe; eventuell Weinkühler, Warmhalter und Obstschalen

Welche Tellergrößen wofür? Große Teller (bis zu 30 cm Durchmesser) werden für Vorspeise und Hauptgericht verwendet; kleinere für Salate, Dessert und als Brot- und Ablageteller.

Welches Besteck wofür? Ein großes Besteck (Menübesteck) besteht aus großer Gabel, großem Messer und Löffel und ist für Hauptspeisen gedacht.
Etwas kleiner sind die Gabeln, Messer und Löffel, die für Vorspeisen bzw. für das Dessert aufgedeckt werden. Kuchengabel und Kaffeelöffel gehören lediglich auf eine Kaffeetafel bzw. zum Kuchenbüfett.

Brauche ich ein Fischbesteck?

Hersteller von Bestecken haben oft auch ein **Fischbesteck** im Sortiment. Dieses ist dann sinnvoll, wenn ein ganzer Fisch bei Tisch gehäutet und zerlegt werden muss (s. S. 114/115). Und das geht mit einem Fischbesteck am besten. Weil es stumpf ist, wird weder das Fleisch zerschnitten, noch werden Gräten so zerkleinert, dass man sie nicht mehr findet. Und die Fischgabel mit ihren breiten Zinken ist ideal, um die Filets von den Gräten zu heben bzw. das zarte Fischfleisch darauf zuschieben. Eine Alternative ist der **Gourmetlöffel,** den man zum Zerteilen von Fisch, aber auch als Saucen- oder Dessertlöffel verwenden kann. Wenn kein Fischbesteck vorhanden ist, zerteilt man filetierten Fisch mit einem Fleischmesser. Fisch kann auch mit **zwei Gabeln** gegessen werden: Die linke hilft beim Teilen, mit der rechten wird gegessen.

Einladungen ganz nach Wunsch

Sie wollen eine private Feier ausrichten zu einem Geburtstag, einem Jubiläum oder einem anderen Anlass. Beachten Sie dabei Folgendes:

Vorbereitungen

Überlegen Sie zunächst, wen Sie einladen wollen und in welchem Rahmen – leger oder förmlich – sich das Fest abspielen soll. Machen Sie sich auch Gedanken über die Tageszeit, zu der Sie einladen möchten. Wenn Ihre Feier im Freien stattfinden soll, denken Sie über einen Regenschutz bei schlechtem Wetter oder über einen Ausweichtermin nach. Wenn Sie in diesen drei Punkten (wer, wie und wann) eine Entscheidung getroffen haben, wird es Ihnen leicht fallen, die dazu passende Art des Essens festzulegen. Auch der Ort muss zum Anlass passen. Eine Feier ist immer eine Gesamtkomposition aus Umgebung, Dekoration, Essen, Trinken – und den Gästen. Beispiele für diverse Arten von Festen, Gästegruppierungen und dafür in Frage kommende Speisenzusammenstellungen finden Sie in der Tabelle unten.

Welche Feier zu welcher Uhrzeit?

- 11 Uhr: Um diese Zeit beginnen Empfänge (Jubiläum, Geburtstag, Taufe, Hochzeit), Brunch, Frühschoppen oder Weißwurstfrühstück.
- 12 oder 13 Uhr: Dies ist hierzulande die klassische Zeit für das Mittagessen.
- 15 oder 16 Uhr: Um diese Zeit laden Sie zum Kaffeetrinken ein.
- 18 Uhr: Das ist die passende Zeit für den Beginn eines Abendempfangs oder einer After-Work-Party.
- 19 Uhr: Zu dieser Zeit laden Sie für gewöhnlich zum Abendessen ein.
- 24 Uhr: Jetzt ist der richtige Moment für eine schmackhafte Mitternachtssuppe.

Welches Essen für welches Fest?

Das Fest	Die Gäste	Das Essen
Geburtstagsparty	Freunde, Nachbarn, Kollegen	Büfett mit Kleinigkeiten
Gartenfest	Freunde, Nachbarn, Kollegen	Gegrilltes, Sommerbüfett
Abendessen	Vertraute, Geschäftsfreunde, Chef	3- oder 4-Gang-Menü
Hochzeitsfeier	alle Familienmitglieder, enge Freunde	festliches Büfett oder Bankett
Einstand im Büro	Kollegen und Chef der Abteilung	Fingerfood
Brunch	nähere Freunde, Kinder	Brot mit Wurst und Käse, Salate, etwas Warmes, Kuchen oder Gebäck
Kaffeetrinken	Freunde und Verwandte	Kuchen, Torte und Gebäck
Fußballabende	Beste Freunde oder Freundinnen	Brotzeit mit Brote und Brezeln, Wurst und Käse

Die etwas andere Feier

Sie möchten eine nette Runde von Leuten bei sich versammeln, aber nicht zu einem steifen Mehrgängemenü oder zu einem klassischen Büfett einladen? Dann laden Sie doch von 11 bis 15 Uhr zum Brunch oder nachmittags zu einem Kuchenbüfett. Vielleicht passt auch ein frühabendliches kaltes Vesperbüfett, oder Sie entscheiden sich für eine Weinprobe mit kalten Happen oder eine Cocktail-Party mit Fingerfood. Wie wäre es mit einer »Bottle-Party«, bei der jeder Gast etwas zu essen oder zu trinken mitbringt? Vielleicht möchten Sie am liebsten mit ihren Gästen zusammen kochen – dann allerdings beginnt das gemeinsame Fest bereits mit der Abstimmung von Gericht und Einkaufszettel.

Das Motto der Einladung

Egal, ob am gedeckten Tisch gegessen wird oder ob Sie Ihren Gästen ein Büfett vorbereiten, Sie werden sich sowohl mit der Gerichteauswahl als auch mit der Dekoration leichter tun, wenn Sie der Einladung ein Motto oder ein Thema geben.

Gibt es ein Jubiläum oder einen Geburtstag zu feiern, ist das Motto klar. Doch auch dann können Sie noch auf bestimmte Vorlieben etwa der Ehrenperson(en) eingehen, z. B. auf bestimmte Farben, Gewürze, Blumen oder Hobbys. Denken Sie an Länder oder Regionen (z. B. Italien, China, Provence) oder servieren Sie vielleicht einfach ein zur Jahreszeit passendes Menü. Im Frühling haben Spargel, Bärlauch, Rhabarber und Erdbeeren Saison; im Sommer gibt es viel frisches Gemüse, Kräuter und tolles Obst. Der Herbst verwöhnt mit Pilzen und Kürbis zu Wild, der Winter mit vielen Kohlsorten, südländischen Früchten und weihnachtlichen Gewürzen.

Frühzeitig über Unterstützung nachdenken

Sie können nur wenig Zeit in Vorbereitungen investieren und/oder möchten sich, wenn die Gäste da sind, ganz auf diese konzentrieren können? Dann denken Sie über fremde Hilfe beim Organisieren, Kochen und während der Stunden mit den Gästen nach.

• Vielleicht möchten Sie sich unbürokratische Hilfe aus dem Freundes- oder Familienkreis holen.

• Oder Sie nehmen professionelle Unterstützung in Anspruch und beauftragen einen Cateringdienst. Er kann z. B. auch Teile eines Menüs übernehmen, etwa die warmen Gerichte.

• Bei der Betreuung eines Büfetts oder bei größeren Partys, auch zum Aus- und Nachschenken des Aperitifs, finden Sie Hilfe z. B. über Studentenservices.

Ein Hauch von Frühling entsteht mit Vergissmeinnicht, Kräutern und Servietten in Pastelltönen.

Menü am Tisch

Tischtücher und Servietten

Haben Sie sich für ein Essen am gedeckten Tisch entschieden, müssen Sie wissen, wie man richtig eindeckt, welche Gläser gebraucht werden und was bei einer Sitzordnung zu beachten ist.

Ein edles Tischtuch signalisiert: Dieses Essen ist etwas Besonderes. Die Tischplatte muss gut abgedeckt sein, das Tischtuchende darf aber nur bis zur Sitzfläche der Stühle reichen. Achten Sie auch darauf, dass die Mittelbrüche in der Mitte der Tafel verlaufen. Mehrere Tischdecken werden wie Dachziegel übereinander gelegt. Beginnen Sie mit dem Auflegen an dem Tischende, das beim Hereinkommen am weitesten weg ist.
Ein Tischläufer in der Mitte kann das Ganze auflockern. Die passende Serviette wird entweder gefaltet auf den obersten Teller oder zu den Bestecken auf der linken Seite gelegt. Sie sollte für elegante Anlässe und insbesondere, wenn Kristallgläser und Silberbesteck auf dem Tisch sind, immer aus Stoff sein.

Die klassische Lilie falten

Stoffservietten werden bei einem festlichen Menü entweder gerollt und mit einem Serviettenring zusammengehalten oder aber gefaltet. Die Lilie, die Sie in der Bildfolge rechts sehen, ist einfach und schnell nachzuarbeiten und wird aufrecht auf die Teller gestellt. Bügeln Sie die Servietten vor dem Falten noch einmal mit viel Dampf glatt.

224

(1) Die Serviette einmal diagonal zum Dreieck falten – offene Spitze nach oben. Die beiden Seiten zur Spitze nach oben falten.

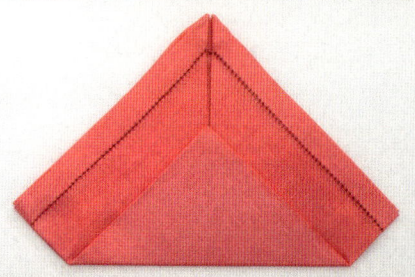

(2) Anschließend die geschlossene untere Ecke ca. 6 cm über die gedachte Mittellinie nach oben falten.

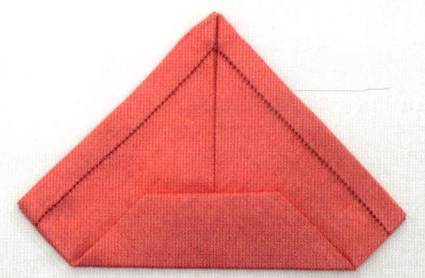

(3) Die über die Mittellinie ragende Spitze nach innen falten und einschlagen. Immer wieder glatt bügeln.

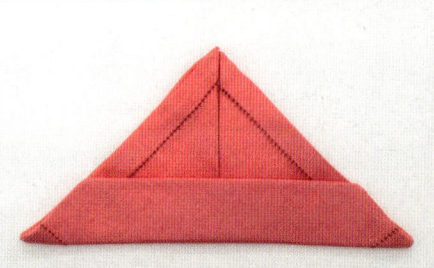

(4) Anschließend den unteren Teil mit der eingefalteten Spitze bis zur gedachten Mittellinie nach oben klappen.

(5) Die Serviette wenden und die zwei seitlichen Spitzen so ineinanderstecken, dass es hält.

(6) Die Serviette umdrehen, aufstellen und die beiden Spitzen nach unten ziehen.

Geschirr und Besteck

Je festlicher eine Tafel gedeckt ist, desto verwirrender kann sie auf den ersten Blick sein. Mehrere Bestecke und Gläser an jedem Platz, dazu Servietten und Dekoration. Doch das richtige Eindecken ist keine Kunst. Für einen Überblick sind die gängigsten Gedecke abgebildet. Grundsätzlich gilt: Das Besteck wird in der Reihenfolge von außen nach innen verwendet.

Blumenvasen, Kerzen und Dekoration

Ein schön gedeckter Tisch lädt zum Essen ein. Trotzdem sollten sich die Gäste sehen. Wählen Sie deshalb keine hohen Blumen oder Kerzenständer, da sich Ihre Gäste sonst nicht ungestört unterhalten können.

↓ **Gedeck für 3-Gänge-Menü:** Aufgestellt wird je ein Glas für Wasser und Wein. Als Besteck wird aufgelegt ein Esslöffel für die Suppe, ein Besteck für das Fleischgericht, ein Teelöffel und eventuell eine Gabel für das Dessert.

← **Gedeck für 4-Gänge-Menü:** Hier stehen drei Gläser – je ein Wasser-, Weißwein- und Rotweinglas. Die Besteckteile liegen in der Reihenfolge der Gänge: Der Löffel für die Suppe, das Besteck für das Fischgericht ganz außen, dann das Besteck für das Fleischgericht und die Teile für das Dessert oben. Links steht der kleine Teller mit Messer für Brot und Butter.

Reicht der Tisch für die Zahl der Gäste?

Planen Sie für jeden Gast mindestens 50 oder besser 60 cm Länge am Tisch ein. So viel braucht es pro Person, damit man einigermaßen bequem essen kann. Ein einfacher Test: Halten Sie die Hände zusammen, und spreizen Sie die Ellbogen ab – so viel Freiraum sollte jeder rechts und links haben, um bequem essen und trinken zu können.

Büffet und Bankett

Möchten Sie Ihnen wichtige Menschen in relativ enger Runde zusammenführen? Dann servieren Sie das Essen am Tisch! Stellen Sie sich aber darauf ein, dass Sie das Tischgespräch immer wieder auch ein wenig moderieren müssen.

Wollen Sie mit vielen Menschen in lockerer, offener Gruppe feiern? Dann bereiten Sie ein Büfett vor! So bleibt alles in Bewegung, und es können sich immer wieder neue Gesprächsrunden zusammenfinden.

Sie würden gerne beides machen? Nur zu: Lassen Sie Ihre Gäste die Vorspeisen und Desserts am Büfett (s. S. 229) aussuchen, und servieren Sie Zwischengericht und Hauptspeise am Tisch.

Was kommt auf den Tisch?

Je nachdem, wie viel Platz auf dem Tisch ist, stellen Sie die Gläser passend zu den Gängen Ihres Menüs in einer Reihe oder als Block auf.

Gläser

Pro Gedeck stehen maximal vier Gläser auf dem Tisch: Wasser-, Weißwein-, Rotweinglas und gegebenenfalls ein Glas für den Wein zum Dessert. Die Gläser sollten sich in der Größe unterscheiden, aber in der Form zusammenpassen.

Orgelpfeifenprinzip: Ist genug Platz auf dem Tisch, können die Gläser nach dem Orgelpfeifenprinzip ausgerichtet werden: das kleinste Glas steht rechts, das größte links.

Blockform: Das Rotweinglas (als Richtglas) steht vor dem Messer des Hauptganges, alle anderen Gläser rechts davon. Ein sehr kleines Wasserglas steht vor, ein großes Wasserglas hinter dem Weißweinglas.

Kleine Helfer

Salz und Pfeffer: Grundsätzlich sollte der Koch das Essen bereits gewürzt haben. Trotzdem sollten Salz- und Pfefferstreuer bzw. -mühle auf dem Tisch stehen.

Fingerbowle: Das Schälchen mit meist warmem Wasser und einer Zitronenscheibe darin decken Sie ein, wenn Speisen serviert werden, die mit den Fingern gegessen werden (mehr dazu s. S. 235). Nicht vergessen: Das Schälchen wird in eine Serviette gehüllt, an der sich Ihre Gäste die gereinigten Finger abtupfen können.

Messerbänkchen erlauben es, dass man das Besteck für mehrere Gänge hintereinander verwendet. Denn einmal benutztes Besteck sollte nicht mehr mit dem Tisch bzw. der Tischdecke in Berührung kommen. Messerbänkchen sind ideal für größere Einladungen, bei denen man nicht mit mehreren Runden Besteck aufwarten kann. Man legt auf den Messerbänkchen Messer, Gabel und Löffel ab, sodass die Teller bequem ab- und neu aufgedeckt werden können.

Gläser in Blockform aufgestellt: Das Rotweinglas steht vor dem Messer des Hauptganges, alle anderen Gläser rechts davon.

Die Fingerbowle – ein Schälchen mit Wasser und Zitrone – wird gedeckt, wenn Speisen mit den Fingern gegessen werden.

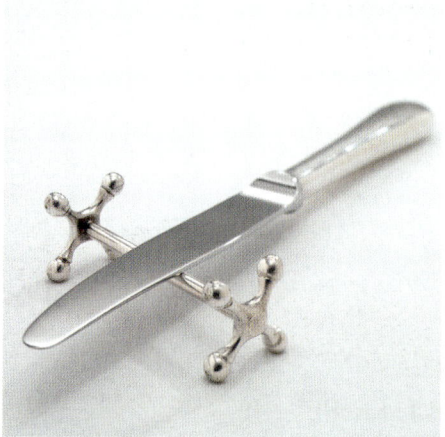

Einmal benutztes Besteck sollte nicht mehr mit dem Tisch bzw. der Tischdecke in Berührung kommen. Messerbänkchen schaffen Abhilfe.

Wer sitzt wo?

Scheuen Sie sich nicht, eine Platzierung der Gäste am Tisch vorzunehmen, denn eine gute Sitzordnung sorgt für harmonische und anregende Gespräche.

Bei größeren Einladungen macht es Sinn, eine Sitzordnung zu erstellen. Das beugt einem Durcheinander vor, wenn die Gäste sich setzen sollen, und verhindert unbeabsichtigte Miss-Kombinationen. Es fördert gute Gespräche und vermittelt außerdem jedem Gast das Gefühl, seinem Status entsprechend zu sitzen. Hier einige Grundregeln:

Gastgeber: Das Gastgeberpaar sitzt in der Mitte der Längsseite des Tisches einander gegenüber. Ausnahme: Jubelpaare sitzen nebeneinander.

Ehrengäste: Der weibliche Ehrengast sitzt rechts vom Gastgeber (mit dem Rücken zur Wand und dem Blick in den Raum), der männliche Ehrengast rechts von der Gastgeberin. Der Platz zur Linken der Gastgeber gehört der jeweiligen hierarchischen Nummer zwei der Gästeliste.

Damen und Herren abwechselnd: Die beschriebene Platzierung folgt dem Prinzip der »bunten Reihe«: Damen und Herren werden abwechselnd gesetzt. Das dient vor allem dazu, dass sich Partner mit jeweils anderen Personen unterhalten können, was zu interessanteren Gesprächen führt als in der bekannten Kombination. Paare zu trennen, ist allerdings heute – auch bei offiziellen Anlässen – kein Muss mehr. Und: Jubelpaare werden nie getrennt gesetzt.

Singles: Hier müssen Sie mit Fingerspitzengefühl vorgehen. Unverheiratete, Geschiedene und Verwitwete passen am besten zu Tischpartnern gleichen Alters und mit ähnlichen Interessen.

Entfernung: Je weiter ein Gast vom Gastgeber entfernt sitzt, desto weniger wertgeschätzt fühlt er sich.

Interessen und Abneigungen: Berücksichtigen Sie möglichst, dass Tischnachbarn bzw. sich gegenüber sitzende Gäste ähnliche Interessen und Neigungen haben sollten. Und so wie Sie bei der Wahl der Sitznachbarn auf Gemeinsamkeiten achten sollten, müssen Sie auch auf kritische Punkte achten wie Abneigungen, alter Streit und Ansichten. Zwei, die sich bekanntlich nicht vertragen, niemals zusammensetzen.

Kinder getrennt setzen? Das kommt auf die Art des Festes, die Gäste und das Alter der Kinder an. Kleinere Kinder bleiben nicht lange am Platz und schaffen dann Lücken. Hier hilft ein Extra-Tisch für die, die schon alleine sitzen können. Teenager sehen sich nicht mehr als Kinder und sitzen lieber bei den Erwachsenen.

Zugang zur Küche: Vergessen Sie auch nicht, dass Sie als Gastgeber im eigenen Esszimmer Bewegungsfreiheit und direkten Zugang zur Küche brauchen.

Nehmen Sie sich Zeit, um die Sitzordnung festzulegen, damit gute Gespräche zustande kommen können.

Wie plant man ein Menü?

Kochen Sie nur Gerichte, die Sie schon einmal ausprobiert haben und die Sie ohne Probleme in Ihrer Küche zubereiten können.

Speisen mit Gelinggarantie

Wählen Sie Gerichte aus, die Sie gut 1–2 Tage früher vorbereiten können. So vermeiden Sie Stress und möglicherweise ein Misslingen am Festtag. Zu Beginn ist eine raffiniert gewürzte Gemüsesuppe oder eine klare Brühe mit Einlage ideal. Beide lassen sich bequem vorkochen. Als Salat oder kalte Vorspeise eignen sich Kombinationen mit blanchiertem Gemüse, das ebenfalls am Vortag zubereitet werden kann. Für das Hauptgericht mit Fleisch bieten sich feine Ragouts, Gulasch oder ganze Braten an, die am Festtag in Scheiben geschnitten in der Sauce erwärmt werden. Als Zwischengericht oder erstes warmes Gericht sind Aufläufe eine gute Wahl. Fisch macht am wenigsten Aufwand vor dem Servieren, wenn Sie Filets wählen und diese auf einem Gemüsebett im Ofen garen. Ganze Portionsfische sind unkompliziert im Ofen zu grillen oder in Hülle zuzubereiten (s. S. 112). Auch beim Dessert können Sie geschickt am Tag zuvor die Arbeit verrichten, wenn Sie eine Creme auswählen, die mit Früchten oder einer Sauce serviert wird.

Augen und Gaumen überraschen: Augen und Gaumen möchten immer wieder neu überrascht werden. Sorgen Sie deshalb für **Abwechslung bei den Zutaten.** Die Zutaten sollten sich in den Gerichten nicht wiederholen. War Kalbfleisch schon in der Vorspeise, dann kein Gericht mit Kalbfleisch in der Hauptspeise wählen. Schaffen Sie auch **Abwechslung bei der Zubereitung.** Wechseln Sie Frittiertes mit Gedünstetem, Ofengebackenes mit Topfgegartem, Gekochtes mit Rohem. Schließlich ist auch **Abwechslung in der Farbe** zu beachten. Haben Sie eine Tomatensuppe serviert, dann sollten Sie sich für die folgenden Gerichte mit Rot zurückhalten.

Stressfallen

Vermeiden Sie Gerichte, die am Festtag Ihre ganze Aufmerksamkeit in Anspruch nehmen. Viel Aufwand macht z. B. Geflügel, das vor dem Servieren zerteilt werden muss (Ente, Gans) oder große ganze Fische, die zum Servieren filetiert werden müssen. Kurzgebratenes und Soufflés müssen kurzfristig zubereitet werden und lassen sich weder vorbereiten noch warm halten.

Klassische Menüabfolgen

- **3 Gänge:** Suppe – Hauptgang – Dessert
- **4 Gänge:** Vorspeise (kalt) – Suppe – Hauptgang – Dessert
- **5 Gänge:** Vorspeise (kalt) – Suppe – Zwischengang – Hauptgang – Dessert

Gekonnt und effizient servieren

Damit möglichst dezent auf- und abgedeckt werden kann, bedienen Sie Ihre Gäste

... von rechts
- Getränke einschenken, Gläser nachdecken und wegnehmen
- Teller, Suppentassen, Kelche eindecken und wegnehmen
- Gläser sowie Besteckteile der rechten Seite nachdecken und herunterziehen
- Kaffee servieren

... von links
- die Fingerbowle und alle Teller links vom Gedeck eindecken und wegnehmen
- Besteckteile für die linke Hand nachdecken und herunterziehen
- Brot und Butter anreichen
- Speisen von Platten und Schüsseln vorlegen
- Platten und Schüsseln anreichen, von denen der Gast sich bedienen soll
- das Tischtuch säubern

Bei Arbeiten, die von rechts ausgeführt werden, gehen Sie im Uhrzeigersinn, bei Arbeiten von links gegen den Uhrzeigersinn.

Wussten Sie, dass ...

nach alter Sitte nach Rangfolge bedient wurde? Die Ehrengäste vor den anderen Gästen, Damen vor Herren, ältere Personen vor jüngeren, die Gäste vor den Gastgebern. Heutzutage werden bei mehr als 5 Personen zuerst die Ehrengäste, dann die übrigen Gäste bedient.

Wie baut man ein Büfett auf?

Haben Sie so viele Gäste, dass Sie nicht alle an einem Tisch unterbringen, dann bauen Sie ein Büfett auf. Das hat den Vorteil, dass Sie mehr Zeit für Ihre Gäste haben.

Ausreichend Geschirr vorsehen

Für ein Büfett im familiären, vertrauten Rahmen rechnen Sie – je nach Größe des Büfetts – mit zwei- bis dreimal Tellern und Besteck pro Gast. Denn hier werden Ihre Gäste sich durchaus mehrmals mit demselben Teller bedienen, wenn sie von ähnlichen Gerichten nachfassen. Für »Sonderessen« wie Suppen oder Dessertcremes sollten Sie auf jeden Fall separate Teller oder Schalen vorsehen. Rechnen Sie drei Gläser pro Gast. Ist nicht so viel vorhanden, muss der Geschirrspüler

Ein einfacher Tisch wird zum Büfetttisch umfunktioniert. Mit Töpfen, Bücherstapeln und Kisten schaffen Sie schöne Stufen.

zwischendurch angeschaltet werden. Bei einem feierlichen Büfett können Sie an Essgeschirr und Gläsern kaum genug bereitstellen, denken Sie darüber nach, ob Sie nicht einen Geschirrverleih in Anspruch nehmen möchten. Meist wird dort schlichtes weißes Geschirr angeboten.

Ein Büfett aufbauen

Den Grundstock bildet ein Sidebord, ein langer Tisch, ein Tapeziertisch oder auch einfach eine Holzplatte, die auf gestapelte Getränkekisten gelegt wird. Decken Sie alles mit Tischtüchern ab. Polstern Sie wertvolles Mobiliar ggf. zusätzlich mit Moltontüchern. Um einen ansehnlichen Etageneffekt zu erreichen, stellen Sie umgedrehte Blumenkübel oder Bücherstapel darauf, und verkleiden Sie diese mit Stoff.

Was kommt wohin? Geschirr gut sichtbar an den Anfang des Büfetts stellen, Besteck und Servietten ans Ende. Die Beilagen und Speisen werden in der Reihenfolge, in der die Gäste sie logischerweise benötigen, aufgestellt.
Um Staus und Überholmanöver am Büfett zu vermeiden, richten Sie die Gerichte folgendermaßen an:
Wenn Sie **zwei Tische** haben, stellen Sie auf beide alles in gleicher Anordnung auf.
Bei einem **langen Tisch** ordnen Sie die Speisen spiegelbildlich an.

Auf einem **großen Tisch** werden die Speisen so aufgestellt, dass sie von beiden Seiten zugänglich sind.

Pflichten des Gastgebers

Eröffnen Sie das Büfett für alle Gäste hörbar. Begleiten Sie Ehrengäste als Erste dorthin. Bedienen Sie sich nach den Ehrengästen und vor den übrigen Gästen. Wird Ihre Hilfe benötigt, bedienen Sie sich zuletzt.

Büfett-Sonderform: Stehparty

Steht das Feiern, Kennenlernen und Unterhalten im Vordergrund? Dann organisieren Sie eine Stehparty. Zum Essen gibt es Fingerfood und mundgerechte Kleinigkeiten. Es lohnt sich, einige Grundsätze dabei zu beachten:
• Richten Sie die Speisen so an, dass sich die Gäste »unfallfrei« bedienen können – Servietten nicht vergessen!
• Spießchen und Kerne müssen ohne Weiteres auf ausgewiesenen Ablagetellern entsorgt werden können.
• Für freie Hände: Bieten Sie reichlich Abstellflächen an, z. B. Bistrotische oder frei geräumte Fensterbänke, besonders wenn Sie ein umfangreiches Stehbüfett anbieten. Nicht jeder hat Glas, Teller und Besteck gleichzeitig im Griff.

Getränke zum Menü

↓ **Der Aperitif zum Warmwerden:** Reichen Sie am besten einen Aperitif als Steh-Drink für die Ankommenden. So kommen die Gäste zwanglos ins Gespräch, und alle können sich später gemeinsam setzen. Vorteil für Ihr Menü-Timing: Wer zu spät kommt, versäumt zwar den Drink, aber Ihr Essen ist gerettet. Als Aperitif Cocktail, Sekt, Champagner oder Sherry anbieten. Halten Sie als Alternative immer auch antialkoholische Getränke bereit. Als Aperitif eignen sich Bittergetränke wie Sanbitter mit Soda oder Tonic sowie (ungesüßte) Gemüsesäfte. Übrigens: Wird der Aperitif im Stehen gereicht, sollten Sie das Glas nicht mit an den Tisch nehmen. Stellen Sie es auf dem dafür vorgesehenen Tablett oder der Ablage ab.

↓ **Zum Dessert** gibt es Champagner oder Süßwein nach Belieben. Als Digestif bietet man Cognac, Whiskey, Grappa, Magenbitter, Kaffee, Tee oder Espresso an. Wenn Sie Tee servieren, unbedingt auch an ein Schälchen für den Teebeutel denken.

↓ **Wein zu Vor- und Hauptspeisen:** Zur Vorspeise servieren Sie einen leichten, trockenen Weißwein, gut gekühlt. Zur Hauptspeise bieten Sie mittelschweren Rotwein an, es sei denn es handelt sich um Fisch oder helles Geflügel (s. auch S. 166 und S. 231). Als Begleiter können Sie neben Mineralwasser auch Saftschorle servieren. Zu scharfen und fetten Speisen sind Joghurtdrinks die idealen Begleiter (z. B. Ayran, Lassi). Zu chinesischer Küche passt natürlich grüner Tee bzw. Jasmintee. Softdrinks eignen sich nicht als Speisenbegleiter.

Bier bei einem Festessen? Bier kann bei festlichen Menüs anstelle des Aperitifs genossen werden. Als Begleiter zum Menü eignet es sich nicht. Es passt lediglich zu deftigen und rustikalen Gerichten. Doch wenn Sie nicht in allzu formellem und offiziellem Rahmen feiern und speisen, fühlen Sie sich frei als Gastgeber zu entscheiden, ob Sie Bier als Getränkeoption zum Essen an sich bereithalten.

Empfehlungen zur Wahl des Weines

Geschmacksnerven sind sensibel; werden ihnen starke Reize geboten, stumpfen sie ab. Das bedeutet für die Weinabfolge bei einem mehrgängigen Essen: Bieten Sie immer die weniger intensive Variante vor einem Wein mit sehr starkem Charakter an.

• Servieren Sie gekühlte Weine und damit geschmacklich dezentere vor weniger kühlen Weinen.
• Weiße Weine vor roten Weinen auftragen.
• Junge Weine sollten vor alten Weinen und
• leichte Weine vor kräftigen Weinen getrunken werden.
• Schließlich kommen herbe Weine vor lieblichen Weinen besser zur Geltung.

Zusätzlich können Sie sich an folgende Grundregeln halten:

Wein abstimmen: Stimmen Sie einen Wein mit der intensivsten Geschmackskomponente einer Speise ab.

Säure mildert Fett: Ein Wein mit viel Säure nimmt dem Fett die Schwere, deshalb eignet sich z. B. Riesling gut bei fetten Braten.

Süße Weißweine zu Pikantem: Süßweine sind gute Begleiter zu pikanten Speisen. Sie mildern Schärfe und Bitterkeit. Servieren Sie sie zu Speisen mit Peperoni, Oliven und Artischocken.

Welches Glas für welchen Wein?

Um Ihren Wein richtig genießen zu können, sollten Sie ein paar Gesichtspunkte zur Wahl des Glases berücksichtigen:

Ein typisches Glas aus der Herkunftsregion ist für einen Wein immer richtig. Z. B. eignet sich ein Römerglas für viele deutsche Weine und ein schlichtes kleines Trinkglas für spanischen oder italienischen Landwein. Ein nach oben zulaufender Kelch hält die Aromastoffe selbst beim Drehen im Glas. Lediglich leichte Roséweine sowie Rieslingweine (außer Spätlesen) können auch gut in geradwandigen Gläsern serviert werden. Der Stiel verhindert ein Aufwärmen des Weines durch Ihre Hand – besonders wichtig für kühl servierte Weißweine. Universell einsetzbar sind Weingläser mit bauchiger Eiform und einer Öffnungsweite von 6–8 cm – für Rotwein in der größeren, für Weißwein in der kleineren Variante. Je körperreicher und dunkler der Wein ist, desto größer darf das Glas sein. So kann sich das Aroma des Weines auf der großen Flüssigkeitsoberfläche gut entwickeln.

Dekantieren von Rotwein

In eine Karaffe mit breitem Boden werden Rotweine umgefüllt, damit sie unter Einfluss von Sauerstoff einen vollen, runden Geschmack entfalten können. Das sollte mehrere Stunden vor dem Genuss stattfinden und ist vor allem für junge, noch etwas unausgewogene Weine zu empfehlen. Dekantieren im eigentlichen Sinne bedeutet, den Wein durch vorsichtiges Umgießen vom Weinstein zu trennen, der sich am Flaschenboden abgesetzt hat.

Rotwein wird einige Stunden vor dem Servieren in eine Karaffe umgefüllt, damit er einen runden, vollen Geschmack bekommt.

Wussten Sie, dass...

die einstige Regel »heller Wein zu hellem Fleisch und Fisch, dunkler zu dunklem Fleisch« längst überholt ist?
Sie ist nur noch als grober Anhaltspunkt zu betrachten. Heutzutage ist die geschmackliche und charakterliche Vielfalt bei Rot- und Weißweinen beträchtlich höher als zu den Zeiten, als sich diese Regel etablierte. Außerdem darf heute jeder den Wein wählen, den er am liebsten zu einem Gericht mag, und das kann eben auch Rotwein zu einem Fischgericht sein.

Portionsgrößen

Wenn die Menüabfolge und die Getränke, die gereicht werden sollen, feststehen, fangen die eigentlichen Vorbereitungen an. Machen Sie sich für Einkauf und Kochen detaillierte Pläne. Die folgenden Mengen für Speisen können Sie für die Berechnung von Zutaten bei bis zu drei Gängen zugrunde legen. Mit den Zahlen für Getränkemengen können Sie den Bedarf rasch errechnen. Bedenken Sie auch: Je mehr Personen, für die gekocht wird, umso kleinere Portionen einer Zutat genügen. Und selbstver-

ständlich gilt auch: Je mehr Gänge ein Menü hat, desto kleiner die einzelnen Zutatenportionen.
Berücksichtigen Sie weiterhin, dass die Menge, die gegessen wird, von Alter, Essgewohnheiten und der Jahres- und Tageszeit abhängt. Beispielsweise essen zwei Kinder etwa so viel wie ein Erwachsener; ein Jugendlicher kann aber durchaus so viel wie zwei Erwachsene essen. Bei heißem Sommerwetter wird weniger gegessen, dafür sollte man mehr kalte Getränke bereithalten.

Speisen und Getränke: von was wie viel?

Speise	Menge pro Person
Blattsalat als Beilage (geputzt)	50–75 g
Blattsalat als eigener Gang (geputzt)	150–200 g
Bohnen, Linsen (getrocknet) als Beilage	200 g
Bohnen, Linsen (getrocknet) als Eintopf	60–70 g
Brot (als Beigabe)	150–250 g
Butter	25 g
Champignons (ungeputzt)	125 g
Eiscreme als Dessert	100 g
Erbsen in der Schote	375 g
Fisch im Ganzen	300 g
Fischfilet	150–200 g
Fleisch mit Knochen (Braten)	250 g
Fleisch ohne Knochen (Steak, Schnitzel)	125–180 g
Gemüse als Beilage (geputzt)	175–225 g
Gemüse als Hauptspeise (geputzt)	400 g
Hackfleisch	125 g
Kartoffeln als Beilage (roh, ungeschält)	175–200 g
Kartoffeln als Hauptspeise (roh, ungeschält)	250–300 g
Käse als Nachspeise	75 g
Lauch (ungeputzt)	250 g
Miesmuscheln (mit Schale)	500 g
Möhren (gegart)	200 g
Nudeln als Beilage (roh)	60–80 g
Nudeln als Hauptspeise (roh)	90–125 g
Obst als Dessert	150 g
Pommes frites (frittiert)	125 g
Reis (roh, als Beilage)	60–80 g
Reis (roh, als Hauptspeise)	90–125 g
Rosenkohl (ungeputzt)	250 g
Rotkohl, Weißkohl, Wirsing (ungegart)	250 g
Sauerkraut	125 g
Spargel (ungeschält)	250 g
Spinat (ungeputzt)	250 g
Suppe als Hauptspeise	bis 500 ml
Suppe als Vorspeise	200 ml

Getränke	für wie viele Gäste?
1 Flasche Wein (0,7 l)	für 2–3 Gäste
1 Flasche Sekt, Prosecco, Champagner (0,75 l)	für 4–6 Gäste
1 Flasche Wasser (0,7 l)	2–3 Gäste
1 Kasten Bier (0,5 l oder 0,33 l)	8–10 Gäste
1 Flasche Fruchtsaftschorle (1 l)	4–5 Gäste
dazu jeweils 5–10 Prozent Reserve	

Was mache ich wann?

Je präziser Sie planen und organisieren, desto entspannter können Sie arbeiten und später während des Menüs mehr vom Essen und von Ihren Gästen haben.

Einkaufen und vorbereiten mit Plan

Schreiben Sie sich rechtzeitig einen **Einkaufszettel,** am besten sortiert nach Dingen, die haltbar sind und sich somit früher kaufen lassen, und solchen, die erst kurz vorher gekauft werden.

Überprüfen Sie Ihre **Vorräte** und die Gewürze – auch auf so banale Dinge wie Essig, Öl, Mehl, Salz und Pfeffer.

Getränke zurück: Fragen Sie bei kleineren Getränkehändlern nach, ob Getränke gegebenenfalls wieder zurückgegeben werden können. So können Sie sicherheitshalber größere Mengen einkaufen, gehen aber kein finanzielles Risiko ein, falls wirklich etwas übrig bleibt.

Getränke rechtzeitig einkaufen und kühlen

Besorgen Sie die Getränke rechtzeitig. Wein schmeckt besser, wenn er vor dem Öffnen ein paar Tage Ruhe hatte.

Denken Sie daran, dass viele Getränke gekühlt gereicht werden (müssen). Im Winter können Sie sie einfach draußen auf Terrasse oder auf dem Balkon kühl stellen. Im Sommer allerdings könnte der Platz im Kühlschrank knapp werden. Alternativ bieten sich mit Eiswasser gefüllte Eimer oder Wannen an. Eiswürfel kann man inzwischen in vielen Supermärkten, in Getränkeläden und auch an Tankstellen kaufen. Weinkühler (s. S. 165) leisten ebenfalls gute Dienste. Mit Eismanschetten aus dem Gefrierfach können Sie »warmen« Sekt in Minutenschnelle kühlen. Nicht vergessen: Auch die Gläser sollten Sie an einem kühlen Ort bereitstellen.

Grobe Küchen-Zeitplanung

Das Menü steht, der Einkauf ist gemacht. Jetzt heißt es, das Essen strukturiert und Schritt für Schritt vorzubereiten. Schreiben Sie sich am besten einen Ablaufplan, dann übersehen Sie vorab nichts und können erledigte Dinge einfach abhaken. Hier eine grobe, allgemeine Aufstellung, was wann zu tun ist; passen Sie diese einfach Ihrem Menü an.

Am Vortag: Saucen, Brühen, robuste Suppen kochen (am besten umfüllen und kühl stellen); feste Gemüse schneiden, kurz blanchieren und kalt abschrecken; Braten und Ragout ansetzen; Nachtisch vorbereiten.

Einige Stunden vor Beginn: Salatsaucen zubereiten, Suppeneinlagen vorbereiten; Zuschneiden, was möglich ist; große Braten in den Ofen geben; Nachtisch vollenden.

Letzte Stunde: Braten, die nur kurze Zeit brauchen, in den Ofen stellen; Ragouts fertig stellen; Beilagennudeln kernig vorgaren, kalt abspülen, Öl untermischen und mit Folie abdecken; Kartoffeln (zum Kochen) schälen, schneiden und ins Wasser geben.

Kurz vor dem Start: Desserts – wenn nötig – auf Teller verteilen, abdecken und kalt stellen; vorbereitete Zutaten nach Gängen gruppieren; Steaks kurz anbraten, beiseitestellen; Suppe, Sauce und großen Topf mit Wasser aufkochen (darin können später im Sieb Nudeln oder Gemüse erwärmt werden); Handwerkszeug von Schneebesen bis Esslöffel bereitstellen.

Sonstige Vorbereitungen

Bringen Sie die Zimmer, die Ihre Gäste betreten werden, aber auch die Küche für Ihre eigene Übersicht, rechtzeitig in Ordnung. Hektische Aufräumarbeiten, kurz bevor die ersten Geladenen eintreffen, machen Sie nur müde und halten Sie von anderen wichtigen Vorbereitungen ab.

Vergessen Sie nicht, ausreichend Zeit dafür einzuplanen, dass Sie sich selbst gästefein machen können. Sehen Sie das so rechtzeitig vor, dass Sie auch eventuell zu früh kommende Gäste bereits umgezogen und ganz entspannt begrüßen können.

Ideal ist es, wenn Sie danach zusätzlich auch noch 10 Minuten Zeit finden, die Beine hochzulegen und dabei alle Vorbereitungen sowie den geplanten Ablauf der Feier in Gedanken nochmals ruhig durchzugehen. So fallen Ihnen am ehesten Versäumnisse auf, und Sie haben Zeit, Lösungen zu finden. Außerdem können Sie sich angemessen auf die Veranstaltung einstimmen und vermeiden, Ihren Gästen unkonzentriert, müde und im Zweifel dadurch unaufmerksam gegenüberzutreten.

Kleiner Tischknigge

Regeln und Tipps zu gutem Benehmen bei Tisch und dazu, wie Sie mit bestimmten Speisen umgehen, sind für Gäste und Gastgeber unerlässlich.

Wann darf ich mich setzen?

Setzen Sie sich keinesfalls unaufgefordert als Erste(r) an den Tisch. Warten Sie auf die Aufforderung der Gastgeber bzw. setzen Sie sich – bei weniger förmlichen Anlässen – dann zu Tisch, wenn die Gastgeber es tun.

Den Wein antrinken

Nachdem der Wein rundum eingeschenkt ist, nicht einfach einen ersten Schluck aus dem Glas nehmen, um zu kosten. Und bringen Sie auch nicht einen Toast von sich aus, sondern warten Sie auch hier auf die Aufforderung zum Trinken bzw. auf das Heben des Glases durch die Gastgeber.

Mein Essen ist serviert. Darf ich anfangen?

Die Antwort ist ein klares Nein. Es fangen immer alle gleichzeitig zu essen an. Gegebenenfalls wird einfach gewartet, zumindest bei kalten Gerichten. Ausnahme: Sie werden von den übrigen Gästen aufgefordert, schon anzufangen. Ist es absehbar, dass die übrigen Essen noch länger nicht serviert werden, können Sie darum bitten anzufangen, mit der Entschuldigung, dass das Essen sonst kalt wird.

Links: So wird das Besteck abgelegt, wenn das Essen noch nicht beendet ist. Rechts: Die »20-nach-Position« zeigt an, dass Sie fertig sind.

Abstand wahren

Respektieren Sie den Wunsch nach Abstand beim Essen. Niemand hat gerne den Ellbogen des Nachbarn in der Seite. Sie gehören nicht auf den Tisch, weder um sich entspannt zurückzulehnen, noch um sich abzustützen, wenn die Gabel zum Mund geführt wird.

Wohin mit dem Besteck bei Tisch?

Während des Essens wird das Besteck in der Hand behalten, auch im Gespräch. Dauert das Gespräch allerdings länger, wird das Besteck auf dem Teller abgelegt (s. Abbildung). Wenn Sie mit dem Essen fertig sind, wird das Besteck parallel nebeneinander in der »20-nach-Position« auf den Teller gelegt.

Wie esse ich das Brot?

Brot oder auch Brötchen werden weder geschnitten noch wie ein Butterbrot geschmiert. Stattdessen wird es in mundgerechte Stückchen gebrochen, man gibt eine Butterflocke darauf und steckt sie mit der Hand in den Mund.

Darf ich die Sauce mit dem Brot auftunken?

In einer offiziellen, feineren Essensrunde gilt diese Art, die Sauce zu genießen hierzulande (noch) nicht als angemessen. Auch nicht, wenn ein Stück Brot mit der Gabel getunkt wird. In der gehobenen Gastronomie wird ein Gourmetlöffel (s. S. 221) gereicht, wenn nicht, können Sie um einen Löffel bitten.

Wie oft darf ich zum Büfett gehen?

Bevor Sie sich zu viel auf den Teller häufen, gehen Sie lieber öfter zum Büfett. Mehrmals

von den Vorspeisen zu holen, um dann mehrmals die Hauptspeise zu essen, ist vollkommen in Ordnung. Nehmen Sie sich dazu jeweils einen frischen Teller und sauberes Besteck. Vermeiden Sie allerdings, mehr zu laufen als zu sitzen.

Sie können nicht alles essen, weil Sie eine Allergie haben?

Kein Grund, eine Essenseinladung auszuschlagen. Klären Sie am besten im Vorhinein, worauf Ihr Gastgeber achten sollte. Erkundigen Sie sich, was es zu essen geben wird. So vermeiden Sie großes Aufheben bei Tisch. Sie müssen auch nicht alles aufessen. Lassen Sie einfach liegen, was sie nicht vertragen.

Nase bei Tisch schnäuzen?

Hierzulande ist es völlig in Ordnung, sich die Nase bei Tisch zu putzen. Allerdings sollte dies unbedingt dezent und lautlos geschehen.

Darf die Deko mitgegessen werden?

Da es als unzeitgemäß gilt, Essbares wegzuwerfen, darf heutzutage die Dekoration eines Gerichts durchaus mitgegessen werden. Sie muss es aber nicht.

Wohin mit den Fischgräten?

Auf einen separat dafür vorgesehenen Teller bzw. an den Rand Ihres Tellers. Und Gräten, die versehentlich mit in den Mund gelangt sind, werden möglichst mit der Gabel aus dem Mund befördert. Sind die Gräten zu fein, dann benutzen Sie ganz diskret Daumen und Zeigefinger.

Wohin mit Olivenkernen?

Gibt es Oliven zum Aperitif oder als Happen vorab ohne Besteck, wird der Kern dezent in die Hand befördert und dann auf ein Abfalltellerchen. Sind Oliven im Hauptgericht, kommt der Kern auf die Gabel und dann auf den Tellerrand.

Wohin mit dem Teebeutel?

Sie sind Gast, und es ist kein Abfallschälchen vorhanden? Ordern Sie einfach eines! Oder legen Sie den Teebeutel notfalls auf dem Löffel ab – auf keinen Fall auf der Untertasse, um ein »Fußbad« für die Tasse zu vermeiden.

Wohin mit der Serviette?

Während des Essens gehört die Serviette auf den Schoß. Möchten Sie während des Essens den Tisch verlassen, legen Sie die Serviette locker gefaltet links oder rechts neben das Gedeck.

Wie fasse ich ein Stielglas richtig?

Ein Stielglas wird immer am Stiel angefasst. Nur so wird der Wein nicht von der Körper- bzw. von der Fingertemperatur erwärmt.

Darf ich mit den Händen essen?

Es gibt nur wenige klassische Gerichte, bei denen mit den Fingern gegessen werden darf: z. B. rohe Austern, Artischocken(blätter), Spareribs und Wachteln. Ob Hähnchenbeine oder auch Frikadellen aus der Hand gegessen werden dürfen, hängt vom Ambiente ab, je rustikaler, umso eher.

Legen Sie die Serviette locker links oder rechts neben Ihr Gedeck, wenn Sie den Tisch während des Essens verlassen müssen.

Nicht nur aus ästhetischen Gründen, sondern auch damit sich der Wein nicht erwärmt, halten Sie ein Stielglas immer am Stiel fest.

Von einem Schaschlikspieß zieht man das Fleisch, indem man den Spieß mit der Hand festhält und das Fleisch mit der Gabel abstreift.

Mit Wasser anstoßen?

Wer keinen Alkohol trinken möchte, muss dies natürlich auch nicht tun. Und er/sie muss dies auch nicht vertuschen. Daher ist es auch erlaubt, mit Wasser zuzuprosten.

Lange Nudeln essen

Nicht nur Spaghetti, sondern auch Bandnudeln werden mit der Gabel aufgewickelt – mit oder ohne Zuhilfenahme eines Löffels, ganz wie Sie es besser können.

Wie esse ich etwas, das ich nicht kenne?

Was tun, wenn etwas auf Ihrem Teller landet, das Sie noch nie gesehen haben? Zwei Grundregeln, wie Sie Essen zu sich nehmen, gelten immer:
- Sie sollten stets einen ästhetischen Anblick bieten und keinerlei Geräusche von sich geben.
- Wenn Sie nicht wissen, wie etwas zu verzehren ist, stellen Sie sich doch einfach vor, was Sie selbst bei Ihrem Gegenüber unappetitlich fänden – und das vermeiden Sie dann. So machen Sie es vermutlich richtig.

Wie isst man Weißwurst richtig?

Traditionell: Die urig-traditionelle Art ist es, die Wurst an einem Ende anzuschneiden und das Brät nach und nach – in süßen Senf getaucht – aus der Pelle zu lutschen. Die Pelle wird nicht mitgegessen.
Modern: Die etwas feinere Art besteht darin, die Wurst längs aufzuschneiden, das Brät mit Messer und Gabel herauszulösen und ebenso zu essen.

Wie benutze ich einen Zahnstocher?

Am Tisch wird nicht mit einem Zahnstocher hantiert; aus diesem Grund gibt es in der gehobenen Gastronomie auch keine Zahnstocher auf der Tafel. Falls doch, und Sie benötigen einen: Nehmen Sie sich einen Zahnstocher, und ziehen Sie sich damit auf die Toilette zurück. Besser geeignet ist allerdings Zahnseide; sie passt in jede Hand- und Jackentasche. Vermeiden Sie es auf jeden Fall, mit dem Zahnstocher hinter vorgehaltener Hand im Mund zu stochern.

Pünktlich kommen und gehen

Werden Sie zu einem privaten Essen geladen, dann kommen Sie pünktlich. Sollten Sie sich doch unvermutet verspäten, geben Sie rechtzeitig Bescheid. Vermeiden Sie es andererseits, zu früh zu kommen. Das kann zu ungewollter Hektik oder peinlichen Situationen für den Gastgeber führen. Um 23 Uhr endet die Einladung, damit die Gastgeber noch für Ordnung sorgen können. Nur am Wochenende und in vertrauter Runde darf es ein bisschen später sein.

Weißwurst kann man auch mit Messer und Gabel essen: Die Wurst der Länge nach aufschneiden und das Brät vorsichtig auslösen.

Wer wird wem vorgestellt?

- Die Jüngeren den Älteren.
- Ein Einzelner der Gruppe.
- Ein Mann einer Frau.
- Im Job wird in erster Linie nach Hierarchie vorgestellt, nicht nach Geschlecht und Alter: die »rangniedrige« Person wird der »ranghöheren« vorgestellt.

Zumeist wird beim Vorstellen nur der Name ohne Titel genannt. Und vergessen Sie nicht: Ein Händedruck und Augenkontakt gehören unbedingt dazu.

Kann ich jemanden von meinem Essen kosten lassen?

Eigentlich nicht. Man greift weder über den Tisch hin zu einem anderen Teller, noch reicht man Teller hin und her. Toleriert wird höchstens, wenn man von seinem Essen ein wenig auf dem leeren Brotteller anrichtet und dieses dem Nachbarn zum Probieren reicht.

Darf ich nachwürzen?

Wenn es sein muss. Akzeptabel ist es aber nur, wenn Sie erst dann nachwürzen, nachdem Sie einen Bissen gekostet haben. Eigentlich gebietet die Höflichkeit gegenüber dem Gastgeber, das Essen so zu genießen, wie es auf den Tisch kommt.

Darf ich als Gast eine Tischrede halten?

Gerne – sofern Sie das vorher mit dem Gastgeber abgesprochen haben. Diese, kurze, Rede sollte aber im Namen aller Gäste gehalten werden, also keinesfalls eine zu persönliche Note haben, sondern sich auf das schöne Ambiente, die feinen Speisen und Getränke beziehen. Unangekündigt sollten Sie eine kurze Rede immer erst nach dem Essen, etwa beim Kaffee, halten.

Muss ich aufessen bzw. darf ich Reste übrig lassen?

Aufgabe des Gastes ist es, die Bemühungen des Gastgebers zu schätzen. Dazu gehört, dass Sie alle bei Tisch gereichten Gerichte mindestens probieren und angemessen würdigen. Aber Sie müssen Sie nicht aufessen, wenn Sie sie nicht mögen. Und Sie müssen auch nicht nachnehmen, wenn Ihnen etwas nachgereicht wird.

Populäre Tischsitten-Irrtümer

Spargel darf nicht geschnitten werden

Doch. Früher wurde Spargel an einem Ende mit den Fingern festgehalten und über die Gabel in den Mund geschoben. Das können Sie heute auch noch so machen, aber nur, wenn etwas zum Waschen der Finger parat steht.

Eier dürfen nicht mit dem Messer geköpft werden

Früher, als die Bestecke noch aus oxidierenden Metallen waren, war diese Regel wichtig. Anderenfalls hätten sich die Messer verfärbt. Mit unserem heutigen Besteck ist es durchaus erlaubt z. B. ein sehr frisches gekochtes Ei, dessen Schale sich nur sehr schwer lösen lässt, zu köpfen.

Es ist fein, die Gabel mit den Zinken nach unten zum Mund zu führen

Die Gepflogenheiten unterscheiden sich international: Im angloamerikanischen Raum wird die Gabel tatsächlich immer mit den Zinken nach unten zum Mund geführt. In Deutschland bleibt sie mit den Zinken nach unten, um abgeschnittene Fleischhappen in den Mund zu befördern. Wird die Gabel als Löffel benutzt, etwa zum Aufnehmen von Beilagen, bleibt sie mit den Zinken nach oben. Grundregel: So wie sie beim »Arbeiten« auf dem Teller gehalten wurde, so geht sie zum Mund.

Alles, was fliegt, darf man mit den Händen essen

Nein. Nur Wachtel wird klassischerweise mit den Fingern gegessen. Ansonsten kommt es auf das Umfeld an: Chickenwings werden mit den Fingern gegessen, in feinen Restaurants bekommt man sie gar nicht. Hähnchenschenkel werden nur in rustikalem oder in informellem Kreise mit den Fingern gegessen.

Kartoffeln und Salat darf man nicht mit dem Messer schneiden

Beides wurde früher nicht geschnitten, weil die nicht korrosionsfreien Messer Schaden nahmen. Heute ist es erlaubt, wenn die Kartoffeln zu groß oder zu fest sind, um sie allein mit der Gabel zu zerteilen, und wenn die Salatblätter zu groß sind, um sie lediglich zu falten. Eines jedoch ist ein Fauxpas: die Kartoffeln mit der Gabel zu zerdrücken, um die Sauce aufzunehmen.

Man wünscht sich heute nicht mehr laut »Guten Appetit«

Das ist nur teilweise richtig: Sich einen »Guten Appetit« zu wünschen, ist im privaten, familiären Rahmen und auch unter Kollegen in der Kantine passend. Bei einem förmlichen Essen beginnt das gemeinsame Mahl immer schon dadurch, dass die Gastgeberin zum Besteck greift. Und hat man als Gastgeber selbst gekocht, wird man es auch aus Gründen der Höflichkeit vermeiden, einen guten Appetit zu wünschen, das könnte leicht wie Selbstlob wirken.

Die folgende Liste bietet Erklärungen für wichtige Küchenbegriffe wie Garmethoden, Zubereitungsarten, Garstufen von Fleisch oder Bezeichnungen von Gerichtkomponenten.

A **Abbacken** In reichlich heißem Fett schwimmend backen.

Abbrennen Überschüssige Flüssigkeit in Teigen (z. B. Brandteig) entfernen: Auf dem Herd wird bei mittlerer Temperatur die Masse so lange mit dem Löffel umgerührt, bis sie sich vom Topf löst.

Ablöschen Bratensatz vom Pfannenboden durch Zugießen und Aufkochen von Wasser, Brühe, Sahne, Wein lösen. Die Flüssigkeit dient als Grundlage von Saucen.

Abschäumen Aufsteigenden Schaum mit Hilfe eines Schaumlöffels abschöpfen, um Suppen und Saucen zu klären.

Abschmälzen Fertig Gegartes vor dem Servieren kurz in gebräunter Butter schwenken oder damit übergießen.

Abschmecken Eine Sauce oder ein (Teil-)Gericht abschließend würzen.

Abschrecken Gegartes mit kaltem Wasser überbrausen, um den Garvorgang zu stoppen und schockartig die Temperatur herabzusetzen. Blanchiertes Gemüse behält dadurch eine intensivere Farbe.

Nudeln kleben nicht zusammen, Eier lassen sich leichter pellen.

Abziehen, zur Rose Eine Eigelbcreme unter Rühren bis kurz vor dem Siedepunkt erhitzen, sodass sie auf dem Kochlöffel leicht angedickt liegen bleibt und sich beim Daraufblasen Kringel zeigen, die an die Form einer Rose erinnern.

Al dente Gemüse oder Teigwaren nur so lange garen, bis das Produkt noch Biss hat.

Anbraten Fleisch bei großer Hitze in wenig Fett rundherum braten, bis sich die Poren schließen (Krustenbildung) und kein Saft mehr austreten kann.

Andünsten Helles Fleisch, Fisch, Gemüse bei milder Hitze in mäßig heißem Fett wenden, dann mit Flüssigkeit angießen und zugedeckt garen. Beim Andünsten schließen sich die Poren schnell, ohne dass das Fleisch oder Gemüse Farbe annimmt.

Angehen lassen → Anschwitzen

Anlaufen lassen Österreichisch/schweizerisch für → Anschwitzen.

Anschwitzen In Fett leicht anbraten, sodass das Lebensmittel (z. B. Zwiebeln) nur Wasser abgibt und keine Farbe annimmt.

À point Auf den Punkt gebraten.

Aprikotieren Mit einer Aprikosenglasur (Aprikotur) versehen; diese besteht aus

(ggf. passierter) Aprikosenkonfitüre mit oder ohne Wasser, Zucker oder Zitronensaft. Sie dient zum einen als eine Art Isolierschicht zwischen Teig und Füllung bzw. Überzug, damit der Teig nicht durchweicht. Oder die Konfitüre wird auf Gebäck gestrichen, um ihm einen schönen Glanz zu verleihen und ein Austrocknen zu verhindern.

Arrosieren Fleisch, Geflügel, Wild oder Fisch während des Bratvorganges (vor allem im Ofen) mit dem Jus oder mit der Sauce übergießen, um ein Austrocknen zu verhindern.

Aufmontieren → Montieren

Aufschäumen Butter langsam erhitzen, bis sie großflächig schäumt, aber keine Farbe annimmt.

Ausbeinen Knochen aus dem Fleisch mit Hilfe eines kleinen, schmalen Messers entfernen, möglichst ohne die Fleischfasern zu verletzen.

B **Bain-Marie 1.** → Wasserbad **2.** Bezeichnung für Kochgeschirr-Kombination für das Garen im Wasserbad.

Bardieren Fleisch (v. a. Geflügel, mageres Fleisch oder Wild) mit dünnen Speckscheiben umwickeln, um ein Austrocknen beim Zubereiten zu verhindern.

Beize Gewürzte Flüssigkeit zum → Marinieren.

Bien cuit durchgegart, durchgebraten.

Binden Andicken von Flüssigkeiten wie Suppen, Saucen, Cremes durch Einrühren von Bindemitteln (z. B. Mehl, Stärkemehl, Mehlbutter, Sahne, Eigelb).

Blanchieren Lebensmittel in siedendem Wasser nur kurz kochen, um sie vorzugaren, von unerwünschten Geschmacksstoffen oder Verunreinigungen zu befreien, die appetitliche Farbe zu erhalten oder um Häute oder Schalen entfernen zu können.

Bläuen Frischen, ungeschuppten Fisch mit intakter Schleimschicht auf der Haut in kochendem Essigwasser garen, wodurch sich ein blauer Überzug auf dem Fisch bildet.

Bleu Roh, stark blutig.

Blind backen Bei saftigen oder flüssigen Kuchenbelägen sollte Mürbeteig vorgebacken werden. Dazu den Teig ausrollen, in die Form legen und mehrmals mit der Gabel einstechen. Die Oberfläche mit Backpapier belegen und mit trockenen Hülsenfrüchten beschweren. Etwa 15 Min. bei 200° (Umluft 180°) backen.

Bouquet garni Würzsträußchen, bestehend aus Lauch, Karotten, Sellerie, Petersilienstängel und Lorbeerblatt, zur Verfeinerung von Brühen und Saucen. Es wird vor dem Anrichten entfernt.

Brandteig Teig, der vor dem endgültigen Backen durch → Abbrennen zubereitet wird.

Brät Fein zerkleinerte, cremige Rohmasse aus Fleisch, Geflügel oder Fisch und Fettanteilen, teilweise gewürzt und gesalzen, die für Fleischfüllungen, Brühwürste oder Klöße verwendet wird.

Bridieren Fleischstücke, Fisch oder Geflügel mithilfe von Stäbchen, Klammern oder Küchengarn in Form bringen.

C

Charlotte Für diese Süßspeise wird eine Form mit Löffelbiskuit ausgelegt, mit Creme gefüllt, gekühlt und gestürzt.

Chiffonade Grüne Suppeneinlage aus streifig geschnittenen Salatblättern.

Confit Französisches Wort für Eintopf, oft im eigenen Sud eingelegte Geflügelteile.

Consommé Besonders kräftige klare Brühe (Fond) von Fleisch, Krustentieren, Fisch oder Geflügel.

Coulis Kalte Sauce aus Beeren, Früchten oder Gemüsen.

Court-Bouillon Sud aus aromatischen Gemüsen und Kräutern, häufig mit Essig oder Wein versetzt, zum Ansetzen von weißem Fleisch, aber auch von Meeresfrüchten oder Fisch.

Croûtons Kleine, rindenlose Weißbrotwürfel, die mit oder ohne Fett bei nicht zu starker Hitze goldgelb und knusprig geröstet werden.

D

Dampfgaren Im Dampf garen. Das Lebensmittel bzw. die Speise kommt also nicht mit einer Flüssigkeit in Berührung. Vitamine und der Eigengeschmack des Produktes bleiben so am besten erhalten.

Dressieren 1. In die ursprüngliche oder in eine gewünschte Form bringen, bei Geflügel mit Hilfe eines Fadens. 2. Schlagsahne, Kartoffel- und Gemüsepürees o. Ä. mit Spritzbeutel (Dressiersack) dekorativ anrichten.

Dünsten Bei nicht zu starker Hitze, mit wenig Fett oder im eigenen Saft im geschlossenen Geschirr garen.

E

Eierstich (Royal) Ei-Milch-Mischung, die im Wasserbad gegart wird.

Einbrenne → Mehlschwitze

Einkochen 1. → Reduzieren. 2. Kompott einmachen.

Einlage Beigabe zu Suppen, um sie geschmacklich aufzuwerten.

Entfetten Überschüssiges Fett auf Brühen bzw. Saucen entfernen, entweder durch Abschöpfen oder durch Aufsaugen mit einem Küchenpapier oder durch Abheben bei erkalteten Flüssigkeiten.

Essenz Stark eingekochte Brühe, konzentrierter Fond.

F **Farce** Füllung für Pasteten, Terrinen, Fleisch, Fisch, Krustentiere oder Gemüse, bestehend aus sehr fein gehacktem Fleisch, Fisch, Gemüse; pikant gewürzt und gebunden.

Filetieren 1. Bei Fisch: Auslösen von Rücken- und Bauchfilet an einem Stück. 2. Bei Zitrusfrüchten: Auslösen des Fruchtfleisches aus den Trennhäuten.

Fischfond Heller → Fond, bei dem die Zutaten nicht geröstet werden.

Fischsud Sud, in dem Fische gar gekocht werden.

Flambieren Gerichte mit der Würze hochprozentiger Spirituosen durch Abbrennen von deren Alkohol aromatisieren.

Flammeri Gekochte, kalt gestürzte Süßspeise, die hauptsächlich durch Aufkochen von Milch mit Stärke, Grieß oder Eiern zubereitet wird.

Flan Im Wasserbad gestockte Masse aus Eiern und Flüssigkeit. Man unterscheidet zwischen dem klassischen süßen Flan (aus Ei, Milch und Zucker) sowie dem pikanten Flan (aus Ei, Salz und Brühe oder püriertem Gemüse).

Fond Flüssigkeit, die beim Kochen beispielsweise von Fleisch und Knochen entsteht und das Aroma des Garguts angenommen hat. Sie bildet eine feine Basis für Suppen und Saucen.

Fondant Schneeweiße Zuckermasse, die form- und ausrollbar ist und zum Überziehen und Dekorieren von Torten und Kleingebäck (z. B. Petit Fours) dient.

Frittieren Speisen in reichlich heißem Fett oder Öl schwimmend goldbraun ausbacken.

G **Garnitur** Umlage eines Gerichts, Beigabe oder auch Einlage (bei Saucen und Suppen), die oft den Namen des Gerichts mitbestimmt.

Garpunkt Zeitpunkt der optimalen Garstufe, die je nach Gericht (z. B. Steaks) unterschiedlich sein kann.

Glace Stark eingekochte, ungesalzene Brühe von Fisch, Meeresfrüchten, Kalb-, Geflügel- oder Wildfleisch zur Verbesserung von Saucen oder zum Überglänzen von Speisen. Erkaltet ist die Glace so fest, dass sie aufgeschnitten werden kann.

Glacieren/glasieren Speisen mit → Glace (oder anderen Überzügen wie Schokolade) bestreichen oder mit Eis überziehen.

Gratinieren Ein Gericht im Backofen bei Oberhitze oder unter dem sehr heißen Grill überbacken, sodass es eine braune Kruste bekommt.

Grillen Mit oder ohne Fettzugabe bei Strahlungshitze (etwa 350°) im (Elektro-) Ofen, unter dem Gasgrill oder über Holzkohlenglut garen und bräunen.

J **Julienne** Feinste Streifen von Gemüse, Zitrusfruchtschalen, Schinken, Geflügelfleisch als Einlage oder Beilage.

Jus Reiner Fleisch- oder Bratensaft, brauner → Fond.

K **Kandieren** Früchte in Zuckersirup so lange köcheln lassen, bis diese sich mit dem Sirup vollgesogen und einen Zuckermantel umgelegt haben.

Karamellisieren 1. Zucker schmelzen und dabei bräunen lassen. 2. Mit zu Karamell gekochtem Zucker überziehen.

Karkassen Das nach dem Tranchieren zurückbleibende Knochengerüst samt eventuell anhaftender Fleisch- und Hautreste, speziell von Geflügel und Fischen, sowie die ausgenommenen Panzer von Krustentieren.

Kasserolle Schmortopf mit Stiel.

Kerntemperatur Temperatur im Inneren des Gargutes. Damit kann man feststellen, ob das Lebensmittel durchgegart ist.

Kutter Maschine zum Zerkleinern von rohen Produkten.

Köcheln lassen Eine Flüssigkeit bei schwacher Hitze gerade eben am Sieden halten.

 Legieren → Binden.

Marinade Mit Kräutern und Gewürzen versetzte Flüssigkeit zum Würzen, Haltbar- und Mürbemachen von Fleisch und Fisch. Auch Salatsaucen werden als Marinaden bezeichnet.

Marinieren In Marinade einlegen.

Medium Rosa, mittel gebraten.

Medium well Auf den Punkt gebraten.

Mehlbutter (Beurre manié) Butter-Mehl-Gemisch im Verhältnis 1:1 zum Binden von Saucen und Suppen.

Mehlschwitze Eine Mischung aus erhitztem Fett und Mehl, wird zum Binden von Suppen und Saucen verwendet. Man unterscheidet zwischen weißer, blonder und brauner Mehlschwitze, je nach Bräunungsgrad des Mehls.

Mirepoix Gemüse, das zum Rösten verwendet wird und damit dem Würzen von Suppen und Saucen dient. Die Zusammensetzung des Gemüses ist nicht festgelegt. Meist besteht es aus klein geschnittenen Möhren und Zwiebeln, eventuell auch aus Staudensellerie, Schinken, Speck und Kräutern.

Montieren Eine Suppe oder Sauce mit Stückchen von kalter Butter aufschlagen, um sie leicht anzudicken und geschmacklich zu verfeinern.

Nadelprobe Einstechen eines Bratens (auch von dicken Stücken Fisch bzw. Krustentieren) mit einem dünnen Rouladenspieß, um festzustellen, ob das Fleisch bereits durch ist. Anschließend wird die Temperatur an der (sehr temperaturempfindlichen) Unterlippe gefühlt. Garprobe, bei der man den Braten weder anschneiden muss noch ein Bratenthermometer benötigt, die allerdings ein wenig Erfahrung verlangt.

Niedrigtemperaturgaren Moderne und schonende Garmethode für Fleisch, Geflügel und Fisch bei Temperaturen zwischen 80° und 120°.

Nussbutter Hell gebräunte und passierte flüssige Butter mit nussigem Geschmack.

Panade Bindemittel und Verfeinerung für Füllungen, z. B. Mehlpanade oder Brotpanade.

Panieren Ein Lebensmittel vor dem Frittieren, Grillen, Braten entweder in Ausbackteig wenden oder durch verquirltes Ei (flüssige Butter oder Milch) ziehen, in Mehl und/oder Semmelbrösel oder Ähnlichem wenden. Die Umhüllung nennt man Panierung.

Parfümieren Einem Gericht durch einen Aromaträger (z. B. Obstbrand, Likör, Vanille) eine zusätzliche Geschmacksnote verleihen.

Parieren Fleisch, Fisch, Meeresfrüchte von nicht essbaren Teilen befreien und gleichmäßig zurechtschneiden.

Passieren Flüssigkeit durch ein feines Sieb oder ein Tuch gießen, streichen oder drücken.

Pastete Oberbegriff für Terrinen, Galantinen usw. Zumeist wird damit allerdings eine im Teigmantel gebackene Farce – mit und ohne feste Einlagen – verstanden.

Pie Sammelbegriff für englische Pasteten (süß und pikant), die unter einer Teigkruste gebacken werden.

Pochieren In reichlich Flüssigkeit unter dem Siedepunkt (70–95°) garen; die Flüssigkeit darf nicht zum Wallen kommen. Besonders schonende Garmethode insbesondere für Eier, Klöße, geräuchertes Fleisch, Geflügel, Fisch, Austern.

Pürieren Durch Zerdrücken oder Mixen mit einem Pürierstab bzw. im Mixer zu Mus verarbeiten.

R **Rare** Stark blutig gebraten.

Reduzieren Flüssigkeiten wie Fonds, Suppen oder Saucen auf die gewünschte Konzentration einkochen, auch sämig kochen; verstärkt den Geschmack.

Röstgemüse → Mirepoix

Rosa braten Fleisch so durchziehen lassen, dass es beim Aufschneiden nicht mehr blutet, aber trotzdem nicht durchgebraten ist.

Rosé Rosa, mittel gebraten.

Rüsten Schweizerisch. Alle Vorgänge, die dazu dienen, Gemüse, Früchte und Salate für das Zuschneiden oder den Gebrauch vorzubereiten: Waschen, Putzen und Schälen inkl. dem Entfernen von Fruchtsteinen, Kernen, Kerngehäusen.

S **Saignant** Blutig gebraten.

Sauteuse Unbeschichteter Topf/unbeschichtete Pfanne zum → Sautieren.

Sautieren Kleine Fleisch-, Fisch- oder vorgegarte Gemüsestückchen in wenig Fett und unter ständigem Rühren im offenen Kochgeschirr garen bzw. fertig garen.

Schmoren In Fett anbraten und bräunen und mit anschließender Flüssigkeitszugabe im geschlossenen Topf fertig garen.

Sieden Im Topf ohne Deckel garen, wobei das Wasser knapp unter dem Siedepunkt gehalten wird.

Spicken Mageres Fleisch mit Speckstreifen durchziehen; das verhindert, dass es beim Garen austrocknet.

T **Temperieren** 1. Schonendes Erwärmen oder Abkühlen von Flüssigem. 2. Kuvertüre durch wechselweises Erwärmen und Abkühlen so auf Verarbeitungstemperatur bringen, dass sie in erstarrter Form schön glänzt und hart, aber nicht brüchig ist. Eine einfache Methode besteht darin, 4/5 der Schokolade zu schmelzen (die flüssige Schokolade hat dann etwa 40°). Dann die restliche Schokolade gerieben nach und nach einrühren, sodass sie sich auflöst, die Schokoladenmasse insgesamt etwas abkühlt und etwas fester wird. Ideale Temperatur für dunkle Kuvertüre 31–32°, für Milchschokolade 29–30° und für weiße Schokolade 27–28° (Speisethermometer verwenden).

Terrine Unverhüllte Farce, die in eine mit Speckstreifen oder Folie ausgelegte Spezialform gefüllt und im Wasserbad im Ofen gegart wird.

Tranchieren Fleisch, Geflügel, Fisch zum Anrichten in Scheiben schneiden bzw. in Stücke zerlegen.

U **Underdone** Blutig gebraten.

Unterheben Geschlagenes Eiweiß oder geschlagener Rahm mit dem Schneebesen vorsichtig unter eine Masse ziehen.

V **Vinaigrette** Klassische Salatsauce aus Essig und Öl, Salz und Pfeffer und ggf. Kräutern, Zwiebeln oder Knoblauch.

W **Wasserbad** Heißes oder kaltes Wasser in einem Gargeschirr, in das ein kleineres Gefäß hineingestellt werden kann, in dem sich eine zu garende, zu kühlende, zu stockende Speise befindet.

Well done Durchgebraten

Wurzelsud Sud mit Wurzelgemüse (Möhren, Petersilienwurzel, Knollensellerie) und Lauch mit Zwiebeln, Pfefferkörnern, Gewürznelken und Lorbeerblatt zum Pochieren von Fleisch oder Fisch.

Z **Zeste** Dünn abgeschältes Stück Schale von Zitrusfrüchten; enthält aromatisches Zitrusöl.

Ziehen lassen Lebensmittel in Flüssigkeit bei sehr kleiner Hitze (weiter-)garen.

Ziselieren 1. Gemüse oder Früchte einkerben. 2. Fleischstücke oder Fische (mit Haut) einschneiden, damit sie beim Garen nicht aufreißen, platzen oder ungleichmäßig garen.

Österreichische und Schweizer Begriffe

Finden Sie hier häufige Lebensmittel, Zutaten und Speisen und deren Bezeichnung in Österreich bzw. in der Schweiz. Regional können durchaus noch weitere und abweichende Begriffe vorkommen, insbesondere dort, wo starker Dialekt gesprochen wird. In Grenzregionen sind gegebenenfalls die Begriffe des Nachbarlandes geläufiger.
Insbesondere in der Schweiz gibt es auch eine Vielfalt an französischen und italienischen Küchenbegriffen, die hier nicht aufgenommen wurden.

Österreichisch	Deutsch
Aschanti	Erdnuss
Beuschel	Lunge
Biskotten	Löffelbiskuit
Blunze/Blunzn	Blutwurst
Dampfl	Hefevorteig
Eierschwammerl	Pfifferling
Eierspeis	Rührei
Einbrenn, Einmach	Mehlschwitze
Erdäpfel	Kartoffel
faschierte Laibchen	Frikadellen
Faschiertes	Hackfleisch
Fisolen	grüne Bohnen
Fleischvögerl	Rouladen
Frankfurter	Wiener Würstchen
Gefrorenes	Eiscreme
Germ	Hefe
Geschnetzeltes	Ragout
Geselchtes	Geräuchertes
Grammeln	Grieben
Häuptelsalat	Kopfsalat
Henderl, Hendl	Hähnchen
Karfiol	Blumenkohl
Knackwurst, Knacker	Bockwurst
Knödel	Klöße
Kohl	Wirsing
Kohlsprossen	Rosenkohl
Kren	Meerrettich
Kukuruz	Mais
Lungenbraten	Filet (Rinderfilet)
Marille	Aprikose
Melanzani	Aubergine
Streichwurst	Teewurst, Mettwurst
Neugewürz	Piment
Palatschinken	Pfannkuchen
Paradeiser	Tomate
Pfefferoni	Chilischote
Powidl	Pflaumenmus
Quargel	Sauermilchkäse
Rahm, Sauerrahm	saure Sahne
Ribisel	Johannisbeere
Rote Rübe	Rote Bete
Rotkraut/Blaukraut	Rotkohl
Schlagobers	Sahne/Schlagsahne
Schöpsernes	Hammelfleisch
Schwammerl	Pilz
Schwarzbeere, Moosbeere	Blaubeere, Heidelbeere
Schweinsstelze	Eisbein
Selchkarree, -ripperl	Kassler
Semmel	Brötchen
Semmelbrösel	Paniermehl
Siedfleisch	gekochtes Rindfleisch
Staubzucker	Puderzucker
Sulz	Aspik
Topfen	Quark
Vogerlsalat	Feldsalat
Weichsel	Sauerkirsche
(Weiß-)Kraut	Weißkohl
Zeller, Sellerie	Sellerie
Zwetschken	Pflaumen

Schweizerisch	Deutsch
Angge, Anke	Butter
Baumnuss	Walnuss
Bratbutter	Butterschmalz
Bratherdäpfel	Bratkartoffeln
Brühteig	Brandteig
Cervelat	Bockwurst
Egli	Barsch
Eierschwamm	Pfifferling
Fleischvogel	Roulade
geräuchertes Rippli	Kasseler
Geschwellte	Pellkartoffel
Kartoffelstock	Kartoffelpüree
Nierstück	Lende
Nüsslisalat	Feldsalat
Peperoni	Paprikaschoten
Peterli	Petersilie
Pleurotus	Austernseitling
Poulet, Güggeli	Hähnchen
Radiesli	Radieschen
Ragout	Ragout/Gulasch
Rahm	Sahne
Rüebli	Möhren
Schüfeli	gebratene Schweineschulter
Spätzli, Chnöpfli	Spätzle
Streichwurst	Mettwurst, Teewurst
Sulz	Aspik
Voressen	Ragout
Weggli, Semmeli	Brötchen
Wirz	Wirsing

Sachregister

Abendessen 222
Aceto balsamico 150
Agar-Agar 155
Aflatoxine 68
Allesschneider 28
Amarant 51
Ananas 69
Antihaftbeschichtung 13, 15
Aperitif 167, 230
Aquakultur 105
Artischocken 78
Asia-Nudeln 58
Auberginen 78
Austern 108, 113
Avocado 69
Avocado-Dip 193

Backferment 62
Backformen 14 f.
Backformen einfetten 210, 213
Backofen
  -kauf 22 f.
  Pyrolyse 23
  Temperatur 23, 202
  Umluft 23
Backofen s. a. Ofengaren
Backtriebmittel 62
Backzubehör 15
Bananen 69
Bardieren 124, 133
Barrique 166
Basilikum 92, 194
Basmatireis 50
Béchamelsauce 196, 208
Beerenobst 67
Beinscheiben 119
Besteck 221, 234
Bier 169 f., 230

Bio
  -Fisch 105
  -Fleisch 123
  -Lebensmittel 38, 71
  -Marken 38
  -Siegel 38f
Biskuitteig 178, 210 f.
Blätterteig 210
Blattgemüse 77
Blaukochen 110
Blind backen 179
Blüten, essbare 94
Blütengemüse 77
Brandgefahr 40
Braten
  Entenbrust 135
  Entrecôte 126
  Fisch 110
  Fleisch 129, 136
  Geflügel 135
  Pannenhilfe 204 f.
Bratkartoffeln 189
Bries 130
Brot 60 ff., 210
Brotbackautomat 62
Brühe 190, 204
Brühe s. a. Fond
Brunch 222
Buchweizen 51
Büfett 225, 229
Bulgur 48 f.
Butter 152, 201, 215
Buttercreme 210
Buttermilch 142
Butterschmalz 152

Cannelloni 204
Champagner 167
Champignons 81
Couscous 48 f.

Dämpfen 110, 136
Dampfgarer 24
Dekantieren 231
Dickmilch 142
Digestif 167, 230
Dinkel 48 f., 55
Dip
  Avocado- 193
  Frischkäse- 193
  Kichererbsen- 193
Dressing
  Vinaigrette 192
  Edelpilzkäse- 192
  Joghurt- 192
Dunst 56
Dünsten 110, 136

Edelpilzkäse-Dressing 192
Eier 146 f., 216
  aufbewahren 146
  Code 146
  kochen 147
  Mayonnaise 194
  Pannenhilfe 206
  Pfannkuchen 183
  Rührei 188
  Salmonellen 147
  Sauce Béarnaise 197
  Sauce Hollandaise 197
  Saucen binden 201
  Spiegelei 188
  Tischknigge 237
  Vanillesauce 198
  Weinschaumsauce 199
Eierkocher 28
Eiernudelteig 184
Eierstich 188
Einfrieren 87, 94
  Bohnen 87
  Fisch 101
  Gemüse 206

Getreide 52
Kräuter 93
Wild 133
Einkauf 34
Planung 233
Wein 163
Internet 34
Lieferservice 34
Einkochen 87
Einladungen 222
Einlegen
in Essig 87, 93
in Öl 87, 93
milchsauer 87
Einmachen 73, 87
Einstand feiern 222
Eischnee 210
Eiweiß 216
Elektroherd 11, 20
Empfang geben 222
Englische Creme 198
Entenbrust 135
Entrecôte 119, 126
Essig 87, 93, 149
Exoten 67, 69

Fair Trade 175
Fastenbier 169
Feigen 70
Fenchel 78
Feste 222 ff.
Fett 152, 203
Filet 119, 121, 127
Fingerbowle 226
Fisch
ausnehmen 107
-besteck 221
Bio- 105
einfrieren 101
filetieren 106, 114
-fond 196

Frischemerkmale 100
Gesundheit 102
Lagerung 101
Ökologie 105
Pannenhilfe 206
Qualität 100
-rogen 109
Saison 103
Schonzeiten 103
schuppen 107
Sushi 102
vorbereiten 106
zubereiten 110 ff.
Flecken entfernen 216 f.
Fleisch
-fehler 123
garen 128 f.
kochen 129, 136
lagern 123
Pannenhilfe 206
Qualität 123
schneiden 124
-schnitte 118, 120, 122
-thermometer 19
zubereiten 124, 136 f.
Fond 191
Fond s.a. Brühe
Fondue 29
Forelle 98
Frischkäse 144
Frischkäse-Dip 193
Frittieren
Fisch 111
Fleisch 137
Pannenhilfe 210
Früchtetee 171
Fruchtgemüse 77
Fruchtsaft 160 f.

Gänge-Menü 225
Garmethoden

Fisch 110 ff.
Fleisch 128, 136 f.
Meeresfrüchte 110 f.
Wild 132 f.
Garnelen 108, 113
Garprobe
Fisch 115
Geflügel 134
Steaks 126 f.
Gasherd 11, 20 f.
Gedeck 225
Geflügel
füllen 135
garen 134 f.
Hygiene 134
tranchieren 135
Geflügelbrühe 190, 196
Gefriergeräte 26 f.
Gelatine 155, 204, 212, 216
Geliermittel 154 f.
Gemüse 77
einfrieren 87, 206
Etylen 68
-fond 191
konservieren 87
Lagerung 77
Pannenhilfe 206
-saft 161
Saisonkalender 84 f.
Saucen binden 201
vorbereiten 78 ff.
Gerste 48
Geschirr 221, 229
Getränke 230, 233
Getreide 48 ff.
einfrieren 52
garen 52
Haltbarkeit 57
keimen lassen 53, 89
Mehltypen 55
-mühle 28

Pseudogetreide 51
-sorten 50
Gewürze (Tabelle)151
Gläser 221, 226, 231
Glasnudeln 58
Gluten 48
Granatapfel 69 f.
Graupen 57
Grieß 56
Grießbrei 183
Grillen 41, 111, 137
Grüner Tee 172
Grünes Pesto 194
Grünkern 48 f.
Grütze 57
Guacamole 193
Guave 69

Hackbällchen 206
Hackfleisch 120
Hafer 48
Haltbarkeit 36,140
Handelsklassen 36
Hartkäse 144
Hartweizen 48, 58
Haselnüsse 72
Hecht 98
Hefe 62
Hefeteig
    Brot 181
    Pannenhilfe 212
    Pizza 181
    süßer 180
Heißer Stein 29
Herde 11, 20
Hering 99
Herz 130
Hirn 130
Hirse 48 f.
Hochzeit feiern 222
Homogenisierung 141

Honig 155, 206
Hülsenfrüchte 77 f., 89
Hummus 193
Hygiene 30

Induktionsherd 11, 20 f.
Innereien 130
Internetversand 34

Jakobsmuscheln 108
Jod 102
Joghurt 142
Joghurt-Dressing 192
Jubiläum feiern 222

Kabeljau 99
Kaffee 174
Kakao 175
Kaki 69
Kaktusfeige 70
Kalbfleisch 118 f.
Kalbschnitzel 119, 125
Kamut 58
Kandieren 87, 94
Karambole 69
Karamellsauce 199
Kartoffelbrei 189
Kartoffeln 82 f.
    Bratkartoffeln189
    Kartoffelbrei 189
    kochen 206
    lagern 82
    Pommes frites 208
    Tischknigge 237
    -sorten (Tabelle) 83
Käse 144 f.
Käsefondue 29
Kastanien 72
Kaviar 109
Kefir 142
Kernobst 67

Kichererbsen-Dip 193
Kinder in der Küche 44
Kiwi 69, 70
Kleie 56
Knollengemüse 77
Kohlgemüse 77
Konserven 35
Konservieren
    Gemüse 87
    Kräuter 93
    Obst 87
Koteletts 121 f.
Kräuter 91 ff.
    einfrieren 93
    ernten 92
    Grünes Pesto 194
    konservieren 93
    Kräuterbutter 195
    Saisonkalender 95
    Sauce Béarnaise 197
    selbst ziehen 92
    Tipps 94
Kräuterbutter 195
Kräutertee 171
Kuchen backen 212
Küchenmaschine 28
Küchenwaage 28
Küchenwerkzeug 18
Kühlschrank 26 f.
    abtauen 27, 37
    -geruch 217
    Lagerung im 27, 37
Kurzbraten   Braten

Lachs 98
Lagerung
    Brot 63
    Fisch 101
    Fleisch 123
    Kartoffeln 82
    Kühlschrank 27, 37

Meeresfrüchte 101
Nüsse 68
Obst 68
Wein 166
Laktoseintoleranz 141
Lammfleisch 122
Langkornreis 50
Lauch 78
Leber 130
Legieren 201
Lende 121
Likör 168
Limonade 162

Mais 48, 183
Makrele 99
Mandeln 72
Mango 69, 70
Mangold 79
Margarine 152
Marinieren 124, 209
Matétee 171
Mayonnaise 195, 207
Meeresfrüchte
    auslösen 113
    Frischemerkmale 100
    lagern 101
    Qualität 100
    vorbereiten 108
    zubereiten 110 f
Mehl 56 f.
    -butter 200
    -schwitze 200
    -typen 55
Mengenangaben 232
Menü
    -abfolge 228
    Getränke 230
    -planung 228, 232
    Weinauswahl 231
Messer 16 f.

Messerbänkchen 226
Miesmuscheln 104, 113
Mikrowelle 25
Milch 140, 207
    Fettgehalt 141
    Haltbarkeit 140
    laktosefreie 141
    Pannenhilfe 217
Milcherzeugnisse 142
Milchmischgetränke 141
Milchreis 182
Milchsauer einlegen 87
Mindesthaltbarkeitsdatum 36
Mineralwasser 158
Mittagessen 222
Mixer 28
Möhren 87
Molke 142
Montieren 201
Morcheln 81
Mürbeteig 179, 213
Muscheln 104, 108, 113

Niedrigtemperaturgaren 129, 137
Nieren 130
Nudelmaschine 28, 184
Nudeln 58 f.
    aromatisieren 207
    aufwärmen 207
    ausrollen 184
    Eiernudelteig 184
    essen 236
    färben 185
    formen 184
    kochen 185
    Pannenhilfe 207, 209
Nüsse 67 f., 72

Obst
    einfrieren 73
    einkochen 73

Etylen 68
Genussreife 69
konservieren 73, 87
lagern 68
Mus kochen 73
Saisonkalender 74 f.
vorbereiten 70 ff.
Obstarten 67
Obstflecke 217
Obstkuchen 213 f.
Ofengaren
    Entenbrust 135
    Fisch 111
    Fleisch 128 f., 136
    Wild 132
Ökologie 105
Okraschoten 79
Öl 152 f.
    aromatisieren 207
    Mayonnaise 195
    Mengenangaben 203
    Einlegen in 87, 93
    Olivenöl 207
    (Tabelle) 153
Omega-3-Fettsäuren 102
Ostfriesentee 173

Panieren 125, 208
Papaya 69 f.
Paprikaschoten 79, 87, 208
Parboiled Reis 50
Party 222
Passionsfrucht 69
Pasteurisierung 140
Pesto 194
Pestizide 71
Pfannen 13 f.
Pfannkuchen 183, 208
Pfifferlinge 81, 87
Pfirsiche 70
Pilav-Reis 50

Pils 170
Pilze 77, 81
Plattfische 115
Plätzchen 213
Pochieren 110
Polenta 183
Portionsgrößen 232
Pseudogetreide 51
Putzmittel (Tabelle) 32
Pyrolyse 23

Qualität
    Fisch 100
    Fleisch 123
    Handelsklassen 36
    Wein 163
Quark-Öl-Teig 178
Quellreis 50
Quinoa 51

Raclette 29
Reduzieren 200
Regenbogenforelle 98
Rehkeule 132
Rehrücken 131
Reinheitsgebot 170
Reis 50
    aufwärmen 207
    garen 50
    Milchreis 182
    Risotto 182
    Wildreis 51
Resteverwertung 215, 217
Rinderfond 191
Rindersteaks 126
Rindfleisch 118 f.
Risotto 50, 182
Roggen 48, 55, 60 f.
Rohmilch 141
Rollgerste 57
Rooibos-Tee 171

Rosé 163
Rosenkohl 89
Rotes Pesto 194
Rotwein 164, 231
Rotweinflecke 217
Rouladen 124
Rührei 188
Rührteig 179, 212
Rundfische 114

Saft 160 f.
Sahne 214
Sahneprodukte (Tabelle) 143
Saibling 98
Saison
    Fisch 103
    Miesmuscheln 104
    Wild 131
Saisonkalender
    essbare Blüten 94
    Gemüse 84 f.
    Kräuter 95
    Obst 74 f.
    Salate 88
Salate 77, 88, 237
Salatsauce s. Dressing
Salatschleuder 19
Salmonellen 147
Salz 87, 112, 149, 208
Salzwasserfische 99
Sardine 99
Sauce Béarnaise 197
Sauce Hollandaise 197, 208
Saucen
    Béchamelsauce 196, 208
    binden 198, 200 f.
    Grünes Pesto 194
    Karamellsauce 199
    Mayonnaise 195, 207
    Pannenhilfe 204 f., 208
    Rotes Pesto 194

    Sauce Béarnaise 197
    Sauce Hollandaise 197, 208
    Schokoladensauce 199
    Tomatensauce 197
    Vanillesauce 198
    Weinschaumsauce 199
    Weißweinsauce 196
Saucenbinder 200
Sauermilchkäse 144
Sauerteig 181, 62
Schädlinge 31
Schalenobst 67
Schaumwein 167
Schimmel 63
Schmelzkäse 144
Schmoren 129, 137
Schnellkochtopf 11, 24
Schnittkäse 144
Schnitzel 119, 121, 125
Schokolade 175, 207 f., 214
Schokoladenbrunnen 29
Schokoladensauce 199
Scholle 99, 115
Schonzeiten 103, 131
Schrot 56
Schwarzwurzeln 79
Schweinefleisch 120 f.
Seelachs 99
Sekt 167
Semmelbrösel 125, 201
Senf 150
Servietten 224, 235
Sharonfrucht   Kaki
Sicherheit 40 ff.
    Brandgefahr 40
    Brennendes Fett 40
    Geprüfte Sicherheit 43
    Grillen 41
    Kinder 44
    Strom 43 f.
    Unfallvermeidung 42 ff.

Silikonbackformen 15
Sitzordnung 227
Sojaprodukte 148 ff.
Sojasauce 150
Solanin 82
Spargel 80, 237
Spätzle 58, 185
Spätzlereibe 19
Speck 112, 121, 124, 133
Speisestärke 57, 200
Spiegelei 188
Spirituosen 168
Sprossen 53, 89
Spülmaschine 33
Stammwürze 170
Steaks 126 f.
Stehparty 229
Steinobst 67
Sterilisierung 140
Südfrüchte 67, 69
Suppenfleisch 119, 129, 136
Sushi 102
Süßkartoffeln 82
Süßstoff 154
Süßwasserfische 98

Tafelspitz 119
Tee 171 ff.
Teeflecken 217
Teigwaren 58 f.
Tempeh 148
Thunfisch 99, 102
Tiefkühlen 87
Tiefkühlkost 35, 73, 214
Tintenfisch 109
Tischdekoration 225
Tischknigge 234 ff.
Tischrede 237
Tofu 148
Tomaten 80, 194
Tomatensauce 197

Töpfe 11
Topinambur 80
Tranchieren 135
Trifle 210

Umluftherd 23
Umrechnungstabellen 202
Umweltsiegel 105
Unfälle
    Verbandkasten 45
    Verbrennungen 40 f., 44
    Vergiftungen 44
    Verletzungen 44
    Vermeidung 42 f.

Vanillesauce 198
Vanilleschote 214
Verbandkasten 45
Verbrauchsdatum 36
Verbrennungen 40 f., 44
Vergiftungen 44
Verletzungen 44
Verschnitt 166
Vinaigrette 192
Vollkornbrot 60
Vollkornreis 50
Vollkornteigwaren 58
Vorräte 35
Vorzugsmilch 141

Waffeleisen 28
Waffeln 214
Walnüsse 209
Wasser 158 f., 236
Wasserfilter 159
Wasserkocher 28
Wasserreis 50
Weichkäse 144
Weichweizen 48, 58
Wein 163 ff., 230 f.
    Auswahl 166

Herkunft 163
-probe 163
Qualität 163
Rotwein 164, 231
Schaumwein 167
Tischknigge 234
Trinktemperatur 164
Weintrauben 164
Weißwein 164
Weinschaumsauce 199
Weißwein 164
Weißweinsauce 196
Weißwurst essen 236
Weizen 48, 55, 60 f.
Wels 98
Whisky 168
Wiener Schnitzel 125
Wildbret 132
Wildfleisch 131 f.
Wildgeflügel 131, 133
Wildhasenrücken 131
Wildlachs 98
Wildreis 51
Wildschwein 131
Wok 13, 111, 137
Wolfsbarsch 99
Wurzelgemüse 77
Würzmittel 35, 149 f.
Würzsaucen 150

Zahnstocher 237
Zander 98
Ziegenfleisch 122
Zitrone 71, 209
Zitrusfrüchte 67, 69, 71
Zöliakie 48
Zubereitung (Garmethoden) 110 f., 128 f.
Zucker 154, 214
Zunge 130
Zur Rose abziehen 198
Zwiebelgemüse 77
Zwiebeln 80, 209

Literatur, Internetadressen und Bezugsquellen

Die Literaturverweise und Links stellen keine vollständige Abhandlung aller zu den erwähnten Themen möglichen Referenzen dar. Verlag oder Autorin können keine Haftung für die Inhalte der erwähnten Internetseiten übernehmen.

Kapitel 1: Küche und Einkauf
• Küchenhelfer. Auswertungs- und Informationsdienst für Ernährung, Landwirtschaft und Forsten (aid) e. V., 1997
• Chemie in Haus und Garten. Günter Vollmer und Manfred Franz, Georg Thieme Verlag, Stuttgart, 1994
• www.kindersicherheit.de
Bundesarbeitsgemeinschaft Mehr Sicherheit für Kinder e. V.: Umfassende Informationen zur Kindersicherheit im Haushalt

Kapitel 2: Getreide
• www.slowbaking.de
SlowBaking – Backen mit Zeit für Geschmack e. V., Infos über den Verein, über dessen Ziele und Arbeit, außerdem Adressen von Mitgliedsbäckereien

Kapitel 3: Obst und Gemüse
• Das große Buch vom Obst. TEUBNER, München, 2002
• Das große Buch vom Gemüse. TEUBNER, München, 2002
• Küchenkräuter und Gewürze. Auswertungs- und Informationsdienst für Ernährung, Landwirtschaft und Forsten (aid) e. V., 2008
• Kräutergarten. Jolanda Englbrecht, GRÄFE UND UNZER, München, 2005

Kapitel 4: Fisch und Meeresfrüchte
• Das große Buch vom Fisch. TEUBNER, München, 2005

• Das große Buch der Meeresfrüchte. TEUBNER, München, 2005
• www.greenpeace.de/themen/meere
Informationen über die Umweltauswirkungen der kommerziellen Meeresfischerei
• www.msc.org
Website des Marine Stewardship Council mit vielen Fakten rund um Fisch

Kapitel 5: Fleisch, Geflügel und Wild
• Das große Buch vom Fleisch. TEUBNER, München, 2006
• Das große Buch vom Wild. TEUBNER, München, 2007
• www.schweizerfleisch.ch
Branchenorganisation der Schweizer Fleischwirtschaft

Kapitel 6: Eier, Milch, Käse und Gewürze
• Handbuch Käse. TEUBNER, München, 2007
• Das kulinarische Handbuch der Gewürze. Sally Morris und Lesley Mackley, Christian Verlag, München, 1999
• www.was-steht-auf-dem-Ei.de
Informationen zur Eier-Kennzeichnung vom Verein für kontrollierte alternative Tierhaltungsformen e.V. (KAT)

Kapitel 7: Getränke
• Wine Basics. Reinhardt Hess, GRÄFE UND UNZER, München, 5. Auflage 2007
• www.mineralwasser.com
IDM-Informationszentrale Deutsches Mineralwasser
• www.brauer-bund.de
Deutscher Brauer-Bund e. V.

Kapitel 8: Grundrezepte
Kapitel 9: Pannenhilfe
• Kochen! Hrsg. Sebastian Dickhaut und Sabine Sälzer, GRÄFE UND UNZER, München, 5. Auflage 2007

• Backen! Hrsg. Sebastian Dickhaut und Christina Kempe, GRÄFE UND UNZER, München, 1. Auflage 2005

Kapitel 10: Menü und Gäste
• Ess- und Tisch-Knigge. Ute Witt, GRÄFE UND UNZER, München, 3. Auflage 2007
• Gastgeber-Knigge. Elisabeth Bonneau, GRÄFE UND UNZER, München, 2005

Allgemeine Informationen
• Das Teubner Handbuch Kochen. TEUBNER, München, 2005
• www.test.de
Stiftung Warentest, Berlin
www.öko-test.de
ÖKO-TEST Verlag GmbH, Frankfurt am Main
Beide Institutionen bieten Informationen, Vergleichstests und Produktempfehlungen zu Themen in Haushalt, Küche und Lebensmitteln
• www.aid.de
www.was-wir-essen.de
Websites des aid Infodienstes Verbraucherschutz, Ernährung, Landwirtschaft e.V.
• www.cma.de
Informationen der CMA (Centrale Marketing-Gesellschaft der deutschen Agrarwirtschaft mbH) zu deutschen Agrarprodukten
• www.das-ist-drin.de
Informationen zu E-Nummern und Inhaltsstoffen; Kalorienrechner

Besondere Lebensmittel
• www.naturkost.de
Ladenadressen, Versender von Naturkost Bundesländer- oder Postleitzahlensuche
• www.gemuesekiste.de
Anbieter von Naturkost-Lieferservices, nach Bundesländern
• www.bennetts.de
Anbieter von Exotenfleisch

Kochlust pur

Bunte Küchenwelten für alle – So macht Kochen richtig Spaß

ISBN 978-3-7742-6396-3
624 Seiten | 12,95 € [D]

ISBN 978-3-8338-0957-6
144 Seiten | 14,90 € [D]

ISBN 978-3-8338-1381-8
192 Seiten | 16,90 € [D]

ISBN 978-3-8338-1045-9
104 Seiten | 14,90 € [D]

Das macht sie so besonders:

- Kompetent – Alles, was Köche wissen müssen
- Praxisnah – Know-how mit Gelinggarantie
- Inspirierend – Genießerrezepte vom Feinsten

Willkommen im Leben.

powered by GU

Einfach göttlich kochen und himmlisch speisen? Die passenden Rezepte, Küchentipps und -tricks in Wort und Film finden Sie ganz einfach unter: www.küchengötter.de

Die Autorin

Claudia Lenz, Jahrgang 1968, lebt mit ihrer Familie in Essen. Nach ihrem Ökotrophologie-Studium in Weihenstephan und Lehrjahren in einer renommierten Food-PR-Agentur machte sie sich selbstständig. Schwerpunkt ist die Arbeit als Redakteurin, Lektorin und Producerin für Kochbücher sowie für Sachbücher zu Ernährung und Gesundheit. Sie entwickelt darüber hinaus Rezepte der modernen, unkomplizierten Alltagsküche – für Kochbücher und Kunden aus der Nahrungsmittelwirtschaft – und arbeitet als Referentin für lebensmittelkundliche Themen. Bei den Arbeiten an diesem Buch wurde sie unterstützt von Gudrun Mach, die konzeptionell als auch textlich mitwirkte und unermüdlich auch die kniffligsten Fragen recherchierte.

Die Fotografin

Barbara Bonisolli beschäftigt sich seit Jahren mit Ess- und Trinkbarem. In ihrem Studio im Herzen Münchens fotografiert die leidenschaftliche Köchin für Bücher, Magazine und Kampagnen. Für die Fotos in diesem Buch halfen ihr im Studio Anja Prestel (Fotoassistenz), Alex Kühn und Silvio Knezevic (Foodstyling). Die Fotografin dankt dem Geschäft KOCHGUT für das Verleihen von Requisiten (www.kochgut-muenchen.de).

Bildnachweis

Michael Brauner 26/1; Klaus-Maria Einwanger 136/1 u. 2, 136/5 u. 5, 137/5; Eising Foodfotography 137/1 u. 2, Foodfoto Teubner 50 re., 59/1-3, 69/1-3, 70/1-5, 71/1-3, 72/1-3, 73/1-3, 78/1-3, 79/1-3, 80/1-5, 81/1-3, 89, 93/1 u. 2, 96, 98/ 1, 3-7, 99 1-8, 100/1-3, 101, 103, 104/1-3, 106/1-5, 107/1-3, 108/3-5, 109/1-4, 110/2, 111/1 u. 2, 112/1 u. 3, 113/1-3, 114/1-5, 119/1-9, 121/1-9, 122/1-3, 124/1 u.2, 125/1-3, 126/1-3, 127/1-4, 130/1 u. 2, 131/1-4, 132/1-3, 134, 135/1 u. 2, 146, 147/1-4, 175/1; Fotofinder: 44; Gorenje 22/1, 22/2, 24/2; Christina Kempe 48 (Illustration); Severin 24/1; Silit 21/4, 21/5; Smeg: 21/1-3, 26/2; Stockfood: 30/2, 96 (Jörg Lehmann), Wolfgang Schardt 171; Studio L'EVEQUE 102, 137/3, 148, 190/1-3, 224/1-6.
Alle anderen Bilder: Barbara Bonisolli.

Programmleitung: Doris Schmalhofer-Birk
Leitende Redaktion: Stephanie Wenzel
Konzept: Vicky Bobe und Dagmar Reichel
Redaktion: Monika Greiner
Redaktionelle Mitarbeit: Lars Grunewald
Lektorat: Petra Puster
Korrektorat: Waltraud Schmidt
Umschlaggestaltung und Innenlayout: independent Medien-Design, München, Marta Olesniewicz
Coverfoto: Jörn Rynio, Hamburg
Fotoproduktion: Barbara Bonisolli, München, u.a. (siehe Bildnachweis)
Herstellung: Susanne Mühldorfer
Satz: Liebl Satz+Grafik, Emmering
Reproduktion: Longo AG, Bozen
Druck und Bindung: Graphicom Srl, Vicenza

Die GU-Homepage finden Sie unter www.gu-online.de.

ISBN 978-3-8338-1179-1
1. Auflage 2008

Vielen Dank!

Wir danken der Firma Silit für ihre Unterstützung mit schönen Küchenwerkzeugen (www.silit.de). Ebenso ein Danke an die Firmen Gorenje, Severin und Smeg für die Überlassung von Bildmaterial.

GRÄFE UND UNZER

Ein Unternehmen der
GANSKE VERLAGSGRUPPE